诸子的智慧

——中国文化元典中的 100 个关键词

王永 著

中原出版传媒集团
中原传媒股份公司

大象出版社

·郑州·

图书在版编目（CIP）数据

诸子的智慧：中国文化元典中的100个关键词／王永著.— 郑州：大象出版社，2024．7
ISBN 978-7-5711-1934-8

Ⅰ.①诸… Ⅱ.①王… Ⅲ.①先秦哲学-通俗读物 Ⅳ.①B22-49

中国国家版本馆 CIP 数据核字（2023）第 250030 号

ZHUZI DE ZHIHUI

诸子的智慧
——中国文化元典中的100个关键词

王　永　著

出 版 人	汪林中
选题统筹	张长征
特邀编辑	陶　聪　位妞妞
责任编辑	王　冰
责任校对	牛志远　安德华
美术编辑	唐若冰
装帧设计	黄　扬

出版发行	大象出版社（郑州市郑东新区祥盛街27号　邮政编码450016）
	发行科　0371-63863551　总编室　0371-65597936
网　　址	www.daxiang.cn
印　　刷	郑州市毛庄印刷有限公司
经　　销	各地新华书店经销
开　　本	890 mm×1240 mm　1/32
印　　张	14.5
字　　数	326千字
版　　次	2024年7月第1版　2024年7月第1次印刷
定　　价	59.00元

若发现印、装质量问题，影响阅读，请与承印厂联系调换。
印厂地址　郑州市经五路12号
邮政编码　450002　　电话　0371-65957865

序

先秦诸子，主要指春秋战国时期儒家、墨家、道家、法家、纵横家及兵家等思想学术流派的代表人物。他们大多生活在公元前800年到公元前200年间（特别是公元前600年到公元前300年）。德国哲学家卡尔·雅斯贝斯称这段时期是人类文明的"轴心时代"，因为东西方同时出现了许多文化巨匠，比如古希腊的苏格拉底、柏拉图、亚里士多德，印度的释迦牟尼，中国的孔子、孟子、荀子、老子、庄子、孙武子、韩非子、鬼谷子等。这些思想家的言论十分精练，随便"切开"一块儿，就是一份精神大餐；随便"泡上"一瓣儿，就是一杯飘香醇厚的浓茶。

在这个文化世界里，我们可以获得心灵上的滋养，解答人生的困惑，学习做事的艺术，提升处世的修养。

首先，诸子之述是我们的人生指南，告诉我们在文化上怎样真正成长。诸子没有矫饰，而是以最朴素的方式，面对生命最初的困惑。

先以孔子为例。孔子身上有太多值得我们学习的东西，比如担当意识。孔子因为与阳货长得很像，出游的时候被反对阳货的人围困，情势危急。于是，孔子跟弟子们说："自从周文王死后，一切文化遗产不都在我这里吗？天若是要消灭这些文化，那我也不会掌握这些文化了；天若是不消灭这些文化，那匡人将把我怎么样呢？"由此可见，孔子以斯文自任的使命意识有多么强烈！孔子的担当意识，对后世知识分子的影响非常深远。实际上，每个人在各自的位置上，都负有某种传承的使命，应该像孔子一样担好自己的职责，哪怕是"知其不可而为之"！

再以墨子为例。听闻楚国要攻打宋国，墨子便从鲁国出发，走了十天十夜来到楚国。他先用模拟的防御演习打败了公输般（鲁班）的云梯，又通过论辩驳倒了贪婪的楚王，最终打消了楚国攻打宋国的念头，将一场战争化于无形中。可是，墨子在归途中遇到大雨，想到宋国的闾巷中避一避，却遭到拒绝。他冒着生命危险保护了宋国，但宋国人并不知情，将他拒之门外。墨子默然挺立在雨中，这是义者的悲壮，也是义者的崇高。墨家人并没有因此放弃自己的事业，而是继续推行着他们的和平梦想。

其次，诸子之述可以提升我们做事的艺术。

法家、纵横家、兵家的理论都是具有实践性的。《韩非子》中有这样一个故事：一个县令派下属外出公干，担心这些下属会消极怠工或者包藏私心，于是在他们外出之后，县令又派人当众召回了其中一人。没等这个人回到县衙，县令就又派人对这个人说自己没什么吩咐了，他可以继续上路。等这个人追上同伴，同伴自然问他县令吩咐了什么。这个人老老实实地说："县令什么也没说，而且我压根就没见到县令。"其他人都不信这套说辞，认为他在撒谎，他一定是身负县令的秘密使命。所以，这次公干，大家都小心谨慎，谁也不敢犯错。多么实用的管理艺术！

最后，诸子之述里有我们的处世原则，让我们知道如何徜徉世间，没有负累。

庄子曾言"处乎材与不材之间",这个"材"字,指代人才。庄子与弟子在山中行走,看到一棵大树因为不成材而躲过了砍伐,回到山下,又看到一只鹅由于不会鸣叫而被杀掉。弟子就糊涂了,问:"材与不材,都可能送命,先生将站在哪一方?"庄子告诉他:"我处于材与不材之间。"事物合于一则会分崩离析,成为材则会毁灭,无用则会被欺辱,这样又怎么能有一定的状态呢!外在的环境不是我们主观能够选择或者控制的,我们无论是展示才华的一面,还是展示无能的一面,目的都是珍爱我们最宝贵的生命。有人说庄子的思想是消极的,其实并不尽然。战国时期,诸侯争霸,战乱频仍,一不小心就会成为政治的牺牲品,所以庄子强调明哲保身。

"关键词"是我们打开先秦诸子思想世界大门的钥匙。为了帮助大家更好地理解先秦诸子的思想精髓,本书采用关键词提取的方式,以点带面地为大家讲解先秦诸子的智慧结晶,将先秦诸子思想学说最精华的部分用生动通俗的方式呈现给大家。希望大家读完这本书后,思想世界会变得不一样。

目录

◆ **孔子** 从天道到人心 …………………… 001
- 仁 怎样找回你的初心 …………………… 004
- 礼 内心情感的合理外化 …………………… 008
- 孝 等不起的拖延 …………………… 013
- 智 如何区分大智慧与小聪明 …………………… 017
- 信 失信的代价到底有多大 …………………… 021
- 义 "讲义气"讲的是什么 …………………… 025
- 忠 忠孝真的难两全吗 …………………… 029
- 恕 换位思考，常说又常忘 …………………… 033
- 敏 如何快速提高你的执行力 …………………… 036
- 勇 君子也有讨厌的事情 …………………… 039
- 惠 小惠利己，大惠利人 …………………… 043
- 乐 《诗》化的人生与社会 …………………… 046
- 好学 孔子的学习方法 …………………… 050
- 君子 来自先哲的人格魅力 …………………… 054
- 中庸 "中"在何处最有用 …………………… 058

◆ 孟子　被历史错过又找回来的圣人·················063
　　性善　社会现实会改变人性吗··················067
　　良知　道德认知能力是从哪里来················071
　　仁政　孟子是如何培训梁惠王的················075
　　义利　崇义忘利的社会理想····················079
　　同乐　与齐宣王谈谈绩效激励··················083
　　知言　你的审美体现在说过的每一句话··········088
　　养气　普通人应该如何养气····················092
　　民本　顺民不是民本··096
　　好辩　如何让争辩更有道理····················100
　　大丈夫　如何塑造完美人格····················105

◆ 荀子　儒法之间的桥梁··109
　　性恶　人的本性就是趋利避害吗················112
　　解蔽　我唯一知道的就是我不知道··············116
　　正名　荀子的逻辑学有哪些特点················120
　　王霸　管理的最高境界是什么··················123
　　礼制　情感秩序意义的思考····················127

◆《大学》　学问的境界··131
　　三纲　如何制订学习目标······················133
　　八目　高效学习有哪些技巧····················136

◆《中庸》　儒学的发展··141
　　中和　说话做事，如何把握分寸················143

至诚　如何面对自我 …… 145
慎独　不要欺骗自己 …… 149

◆ 老子　被权谋化的哲学家 …… 153
道　为什么道是说不清的 …… 157
反　逆潮而动的道理 …… 161
静　如何克制躁动的欲望 …… 165
慈　温和的爱 …… 169
柔弱　如何"示弱"才能更强 …… 172
知足　知足的三重益处 …… 176
上德　标榜功德的浅薄 …… 181
自然　自然而然的境界 …… 185
无为　极简生活的法则 …… 189
天下　老子笔下的诗意世界 …… 193

◆ 庄子　心灵自由的追寻者 …… 197
"浑沌"　为何朦胧的感觉最美妙 …… 200
死生　置之死地而后生的心灵 …… 204
齐物　人生烦恼的根源在哪里 …… 209
坐忘　回归生命的原点 …… 214
心斋　怎样扫除心中的杂念 …… 218
无用　无用之用为大用 …… 221
逍遥　如何自在地行走于世间 …… 224
养生　寻找最适合的生活方式 …… 228
贵真　保持内心的天真 …… 233

3

守一　聚精会神的妙处 …… 238
　　至仁　爱的理想境界 …… 242
　　至乐　超越感官的人生 …… 246

◆ 列子　罕为人知的通达之士 …… 249
　　贵虚　从虚静中寻找真实 …… 251
　　力命　命定论下的人生态度 …… 255
　　无极无尽　宏观世界与微观世界的终极法则 …… 261

◆ 墨子　实践中的理想主义者 …… 267
　　贵义　最初的江湖 …… 271
　　兼爱　无差别的爱是理想还是空想 …… 275
　　非攻　以辩止战，以工御攻 …… 279
　　天志　后敬畏时代的"天" …… 282
　　明鬼　墨子的鬼神观 …… 286
　　尚同　为什么墨家的理想没有实现 …… 289
　　尚贤　能者至上的为政理念 …… 293
　　节用　节约型社会的蓝本 …… 296
　　非命　超越善恶的"强" …… 299
　　墨辩　建立在逻辑学基础上的论辩技巧 …… 303

◆ 韩非子　法家思想的集大成者 …… 309
　　耕战　大秦帝国炼成记 …… 313
　　刑名　业绩考察的方法 …… 318
　　自利　自私的合理性 …… 323

势	统治者的自我管理	327
术	领导者的团队管理	331
法	法家的社会管理模型	335
用人	相信人性还是相信制度	339
赏罚	如何拿捏赏与罚的尺度	344
功名	韩非子讲成功四要素	348
孤愤	智能之士的孤独与痛苦	352

◆ **孙武子** 东方兵学的开创者 ······ 355

慎战	关乎生死存亡的大事	359
庙算	胜在战前	364
攻守	一招制敌与固若金汤	370
诡道	暴力不是取胜的关键	375
任势	在局部优势中谋求全局胜利	379
自胜	有一个对手是自己	383
用间	千变万化的信息战	387
全胜	如何做到不战而屈敌之兵	391

◆ **鬼谷子** 中国说服理论之祖 ······ 395

纵横	乱局中利益最大化的策略	399
捭阖	初次见面的破冰术	403
揣摩	游说之前的功课	407
飞钳	自我营销的套路	411
反应	如何获取对方的真实信息	415
忤合	怎样运用激将法与回马枪	419

◆ **其他** ································· 423
　轻重　管仲是如何让齐国实现称霸的 ········ 424
　五德　怎样认识邹衍的历史循环论 ·········· 429
　贵我　杨朱的人性学说有什么逻辑 ·········· 433
　并耕　农家理论为什么没有唱响 ············ 436
　同异　惠施的"同异"讲的是什么 ·········· 440
　坚白　公孙龙是如何进行诡辩的 ············ 444

◆ **结束语**　从百家争鸣到百家合作 ············ 449

孔子

从天道到人心

"儒"，左边是单人旁，右边是"需"字，则"儒"有柔顺、兼有为人服务的意思。"儒"本指懂得丧礼、主持丧葬事务的人，贵族们也把青年子弟交给他们教育。孔子作为儒家学派的代表人物，被尊为万世师表，正是"儒"字本源意义的体现。

司马迁在《史记》中将帝王政绩放入"本纪"，将贵族、诸侯兴亡事迹放入"世家"，其他重要人物的言行事迹放入"列传"。出身并不显赫的孔子被收入"世家"，这彰显了孔子的影响力。

孔子先世是宋国贵族。宋国人是殷商的后裔，在周朝，宋国是前朝遗民的邦国。作为殷商后裔，孔子传承着殷商文化，形成了一种独特的眼光，能够冷静客观地面对春秋时期的人文状况。

孔子第六代祖先孔父嘉，是宋国宗室。据史料记载，孔父嘉的妻子非常漂亮，宋国的另外一个宗室华父督为了得到她，杀害了孔父嘉。孔父嘉的儿子因为畏惧华父督的势力而逃到鲁国，遂为鲁国人。本来，宋国的宗室都是"子"姓，孔父嘉的姓名应该叫作子嘉，"孔"是其字，"父"是加在字后面表示男子美称的词。孔父嘉的儿子到了鲁国之后，他的后代就以孔父嘉的字也就是"孔"字为姓了。

孔子的父亲叔梁纥是一位颇具传奇色彩的人物。他力大如虎，勇猛过人。叔梁纥的正妻施氏为他生了九个女儿，一个妾为他生了长子孟皮（字伯尼），即孔子同父异母的哥哥。叔梁纥娶孔子母亲颜氏时已年过花甲，在孔子三岁时，叔梁纥就死了。为了赡养寡母，年少的孔子做过很多工作，放过牛羊，管过钱粮。但孔子没有认命，他以恢复西周时期的礼乐制度为人生目标，创办了历史上第一家私塾。

鲁国是制礼作乐、建立西周礼乐制度的周公的封国。在礼崩乐坏的春秋时期，鲁国保存了较为完备的西周礼乐文化。作为殷商后裔，孔子选择了用恢复周礼的方式来表达对春秋时期政治文化的不满。

孔子开创了儒家学派，喜好《周易》，编订《春秋》，讲论《诗经》《尚书》与《礼记》，其他学派或多或少都与他有联系。他曾经向老子求教，受到墨子激烈的嘲讽和庄子善意的调侃。孔子的思想，大部分以他和弟子们对话的形式收录在《论语》中。孔子的思想核心为"仁"与"礼"，即"克己复礼为仁"。另外，"忠""恕""义""勇""智""信"等也是其理论的核心，而这一切都是为了陶冶君子人格。

仁

怎样找回你的初心

仁，在《论语》中出现一百零九次，说明它在孔子的思想体系中处于核心的位置。

什么是仁？孔子把"仁"解释为"爱人"，即要替别人着想。仁者爱人，"爱"指的是什么呢？情爱？敬爱？疼爱？都是，又都不是。爱，主要指关爱，特别是对困境中的人予以同情和帮助。

简而言之，仁就是同情。

根植于仁，儒家给每一种情感关系都赋予了一个标签，比如父母与子女的关系，自下而上看是"孝"，自上而下看是"慈"；兄弟关系是"悌"；夫妻关系是"贞"；朋友关系是"信"；臣与君的关系是"忠"；君与民的关系是"惠"。

要想理解这一体系，你可以把它想象成一棵挂满许愿结的大树，树干就是宗族，而每个分支都代表着与宗族的不同关系，都被系上了不同的标签。这棵井然有序地排列着标签的大树，就是儒家理想中的宗族，而由这样的大树组成的森林，就是邦国。《尚书·虞夏书·尧典》里说："克明俊德，以亲九族；九族既睦，平章百姓；百姓昭明，协和万邦。"把自己的美德修养好，让所有的亲戚们都团结于我，对其他异姓的家族也能施加好的影响。如果大家都能这样做，以我们个人的力量，就可以实现天下大同了！

说到底，儒家讲的仁，还是从自己的初心出发的。正如孟子所说:"恻隐之心,仁之端也。"(《孟子·公孙丑上》)看到小孩子就要掉进井里了,认识或不认识的人,都会拉上一把。恻隐之心,就是人性里的善良,即人人皆有的同情心,这正是仁爱的源头。

齐宣王看到手下牵着一头牛(宰杀用以祭祀)从殿前走过,看到这头牛恐惧瑟缩的样子,于心不忍,要求手下把牛放了。手下问:"不祭祀了吗?"齐宣王想想说:"换头羊去吧!"这就是只同情眼前见到的事物而对不在场的事物缺乏想象力和同情心。真正仁心、仁爱的境界远比这高。

杜甫的茅草屋被呼啸的秋风吹破了,屋顶上的茅草也被吹跑了,南村顽劣的儿童欺负他老弱无力,当着他的面把茅草抱走,逃进竹林,喊都喊不出来。天下之大,已无他的容身之所。即便如此,他依然写出了"安得广厦千万间,大庇天下寒士俱欢颜"的千古名句。这就是仁心的至高境界啊!

不是发自本心的仁,就是假仁假义,不值得提倡!孔子倡导仁,就是要召唤本心。仁爱最关键的是走心,表面化的仁,或者作秀的仁,境界都不高。庄子曾批判"至仁无亲""相濡以沫,不如相忘于江湖"。他曾经层次井然地论证过自己的理解:用礼貌敬爱父母很简单,但是用真心爱父母,就难得多了。更难的是,想办法让亲人过上自己无须挂怀的日子,并且自己也能经营好自己,让亲人放心;在过好自己生活的基础上,也要搞好天下人的生活,使天下人忘记自己的功劳。这才是最大的仁。

在《论语》里,孔子对于三个概念的讨论是很谨慎的,一个是"命"(天命),一个是"利"(利益),一个是"仁"。

对于前两者,天命和利益,孔子基本不讨论,因为他不想让这两个概念成为话题,虽说他的仁,就是针对那两个概念来讲的。

孔子虽然对"仁"提到得多,却很少正面定义,因为他要保持这个概念的开放性。孔子这样做是明智的,因为儒家的仁爱观念,理论上具有原生缺陷。

儒家仁爱观念的原生缺陷是什么呢?就是对血缘关系的相对偏重,亲疏远近分得太清楚。苏东坡的爷爷习惯储藏粮食,说如果遇到灾荒,先用粮食救济姻亲,其次是乡邻,再次是同县百姓,最后才是其他人。这正是儒家的情感层次。

《世说新语》中记载了一个关于"肝肠寸断"的故事:有人抓住了一只小猴,将其带到船上。船一直前行,母猴就一直在岸边跟行、哀号,直到用尽最后的力量跃身船上,气绝身亡。人们剖开母猴的尸体,才发现它已经"肠皆寸断"。

人类也是一样,所有的情感起点恐怕都是源自亲子之爱。天下最动人的,莫过于亲子之情。从母亲的角度讲,这种感情是排他性的,那么建立在血缘亲情上的仁爱体系也是一样。

儒家的仁爱思想,在道家"至仁"思想和墨家"兼爱"精神的质疑中发展着。虽然儒家的礼乐是基于血缘亲情的,但孔子说"泛爱众,而亲仁"(《论语·学而》),孟子说"老吾老,以及人之老;幼吾幼,以及人之幼"(《孟子·梁惠王上》),唐代的韩愈说"博爱之谓仁"(《原道》)……儒家的代表人物在一步一步地克服这个概念的原生缺陷,使它具有更广泛的价值。

除了格局上的突破,仁爱的非功利性也应该被倡导。因为在传统封闭的农业社会,仁爱有时候还隐藏着一种背后的口碑追求和交换目的。做事的时候,貌似不求回报,那是因为这人对回报深信不疑。就这么小的一个圈子,别人不予回报的话,大家的流言蜚语也会让他良心难安。其实这种仁爱是人际网络中一种功利性的存在,并非出自内心的良知。仁爱在今天这个快节奏的发散型社会里，更容易消散。

现今发展仁爱思想的最大议题就是仁爱在社会人际范围中的拓展和主体道德愉悦感的号召。对于一个成年人来说，仁德素养体现在你面对陌生人、面对整个社会的时候，有没有爱和关怀。我们应该发自内心地打破私情私欲的壁垒，释放心中满满的激情，把关爱无功利地施加给需要帮助的人们，这才是美好世界的情感根基。

子曰："仁远乎哉？我欲仁，斯仁至矣！"（《论语·述而》）仁距离我们并不远，只要想做到仁，就能做到！

礼

内心情感的合理外化

礼，本义为敬神，引申为敬意，在《论语》中多指仪式和仪礼。简而言之，礼就是情感的秩序和程序。礼，是在不足和有余、情感和欲望、先天和后天、真诚和虚伪之间徘徊的一种道德。

礼，来自情感的需要

《现代汉语词典》中有一个词叫作"挑礼"，因为我们被别人所挑剔的，往往不是逻辑上的问题，而是礼节上的不周到之处。小时候，母亲总是在会客的时候告诉我该怎样叫人、问好，要不然就会被"挑礼"，所以在我的脑海里，似乎总有一个拥有着犀利的眼神儿、薄薄的嘴唇、纤瘦的身材的中年女子在斜睨着我、监督着我的言行。跟很多年轻人一样，我也一度以为礼没有意义，直到参加祖母的葬礼。

我们家族是个大家族，祖母高寿而终，所以她的葬礼办得很隆重。很多亲戚朋友都来为祖母送行，晚辈们哭泣不止，一系列的礼仪环节，让我觉得特别感动，感到这些足以告慰祖母的平生，也足以抚慰我们一家人的哀伤。所以要承认礼的必要性。礼是文明的体现，如果不懂礼，我们可能只是个善良的野蛮人。

儒家文献里讲"礼作于情"。追本溯源，礼，一定产生于情感的需要。

据《孟子·滕文公上》，我们可以推测出葬礼及祭奠的来源。有一个人，在父母死后把父母的尸体扔到山沟里。过些时日再看，发现狐狸在撕咬着、苍蝇蚊子在咀咂着尸体。他不忍心，于是就用工具挖出一个土坑，把父母的尸体掩埋起来。然后又想到，埋在地下的尸体恐怕会被蝼蚁蚕食，于是就用木头做成一副棺材，把父母的尸体放进了棺材。想到父母在地下也要过得快乐些，于是又将父母生前喜欢的一些东西放在棺中。过了一段时间，这个人心里惦记父母的坟墓会不会被破坏或被荒草掩没，便时不时地到父母坟前看一看。葬礼及祭奠就这样产生了。

不仅是葬礼及祭奠，任何一种礼仪的诞生，都是源于人们心中的喜怒哀乐或者好恶的情绪表达。难道我们只能用嘶哑地哭喊表达哀痛，用兴奋地跳跃表达欢快吗？

礼，来自自我的克制

作为文化意义上的人，我们一方面需要通过仪式来释放情感，另一方面也需要仪式来克制情感。

用礼来克制情感，孔子是这么做的。孔子最疼爱的学生颜回，不幸早逝。颜回的父亲颜路请求孔子把自己的车子卖了来替颜回置办外椁（外椁就是外棺，套在棺木外面），加重葬礼的礼仪。孔子忍痛拒绝了。他说："不能以卖掉车子步行来替他买棺椁，因为我曾经做过士大夫，是不可以步行的（这不合礼仪）。"

礼虽然根植于人情，但那些贵族阶层把亲人的墓室修得如宫殿一般，还让活人去陪葬，难道他们就更有亲情吗？这不是孔子认可的礼，而恰恰是孔子反对的礼。孔子说："始作俑者，其无后乎！"那些发明陪葬制度的人，难道自己就没有子孙吗？有的话也要让他的子孙去陪葬!

所以孔子说:"克己复礼为仁。"(《论语·颜渊》)

这话是说给当时的诸侯和贵族听的,克制的是过度的欲望,他们能遵循古朴的礼仪,才是最大的仁德!人欲的膨胀体现在礼上,就是铺张浪费,这背离了礼的本意,倒成了财产掠夺和军事扩张的先声。

为了维护"礼",孔子干了一件十分勇猛的事情。当时鲁国有几位超级贵族,号称"三桓",这三家封地的城墙都超过了应有的规制,这是对国家仪礼的极大挑战,所以,一度执掌国政的孔子在鲁国国君的支持下,推动了改造三家城池的运动。

礼的历史历程

儒家所描绘的西周,是"彬彬有礼"的文化盛世王朝。周天子按时举行祭祀天地的庆典、团结宗族的宴会,不定时地外出巡视;贵族和诸侯除了参与周天子的仪礼,自身也有祭祀、庆典、游宴等活动;平民也能按照礼仪来处理婚丧嫁娶等事宜。每当有外敌入侵的时候,大家集合在一起举行誓师出征的军礼,打了胜仗后告祭宗庙。

这么好的集体礼仪制度,怎么就"礼崩乐坏"了呢?

我们谈礼乐,得回归到人情、人性的根基上去。"礼崩乐坏",从本质上来说,还是由亲情的疏离造成的。春秋时期,贵族的爵位是嫡长子继承制,一代一代传承下来,连天子与诸侯的亲缘关系都远了,由血缘关系演变为姻亲关系,感情淡漠下来了,礼自然也就不被尊重了,所以基于血亲的礼乐文明就这样废弛了。

孔子和孟子其实不愿意接受这样的现实,直到战国晚期的荀子,才真正地直面了当时礼教沦丧的局面。《荀子·性恶》中说："人情甚不美，又何问焉？"人情太不美好了，又有什么可讨论的呢？因此荀子提出了"性恶论"的现实判断，用人性的"恶"否决了"性善论"中"礼"的先天来源，但强调了"礼"的后天作用，要求人们化性起伪、积学成圣、修礼而王。

性恶论为即将建立的大秦帝国奠定了理论基础，因为这个国家与人民之间本来就是视如寇仇的。从内部来说，法家基于人的权欲和贪欲来管理吏民，人与人之间自然充满防范；从外部来说，秦王朝是通过兼并实现的统一，过程中自然埋藏着诸多仇恨。可惜秦国统一之后，荀子的学生韩非和李斯都沿袭了秦国旧有的法家强国之道，没有及时地更新意识形态，以礼乐治国。若是他们实行荀子的礼治思想，再慢慢融合百家的思想，或许秦国没那么容易灭亡。

汉朝初年，高祖刘邦也不尊重儒生。这在战争时期并没有太大影响，但统一天下建立王朝之后，他的苦恼便随之而来。有一天，刘邦跟叔孙通说："我这个天子当得没尊严。你看那些和我一起打天下的弟兄们，在朝堂上当着我的面儿就争吵厮打起来，太不成体统了！"叔孙通说："那好办啊，您给我一段时间来处理这事。"这段时间里，叔孙通召集儒生，制定了礼仪制度，训练了朝臣。刘邦上朝后接受众大臣朝拜，看着秩序井然的朝堂，终于体会到了做天子的感觉。到汉武帝时期，礼乐繁兴起来，外儒内法的政治格局也奠定了下来。

我们今天反对礼教，主要是因为虚伪的礼教曾是一种"杀人"工具。比如历史上以"忠孝节义"为罪名杀掉的名士和女子，令人惋惜和同情。但是反对礼教，适中而用中，要避免过犹不及。

礼，作为一种人文的约定，是人内心对人群的一种秩序化理解和程序化体验,它是一套与时俱进的体系,也是一道符合规律的流程。礼不应该指向权力、金钱,而应该指向情感。我们应该重视礼在情感方面的归属。

回头再说"挑礼"这件事。现在我在教育孩子的时候,也重视礼仪。我会给孩子解释清楚对方的辛劳和好意,让孩子发自内心地懂得礼貌、礼节的意义,而不仅仅是恐慌于对方的"挑礼"。至于那些爱"挑礼"的人,就随他们去吧。

孝

等不起的拖延

孝，说的应该是如何对待父母和长辈。

孝心在恩

中国古代礼制中，在父母去世后，有为父母守孝三年的规定，以回报父母的养育之恩。

"子生三年，然后免于父母之怀。"（《论语·阳货》）这句话是孔子讲给他的弟子宰予的。宰予问："服丧三年，时间太长了。君子三年不讲究礼仪，礼仪必然败坏；三年不演奏音乐，音乐就会荒废。旧谷吃完，新谷成熟，钻燧取火的木头轮过了一遍，服丧一年就可以了。"

孔子听后问他："父母死了，不到三年，就吃美食，穿织锦的衣服，你觉得心安吗？"

宰予只回答了一个字："安！"他回答得斩钉截铁。

孔子气愤地说："君子守丧，吃美味不觉得香甜，听音乐不觉得快乐，住在家里不觉得舒服，所以才不那样做。如今你既觉得心安，你就那样去做吧！"

宰予走后，孔子说："宰予真是不仁啊！子女生下来，三年后才能离开父母的怀抱。服丧三年，这是天下通行的丧礼。难道宰予对他的父母没有三年的爱吗？"

在孔子看来，孝作为礼的一项重要内容，也根植于内心的仁。我们要召唤孝道，首先要在内心唤起对父母养育之恩的感激和对他们年迈体衰的同情。有了这颗孝心，孝道便自然衍生。虽然守丧三年的古礼早已废弃，但是我们心中对父母的思念，应该是绵长而深沉的。

孝行在礼

怎样做才是孝呢？《论语·为政》中讨论过这个问题。有一次，鲁国大夫孟懿子向孔子请教什么是孝。孔子仅仅用两个字就回答了他——"无违"，也就是没有违背（礼节）的地方。二人的对话到这里戛然而止。对此后世有不同的解释。有人说，孟懿子很聪明，一点就透，不需要往下问了；也有人说，孟懿子是孟孙氏家族的后代，找孔子问问题也不过是奉命走过场，敷衍了事，只是为了给父亲交差，根本没兴趣往下听。其实还有一种可能，就是孟懿子感到孔子话里有话，似乎要说出一些不好听的话了，所以就不再往下追问。

孔子的这次"私教课"上完之后，坐上樊迟为他驾驶的车子，还意犹未尽地叨咕了一句："刚才孟懿子问我什么是孝，我回答他无违。"

这句话引起了樊迟的兴趣，于是他追问孔子无违是何意。孔子告诉樊迟：无违就是"生，事之以礼；死，葬之以礼，祭之以礼"（《论语·为政》）。也就是说，父母在世，要依礼奉养；父母去世，要依礼安葬，依礼祭祀。

父母去世后，依礼安葬，按礼祭扫，对于我们来说并不算难，难的是父母在世时，我们怎么做。孔子说："有事情，年轻人效劳；有美酒佳肴，年长的人吃喝，这就是孝吗？"在孝敬父母时，最难的不是供养父母的衣食日用，而是"色难"。色就是脸色，也就是说，在父母面前经常保持恭敬愉悦的神色，这真的是很难的。特别是在当下，社会生活节奏快，我们有太多无形的压力、困难的问题、烦恼的事情，父母越来越难以跟上我们的步伐。于是他们的关心往往以唠叨的形式呈现，而我们的反应难免简单粗暴。所以对父母保持好的态度就是我们需要时时提醒自己的孝行。

如果说小时候，我们的孝是顺从；那么当父母老了，我们的孝则是谅解。孔子提出了"几谏"（《论语·里仁》）的概念："几"是轻微、婉转的意思；"谏"是批评。孔子说："侍奉父母，他们若有过失，要婉言劝告。看到自己的心意没有被听从，仍然尊敬他们，不违逆对抗，虽然忧愁，但不怨恨。"面对父母的过失保持温和体谅的态度，也是孝行的体现。

孝道在疾

现实生活中，尽孝心最重要的方面是什么呢？孔子说："父母唯其疾之忧。"（《论语·为政》）疾，就是疾病。该句中的"其"有两种理解：一种指父母，也就是说，父母的身体是我们最关心的，除了长寿，我们也希望他们健康、生活质量高，所以要经常问问父母的身体怎么样，听他们谈谈自己的身体状况；另一种是子女本身。这句话提醒我们，身体发肤受之父母，子女的健康也是父母关心的问题，有病不好好医治，甚至伤害自己的身体，这也是不孝。

如果去医院的妇产科看看，去有婴儿的家里看看，去幼儿园和辅导班门口看看，你就会明白，一个生命的成长是何等的不易！是何等的爱心和耐心让正值青春、心怀四海的父母守护在孩子的身边，任凭青春年华流逝而不改此心。

在中国历史上，孝曾经被隆重地提倡过。统治者特别重视孝，因为在他们的思想里，只有孝子才是忠臣。一个对父母孝顺的人，才能对国君忠贞不贰。孝，是我们情感理性的大门，只有开启这扇大门，你才能拥有一个健全的情感人生。

智

如何区分大智慧与小聪明

智，在《论语》里，写作"知"。

"知"，由"矢"和"口"构成，"矢"就是箭。智的本义是说话像射出的箭一样，又快又能一语中的。什么人能做到这一点呢？自然是目光敏锐、有智慧的人。《论语》中的"知"，不仅限于"智慧"，还有"知道""察知"等含义。这里专讲智慧这一含义。

一直以来，"智"都是儒家理想人格中非常重要的一种品质。仁、义、礼、智、信乃儒家"五常"，是封建社会的一种核心价值观。有些人一听到封建社会的东西就会很鄙弃，但是"五常"中还是有不少合理的部分和当前的社会主义核心价值观有深层次的联系。我们现在也强调"智"。一个人聪明不聪明、工作中机灵不机灵，有没有学问，这是我们衡量这个人有没有智慧的标准。但是，在孔子看来，这些仅仅是智的一个方面。智的另一个方面是一定要和儒家的仁爱思想联系在一起的。没有"仁"作为基础，"智"就缺乏底蕴，充其量只能算作"小聪明"。

"知者乐水，仁者乐山。"（《论语·雍也》）"乐"，当"喜爱"之意讲的时候，应该读作"yào"。那么为什么智者喜欢水、仁者喜欢山呢？因为水是流动的，山是静止的。山就好比坚定的原则和信仰，水就好比灵活的权变和方法。人要德才兼备，就像好的风景要山水相依。

仁是根本，是核心，智则是实现仁的重要手段之一。孔子说："未知，焉得仁？"（《论语·公冶长》）要想达到仁，首先要达到智。电影《九品芝麻官》里有一句台词："这贪官哪，要奸，这清官哪，要更奸。"这里的"奸"，其实就包含智慧和权变的意思。不过，这种智慧和权变，还是要基于"仁"这个大前提，也就是用来做好事而不是用来做坏事。

君子除了具备仁德，还应该具备智者般辨别是非真伪的能力。有一次，孔子的弟子宰予向孔子提出了一个古怪刁钻的问题："仁者，虽告之曰：'井有仁焉。'其从之也？"（《论语·雍也》）对于仁者来说，告诉他井中有人，他会跟着跳下去吗？

当然，对于普通人来说，宰予的担忧很有代表性：万一哪天我们被贴上了"君子"的标签，可能就有人扛着工具到我们门前挖坑来了，然后幸灾乐祸地跟我们说："跳吧，文王已经跳下去了，周公已经跳下去了，你们为什么不跳啊？"这就是道德绑架，是最令好人畏惧和烦恼的事情。

一般人面对道德绑架，大概有两种选择：一种是放弃标榜。就像作家王朔曾说："我不是君子，我是痞子、小人、流氓，所以你们能把我怎么样？"另一种我们可能会选择敬而远之，如电视剧《欢乐颂》中的台词"常与同好争高下，不共傻瓜论短长"说的就是这个道理。

君子面对道德绑架会怎么做呢？孔子的回答可供我们参考。他对宰予说："君子可逝也，不可陷也；可欺也，不可罔也。"（《论语·雍也》）意思是说，君子可以被拉去井边看一看，但不会真的跳进去；有时虽然会被人用假话骗过，但绝不至于被人愚弄。君子啊，应该具有辨别是非的智慧。井下有没有人，是你说的，但是相不相信你说的，则要由我来自行判定。

所以，智慧是仁德的底气和底色，甚至是底线。当困难、挫折、窘境或者名利、诱惑来挑战你的人格底线时，唯有智慧能够解救你。

智者是不是也有不同的境界呢？是。

《荀子·子道》中记载了这样一个片段。孔子问学生仁者和智者的区别。子路回答说："知者使人知己，仁者使人爱己。"也就是说，智者能够让人了解自己，仁者能让人爱戴自己。孔子评价他是一个"士"，给他打了个及格分。子贡的回答是："知者知人，仁者爱人。"也就是说，智者能够了解别人，仁者可以爱护别人。孔子对他的评价是"士君子"，也就是用红笔给他写了一个"良好"。而颜回的回答是："知者自知，仁者自爱。"也就是说，智者有自知之明，仁者有自爱之德。孔子赞他为"明君子"，也就是一个优秀的知识分子。

使人知己，能够知人，并且有自知之明，就是君子大智慧的三重境界。特别是在自知之明这一点上，智者能够坚守底线，量力而行，知道什么是自己可以做的，什么又是自己做不到的。

《孔子家语》中记载了这样一个故事。有一个单身汉，他的邻居是个寡妇。有一天暴雨骤至，冲坏了寡妇的屋子，寡妇只好跑到隔壁乞求单身汉容留。结果这个单身汉关紧房门，不肯接纳她。寡妇从窗口对他说："你怎么这么没有同情心啊！"单身汉说："我听说孤男寡女在六十岁以前是不可以同住的，现在我们都年轻，所以不敢开门。"寡妇说："你怎么不学学坐怀不乱的柳下惠？"单身汉说："柳下惠可以做到，但我做不到，所以我不能给自己机会！"孔子听到这件事后，评价道："其实这个单身汉才是最有柳下惠之风的！自知不能做到的事情，就抛弃表面上的仿效而追求殊途同归，可以称得上智慧！"做不到的事情不去沽名钓誉或者假仁假义，这也是一种立身处世之道。

我们如何才能得到这种大智慧呢？孔子说："我非生而知之者，好古，敏以求之者也。"（《论语·述而》）也就是说，孔子不是生下来就什么都会的，而是后天不断学习得来的。

儒家的另一部经典《中庸》则提出了一套完备的培养体系："博学之，审问之，慎思之，明辨之，笃行之。"学、问、思、辨、行，从而拥有智慧。

博学，就是要广泛地学习。这要求我们不只专注于书本，也要关注现实。眼界取决于阅历，多看看历史，多看看新闻，知道人遇到事情的时候，是怎样在坚持原则的基础上创造性地处理问题，这是非常重要的。

审问、慎思、明辨，则要求我们在博学的基础上，能够超越表象，拥有一种理性思维的能力。在当前资讯发达、交流便捷的社会，想要博学并不困难，但想要拥有批判性思维，拥有独立的见解却并不容易。孔子的做法或许能给我们一些借鉴："毋意，毋必，毋固，毋我。"（《论语·子罕》）即对人对事，不主观臆测，不绝对肯定，不拘泥固执，也不自以为是。

最后是笃行。人们常说"知易行难"，以为自己拥有智慧，但是不具有执行能力。事实上，没有执行能力就算不上智慧，这样的人也不是真正的智者，只不过是自以为拥有智慧罢了。

智，是当前我们特别关心的一种素质。在儒家看来，做到"仁且智"就是圣人了。当然，这是一个漫长的过程。孔子也说："吾十有五而志于学，三十而立，四十而不惑。"（《论语·为政》）孔子尚且如此，我们求"智"更是道阻且长。

信

失信的代价到底有多大

信是由"人"与"言"组成，有说到做到的意思。追溯"信"的起源，最初说的是人与神之间的关系。每年祭祀时，负责祭祀的庙祝要如实地向神灵说明人间的情况，这就是"信"。神灵也会降福给百姓。如果有人说了假话，不如实汇报情况，这就是不"信"，神灵就会降下惩罚，老百姓就会遭受祸乱。后来，我们把这种人与神的关系应用到人与人之间。我们也希望自己的"信"能够得到别人的祝福。

"信"的内涵

什么是"信"？

在孔子看来，"信"至少包含两个层面的意思。

第一个层面针对人格修养而言，起码要做到说话真诚、做事可靠。《说文解字》说："信，诚也。"春秋时期，齐国攻打鲁国，索要鲁国珍贵的岑鼎。鲁君送了一尊假鼎给齐国。齐君认为这鼎是假的，便提出："要是柳季说是真的，我们就相信。"在齐国人看来，柳季的话比鲁国国君的话更可信。鲁君没办法，只好去请柳季帮忙圆谎。柳季问："您为什么不送去真鼎呢？"鲁君说："我舍不得呀。"柳季说："您重视真鼎，我也爱惜自己的信誉啊！"所以，为了自己的信誉，柳季拒绝了鲁国国君的要求。

第二个层面指向治理国家，说的是当政者只有守信，才能获得人民的信任。孔子说："民无信不立。"（《论语·颜渊》）一个人能否在社会上立足，就是要看他有没有信用，以及信用程度如何。子贡向孔子请教怎样治理国家。孔子非常简洁地指出三点："足够的粮食，充足的军备，老百姓对统治者信任。"子贡说："如果不得已要去掉一项的话，这三项中应该先去哪一项呢？"孔子说："去掉军备。"子贡又问："如果不得已要在剩下的两项中再去掉一项呢？"孔子说："去掉粮食。自古以来人总是要死的，如果老百姓对统治者不信任的话，这个国家便不复存在了。"

由此看来，"信"就是一个人的无形资产，我们虽然看不到它，但它的确很重要。孔子的学生子夏说："君子必须在得到百姓的信任后才能役使他们，否则百姓就会疑心你是在剥削他们；必须在得到国君的信任后才去劝谏，否则国君就会以为你在诽谤他。"如果没有信任，即便你说的是对的，别人也不愿意接受。

失"信"的代价

毫无疑问，"信"是非常重要的美德。我们该如何对待"信用"呢？有一个故事值得我们思考。一个年轻人跋涉在漫长的人生路上，他已经拥有了健康、美貌、诚信、机敏、才学、财富、荣誉七个包裹。他到了一个渡口，乘船出发时风平浪静。不知过了多久，忽然风起浪涌，小船上下颠簸，险象环生。艄公说："船小，负载重，你必须要丢掉一个包裹，才能平安渡过难关。"年轻人看看自己的包裹，哪一个都不舍得丢。艄公提醒他："有弃才有取，有失才有得。"年轻人思索了一会儿，把诚信抛进了水里。

其实我们完全能够理解这个年轻人的选择，因为不管他抛下哪个包裹，都像是割舍掉身体的一部分。健康、美貌、机敏、才学、财富、荣誉，它们都是属于自身的，且仅仅属于个人，但是诚信却不同，它仿佛可有可无。

但抛去诚信的代价，真的是最小的吗？

没有诚信的人会怎样呢？孔子有一个比喻：我们每个人就好像是用牛或用马拉着的一辆车，在牛马和车之间，有一个活销，就是我们的"信用"。车子没有活销，就套不住牛马；人没有信用，就寸步难行。

诚信缺失会造成很多困扰，我小时候尽管家里不富裕，但是遇上讨饭的乞丐，通常都会给他一点儿钱或者食物。现在却很少看到有人帮助乞丐，为什么？因为太多的假乞丐让我们不再愿意相信他们。当信用透支后，即使你真的需要别人帮助，别人也拥有这个能力，你却发现，没有人愿意相信你了。

诚信的价值

诚信是一种怎样的力量呢？打个比方说，萝卜、白菜、米粥是很健康、很养生的食物，但人们只晓得它们味道寡淡，不太记得自己的健康归功于它们，反而对那些治病的药材"感恩戴德"。其实，诚信就是这样的一种力量，如同那些朴实无华的营养食物，虽不起眼，却对人体健康必不可少。

有人说现代社会面临着三重危机：信仰危机、信用危机和信任危机。如何处理这些危机？除了制度的保障，我们或许还可以从孔子那里寻求"药方"。儒家对诚信的追求，落实到"慎独"上，也就是诚实地面对自己，面对那些别人看不到的时间和场合下自己的作为。真正的"信"是发自内心的,无须外部因素的约束。如果必须靠外部约束才能做到"信",往往就会遭遇"人设崩塌"的危险。

义

"讲义气"讲的是什么

"义"字的甲骨文,写作一根木柄上方一个羊头,羊头下横插着一根三叉戟,表示威仪、威严的意思。

在中国人朴素的传统观念里,一个人遇到了不平之事,一般都会有两个诉求:要么希望有一个类似包拯那样的"青天大老爷",可以主持公道;要么希望有一个类似黄飞鸿那样的大侠,可以行侠仗义。在我们老百姓的思想观念里,义就是不畏强权、扶危济困、伸张正义、救人于水火。

为了肯定义的合理性,我们还常常把它和"仁"一起使用。《周易·说卦》中有"立人之道曰仁与义",一个人在社会上立身的根本就是仁和义。把仁与义放在一起来看:仁,是对善的肯定,是阴柔的;义,是对恶的否定,是阳刚的。这种阳刚的力量,介于官方文化和江湖文化之间,体现在朝堂上忠肝义胆的孤臣身上,体现在战场上浴血奋战、恪守家国大义的将军身上,等等。

义是合宜

儒家先贤一般把"义"解释为"宜",意指合理、合乎道德,也就是说,君子为人处世要符合政治理想的规范,符合人伦道德的规范。君子,必定要具备"义"。孔子说:"君子义以为质,礼以行之,孙以出之,信以成之。"(《论语·卫灵公》)对于事业,君子要以合宜为原则，依礼节实行，用谦逊谨慎的语言来表达，用言而有信的态度去执行、完成。

要理解"义"有一点很重要。义固然有我们理解的公义、正义的含义，但更重要的是我们在实行公义和正义的时候，还要采取正当的手段和途径。为了一个合理的目标，采取不正当的手段，其实算不上真正的义。从这个角度，我们就比较容易理解孔子所说的："不义而富且贵，于我如浮云。"（《论语·述而》）孔子又说："富与贵，是人之所欲也。"（《论语·里仁》）财富和地位，当然是人的合理欲求，但是君子不会用不正当的方式去谋求它。与之相对应，贫穷和卑贱，是人人都厌恶的，但是君子也不会用不正当的方式去摆脱它。对于利益，我们不是不想要，而是首先要"见利思义"，这才是一个思想成熟的人应该做到的。"义然后取，人不厌其取。"（《论语·宪问》）应该拿的才拿，别人才不会厌烦他的行为；如果拿了不该拿的，做了不该做的，也是会让人厌弃的。

对于普通人来说，做人做事都要合乎"义"；对于朝廷、统治者来说，做事就更要合乎道德规范了。孔子特别欣赏郑国的子产，他认为子产的行为符合"君子之道"，因为子产在治理国家的时候能"使民也义"（《论语·公冶长》），即不滥用民力，而是合情合理地役使老百姓。孔子说："上好义，则民莫敢不服。"（《论语·子路》）统治者做事合情合理，老百姓自然心悦诚服。

义是行动

孔子在讨论义的时候，更多地强调"奉义而行"，即要按照"义"的要求合情合理地做事。做事就是最好的修行。孔子的学生子张曾经问孔子如何才能提升自己的品德。孔子说："主忠信，徙义，崇德也。"（《论语·颜渊》）一个人以忠实诚信为主，行为总是遵循道义，这就可以提升个人品德。孔子还说："闻义不能徙，不善不能改，是吾忧也。"（《论语·述而》）听到义在那里，却不能亲身赴之；看到缺点，自己却不能改正，这是孔子所忧虑的事情。明辨是非，但行动跟不上，这也不是"义"。

真正的义是一种践行的力量，是一种在道义面前明知不可为而为之的勇气，是做自己应该做的事情。在春秋乱世，孔子的学生子路认为"道之不行，已知之矣"（《论语·微子》）。政治理想难以实现，子路心里是知道的，但是明知道这件事情做不成就不做了吗？不是的，要"知其不可为而为之"，所以子路反对那种"欲洁其身，而乱大伦"的做法。世道混乱，自己想要洁身自好，就坚决不肯出来做官，在子路看来就是违背了君臣之伦，所以子路说"不仕无义"，不出来做官是不合适的。就好像日常生活中，长幼之礼是不能因为外部环境改变而废弃的，事君之道也是同理。在乱世中从政，就是为了君臣之义，为了尽自己的社会责任。思想成熟后的子路，选择了与孔子和颜回不同的人生路径，即通过从政来伸张道义。

对于我们普通大众而言，未必像子路那样有从政报国的志向或者机会，但我们也应该给自己的生活赋予某种意义。孔子讨厌那种不干正事的人，他说："群居终日，言不及义，好行小慧，难矣哉！"（《论语·卫灵公》）同大家整天在一块儿，不说一句有道理的话，只喜欢卖弄小聪明，这样的人真难教导（表面看起来活泼热闹，但内心是空洞乏味的）。

义，不仅是为人、为臣之道，也是为政、为国甚至为君之道。

义，以合乎时宜和正向引领的姿态进入我们的生活。推动历史前进的真正动因，不是恶，也不是善，而是义。

忠

忠孝真的难两全吗

无论文字如何演变,"忠"字都是上面一个"中"下面一个"心",则不偏不倚、尽心做事就是"忠"。说到忠,我们可能会想起比干、关羽、岳飞等,他们的共同特点是能力很强,对待君王忠心耿耿,但结局却令人惋惜。这是因为尽忠是特别需要验证的行为,为表忠心,有许多人付出了生命的代价。我们对忠的感情很复杂:一方面不怎么相信它存在,另一方面又期待它存在。一方面我们很难用"忠"来对待别人,很容易为自己的"不忠"找到借口;另一方面我们又希望别人能对我们保持忠诚。

"忠"的概念起源比较晚,它是孝的另一种延伸。在夏、商、西周时期,天子和诸侯根据血缘关系的亲疏来确定权位的金字塔式等级结构。中国几千年的封建制度——作为"以一人之力驭天下"的神话成为现实的必要条件,正是以血缘为纽带而形成的法治结构。而"法"的存在,也导致了父子之间"君"与"臣"关系的应运而出。在这种制度下,君臣关系也是一种血缘关系,那么它自然而然地要遵循"孝"的原则。可是随着生产力的发展,这种制度的弊端也暴露了出来:一来,随着时间的推移,几代甚至十几代之后,直系血缘关系变得越来越淡薄,"孝"的约束力量也就越来越小;二来,各个诸侯国为了维护自己的地位,也需要一些没有血缘关系但是有真才实干的人来帮助。一个新的社会阶层——士出现且融入了统治集团内部。那么，如何约束他们呢？这时"忠"便应运而生了，它是一种维护政治关系的伦理道德。

由于"忠"本身具有的政治属性，再加上一些封建统治者的鼓吹，对于忠，我们往往把它理解为一种单方面的忠君思想，就是对天子无条件地服从。其实，孔子所处的时代，人们对"忠"的理解要公允得多。《论语》中记载，鲁定公问孔子君臣相处之道，孔子回答："君使臣以礼，臣事君以忠。"（《论语·八佾》）君臣关系不是单方面的，而是双方互有条件和义务的。它不是简单的国君要求大臣们做什么，大臣们就做什么，而是作为国君，要用"礼"的方式对待大臣们，而大臣们为了回报国君的礼遇，就要忠心耿耿、竭尽全力地为国君办事。

如果国君苟待大臣怎么办？孔子说："以道事君，不可则止。"（《论语·先进》）我们用最合仁义的方式来对待国君，如果这样行不通，宁肯辞职不干。孔子不仅是这么说的，也是这么做的。他在鲁国做司寇，本来很受重用，但是看到鲁国国君终日以周游视察为名，跑去看齐国送来的美女和骏马，在祭祀之后，又违背礼法，没有将烤肉分给大夫们，于是，孔子就带着学生们一起离开了鲁国。

这样的君臣关系是健康的，一方面它要求大臣应该尽心尽力辅佐国君（领导者），另一方面它对国君（领导者）也提出了要求，身为君主立身行事要经得起考量。但为什么后来会被扭曲成了封建社会的"愚忠"思想呢？根源还是在社会制度上。春秋战国时期，君臣之间的关系比较平等民主，很大的原因在于有竞争。当时国家多，这个国君不重用你没关系，可以换一个国家，只要有才干，总能找到赏识自己的人。但到了汉代，国家实现了大一统，大臣们只有一个皇帝可以效忠。皇帝的君权加强，导致君臣关系逐渐变为种依附的关系，大臣们的自由度越来越小，所以"忠"才变成一种单方面的要求。

孔子谈忠，更多的是人际相处之道，特别是交友之道。封建社会，人与人之间的基本关系大概有五种，也就是我们常说的"五伦"，即君臣关系、父子关系、兄弟关系、夫妻关系和朋友关系，相比其他"四伦"，朋友关系其实是不太稳定的。

首先，君臣关系是"五伦"中最核心的关系，它涉及权力、地位及个人自我价值的实现问题。其次，父子关系也好，兄弟关系也好，是由亲情在维系的。至于夫妻关系，由爱情来维系，即使我们认为封建时代缺少爱情，但那起码由一种共同家庭利益来维系。

朋友关系呢，我们用什么来维系它？那就只有"忠"了。孔子说："主忠信。无（毋）友不如己者。过则勿惮改。"（《论语·学而》《论语·子罕》）这句话在《论语》中出现了两次。其实忠信是一个人的人格特征，人们都是通过这个特征来观察和判断这个人是否值得结交的。内心中正无私，言而有信，大家都愿意和这样的人交朋友。孔子说："言忠信，行笃敬，虽蛮貊之邦，行矣。"（《论语·卫灵公》）一个人如果说话诚实可靠，做事踏实恭敬，那么就算是在陌生的环境里，也可以畅通无阻。

朋友关系是非常脆弱的，因此处理朋友关系时，最大的问题是人与人相处时的底线问题。孔子说："忠告而善道之，不可则止，毋自辱焉。"（《论语·颜渊》）意思是看到朋友有不合适的行为有责任告知，向好的方面引导他，但不强求，强求的话只能自取其辱。《论语·里仁》中子游曾说："朋友数，斯疏矣。"对待朋友也是这样，要求或劝告的次数多了，交情就疏远了。况且朋友隔心，你不了解他的难言苦衷，以为自己的做法是正确的，其实朋友可能有其他的考虑。所以，尽我们的忠心，劝勉他，好好引导他，"不可则止"，不能勉强，"毋自辱焉"，别让朋友觉得你干扰了他的生活从而厌烦你。事过境迁，朋友想起你忠言相劝，觉得你没有失去作为朋友的道义，就行了。正如《论语·宪问》中孔子所说："爱之，能勿劳乎？忠焉，能勿诲乎？"苦口婆心的劝说，虽出于钟爱，但也适可而止吧！

其实，忠最容易被我们忽视的一个内涵，就是做事之道。"为人谋而不忠乎？"谋事的时候，从事情本身的角度出发，从对方角度出发，不要受自己的立场干扰。在《论语·公冶长》中，孔子用"忠"评价过春秋时期楚国的宰相子文。子张问："令尹子文三仕为令尹，无喜色；三已之，无愠色。旧令尹之政，必以告新令尹。何如？"在楚国宰相这个职位上，子文三次上任又三次被贬，但是他并不因此介怀，始终做好政务交接工作，实在"忠矣"，即忠于职守。"忠"要求我们在日常的生活和工作中，承担克己为人的责任。张载说："为天地立心，为生民立命，为往圣继绝学，为万世开太平。""横渠四句"也就是对儒家事业尽最大的"忠"了。

如果回归孔子的本意，"忠"是很积极的一个字，真诚地恪守内心的道德和信仰，负责任地面对他人托付给我们的任务，兼顾自己的事业和工作，而非盲目地效忠。

恕
换位思考，常说又常忘

恕，是一个形声兼会意字，上"如"下"心"，就是如心。从心出发，去代入、体会他人的感受，自然会产生宽容与谅解。这是一种自我内在的要求，而不是外在评价的尺度。外在评价的尺度让我们感到束缚，而自我内在的要求才能够真正变成一以贯之的准则，落实到我们生活的方方面面。

《论语》中的"恕"

"恕"在《论语》中仅仅出现过两次。一次是孔子的夫子自道，是他对学生曾参说的。曾参是孔子晚年收的学生，悟性很高，相传"四书"中的《大学》就是他写的。有一次，孔子对曾参说："参啊，我的学说啊，用一个中心思想就可以把它贯穿起来！"曾参立马回应："是（我知道）。"等孔子出门后，其他不明所以的学生马上围着曾参问个究竟。曾参说："老师的学说，就是忠恕罢了。"什么是忠恕呢？简单地说，忠是把别人的事当成自己的事来处理，恕就是把别人的错当作自己的错来看待。用这样的方法来处理人际关系，是不是就简单清晰多了？

《论语》中另一次提到"恕"，则是出自孔子回答子贡的提问。子贡在孔子的诸多学生中，以"言语"著称，特别会说话，善于处理外交事务。有一次，子贡问孔子："有一言而可以终身行之者乎？"

意思是您讲了那么多道理，我只想过好自己的人生，请您告诉我一个最简单的基本原则吧！孔子回答说："其'恕'乎！"那大概就是"恕"吧！

不应该是"仁"吗？为什么是"恕"呢？这就需要解释一下"仁"和"恕"的区别。"仁"是心性之学，关乎本心，是一种极高的道德境界，是我们孜孜追求的理想目标。"恕"主要是以己度人，将心比心，能够设身处地地为他人着想。如子曰："己所不欲，勿施于人。"（《论语·颜渊》）自己不愿意做的，就不要强加给别人。自己做不到的事情，也不能要求别人做到。"己所不欲，勿施于人"其实是"恕"的最低标准。孔子的学生中，即便是颜回，也只能做到"其心三月不违仁"（《论语·雍也》）；至于其余弟子，只能偶然想起"仁"罢了。像子贡这样才华外露、能力极强的弟子，最重要的就是不要违背"恕"。"恕"是我们普通人在日常生活中最具有实践性和操作性的能力和品质。

所以，穿越两千五百多年的历史，我们应该衷心地感谢子贡的发问。

己欲立而立人，己欲达而达人

以己度人，将心比心，是建立在人性本善的基础之上的。它要求我们用自己的仁心和善心去对待别人，而别人也用同样的仁心和善心来回应。可事实上，"恕"字给我们提出的另一个难题就是：你可以平心静气地好好对待别人，但如何能保证别人也同样好好地对待你，并且不伤害你呢？

而且，我们在生活中难免会遇到道德或者能力不足的人，与这样的人交往，是不是只能扭头就走、抱头而逃？在人与人的相处中，有没有更好的、更积极的方法,让我们一起把事情做好?把世界变得更美好?

孔子说:"己欲立而立人,己欲达而达人。"(《论语·雍也》)自己要站得住,同时也要使别人站得住;自己要事事行得通,同时也得让别人事事行得通。凡事要懂得给别人搭台阶,建平台;成全别人,也是成全自己。

在生活中,我们在标榜自己的同时,也要给别人留有余地。不给别人留丝毫余地,最后也会让自己的路越走越窄。以战国时期的屈原为例,从表面上看,历史建构起了屈原这样一个极其完美高大的人物形象,但实际上,也暴露了屈原极端孤立的人际处境。君王疏远他,宠臣谗害他,学生背叛他,整个国家都没人理解他。若是想救亡图存,这样极端孤立的人际关系是做不成任何事情的。更好的做法应该是将国家的所有进步主动积极地推到楚王身上,推到群臣身上,打造一个正能量的统治团队,这样以楚国当时的实力,与秦国多周旋一段时间是完全可能的。楚国灭亡后,屈原投江而死,成为忠君爱国的楷模,成就其典范人格。但我们不得不承认,在做事上,他缺乏技巧和方法,缺乏容人之量,没能推进自己的事业。大多时候,我们在付出的时候,也要多考虑接受者的感受,这样才能把事情做圆满。

从"心"出发,仔细品味古人教给我们的道理,才能让我们在粗糙的世界里做一个细腻的人,在冷漠的世界里做一个温暖的人。

敏

如何快速提高你的执行力

"敏",在《论语》里有迅疾、机敏、审慎等含义,是一个带有褒扬色彩的词语。"敏"是和做事相关的一种重要品德。

孔子有个学生叫子张,他是孔子十二个优秀学生之一。他曾经向孔子问"仁"。孔子告诉他,无论做人还是做官,能够做到"恭""宽""信""敏""惠"这五种品德,就是做到了"仁"。"敏则有功"把"敏"和功劳的"功"联系在一起,就是说做事行动敏捷、心思细密,就会有好的结果。

与做事相对应的,就是说话。《论语》里九次谈到"敏",其中有两次都和言直接相关。

一次出现在《论语·里仁》:"君子欲讷于言而敏于行。"讷,表示有话在肚子里,但是难以说出来,就是表达能力不强。但在孔子看来,说话少,做事的时候能"敏于行",就是执行力强,这绝对算得上一个优点。"巧言令色,鲜矣仁!"(《论语·学而》)就是说一个人特别擅长花言巧语,那么他身上的仁德之心就很少了。相反,"刚、毅、木、讷近仁"(《论语·子路》),一个人看起来刚强、果敢、质朴无华又说话谨慎,那差不多就是仁德的人了。

另一次出现在《论语·学而》:"敏于事而慎于言。"告诫我们要审慎地、积极地面对事务,而不是夸夸其谈。

至于为什么要"敏于事""慎于言",或者说"讷于言""敏于行",宋代大儒朱熹解释说:"事难行,故要敏;言易出,故要谨。"做事是复杂的、困难的,所以要掌握时机,机敏应对;说话是简单的、轻松的,所以要谨慎,不要轻易乱说。朱熹在其所著的《论语集注》里进一步说:"敏于事者,勉其所不足。慎于言者,不敢尽其所有余也。"敏于事的人,尽其所能把不足之处做好;慎于言的人,不会把话说满说尽,而是留有余地。

如何做到"敏于事而慎于言"呢?孔子能给我们一些启发。

首先是"敏于事"。"敏于事"的前提是"立志为学",孔子说:"我非生而知之者,好古,敏以求之者也。"(《论语·述而》)我不是生来就有知识的人,而是爱好古代文化,勤奋敏捷地去求得知识的人。其次是"身体力行"。孔子回答学生的问题,很多都是落实到具体的行动之中的。比如樊迟问孔子如何能够做到"仁",孔子回答道:"居处恭,执事敬,与人忠。"(《论语·子路》)日常的起居要态度端庄,担任工作时要严肃认真,和人交往要忠诚。朱熹也强调,用具体的行动范式来具化"仁":"读书不可只专就纸上求义理,须反来就自家身上推究。"(《朱子语类·学五·读书法下》)说的就是读书不可只去书本上探求义理,而应反过来结合自身的行为处事加以推求研究。有心去做,亲自去做,是把事情做好的前提。

"敏于事"还要"食无求饱,居无求安"(《论语·学而》)。华屋美食,最能消磨人的意志。有一句话叫作"饱食终日,无所事事"(《简明中国通史》)。钱锺书先生在《吃饭》中写道:"饱满的肚子最没用,那时候的头脑,迷迷糊糊,只配做痴梦;咱们有一条不成文的法律:吃了午饭睡中觉,就是有力的证据。"

再看"慎于言"。"慎于言"不是提倡让大家不说话,而是要求我们对于说话的时机、场合、内容要把握、斟酌。《论语·乡党》中记载，孔子在家乡"恂恂如也，似不能言者"，小心谨慎，好像不会说话的样子。但是他在宗庙、朝廷上"便便言，唯谨尔"，谈论国家大事时，侃侃而谈，明白晓畅，只是说得很少。在平时生活中不卖弄口舌，不搬弄是非，但在职责范围内据理而言，准确全面地表达自己的见解，这才是认真负责的说话原则。孔子的原则是"成事不说，遂事不谏，既往不咎"（《论语·八佾》），已经做过的事，不必再解释；即将完成的事，不要再劝说；已经过去的事，没有必要再追究。如果我们真的都遵循这样的原则，那么会减少多少无谓之争呢？

最后，还要特别说明一点，对待做事认真的人，要学会宽容。毕竟大多数人做事难免都会有不足之处，这种不足可以在做事的过程中不断调整、改善和提高。对待做事认真的人过于苛刻，对其进行判断、评论、指摘，往往会造成"成事不足，败事有余"的结果。《诗经》里有一篇名叫《北山》的诗，就讽刺了这种掌握话语权却毫无作为的人。

儒家"十三经"之一的《周礼》中记载，当时教育贵族子弟要具备"三德"，其一就是"敏德"。做事机敏迅捷，是贵族子弟成为未来国家统治者的必备素质。放到今天来看，"敏"就是"言寡、体勤、心静"。让我们共勉吧。

勇

君子也有讨厌的事情

《论语·为政》中说:"见义不为,无勇也。"可见,勇是义的依托。没有"勇",就总是在该做出正确行为的时候退缩,错失时机,而事后却耿耿于怀。

简体字的"勇"上"甬"下"力"。所以,我们总觉得,勇是与力气相关的。但"勇"字的篆体是不同的写法,上"甬"下"心","恿"就是生命勃发之心气。这跟孔子所讲的"勇"接近。

孔子说:"道不行,乘桴浮于海。"(《论语·公冶长》)桴,就是用来过河的小筏子。如果儒道推行不了,孔子就要"欲把一麾江海去"(杜牧《将赴吴兴登乐游原一绝》),"小舟从此逝,江海寄余生"(苏轼《临江仙·夜饮东坡醒复醉》)。但是孔子会找谁同行呢?大部分人应该会认为是颜回,因为他对孔子最尊敬,学习成绩也最好。但孔子却说"从我者其由与?"他选择的人是子路。

子路是孔子学生中年龄最大的,仅仅比孔子小九岁。他偏执又冒失,性格和孔子不同。子路年轻的时候,身着奇装异服,头戴雄鸡羽毛装饰的帽子,像一个莽撞的小流氓。他好勇斗狠,还曾经"凌暴"孔子。后来孔子用儒家思想教导子路,使他成为自己的门徒。子路对孔子是心悦诚服的,但是对于孔子的日常教诲,他还是觉得执行起来非常困难,于是他常常"唯恐有闻",就是生怕听到,假装听不到。

所以，当子路听说孔子愿意带他到海外时，他高兴极了。他觉得老师真是看得起自己：你看老师有那么多的弟子，但他却只肯带我去浪迹天涯。没高兴一会儿，孔子又说："由也，好勇过我，无所取材。"（《论语·公冶长》）意思是子路除了比我勇猛，其他一无所长。

在孔子的话语体系里，"勇"不是一个单纯的褒扬之词，它不是孔子推崇的第一级别的概念，它得在"仁""礼""义"等其他概念的统摄下使用。

勇与仁

孔子说："仁者必有勇，勇者不必有仁。"（《论语·宪问》）有仁德的人一定勇敢，勇敢的人就未必一定有仁德。自己的孩子遇到危险，再柔弱的母亲也会奋不顾身地去解救，这就是"仁者必有勇"的情感来源。

孔子说："好勇疾贫，乱也。人而不仁，疾之已甚，乱也。"（《论语·泰伯》）那些勇敢却没有仁爱之心的人，如果受到贫苦的极端折磨，走上犯罪之路的概率是很大的。孔子带着弟子们周游列国时，困难重重，一度断粮。子路很恼怒地质问孔子："君子也有这种穷途末路的时候吗？"孔子回答道："君子固穷，小人穷斯滥矣。"（《论语·卫灵公》）君子在困顿的情形下不会失去自己的品行操守，只有小人在困顿的时候才会无所不为！其实，按子路之本性，可能正是那个好勇而疾贫的人，幸好他愿意服从孔子的教导。而那些没有良师益友的人，很可能会做出危害社会的事情。

勇与义

子路问孔子:"君子崇尚勇吗?"孔子说:"君子义以为上,君子有勇而无义为乱,小人有勇而无义为盗。"(《论语·阳货》)君子要把义放在勇之上,好勇而无义,不是乱党就是强盗。荀子曾经把"勇"做了分类,他说:"有狗彘之勇者,有贾盗之勇者,有小人之勇者,有士君子之勇者。"争夺食物,就是动物一般的勇;争夺财物,就是盗贼一般的勇;出于暴力之欲而相争,这是"小人之勇";出于仁义之心而相争,才是"君子之勇"。

勇与礼

孔子说:"勇而无礼则乱,直而无礼则绞。"(《论语·泰伯》)绞,就是急切、鲁莽的意思。勇敢却不知礼,就会闯祸;心直口快却不知礼,就会伤人。

子贡曾经问孔子:"君子亦有恶乎?"孔子说:"有恶。"(《论语·阳货》)一是"恶称人之恶者",厌恶宣扬别人坏处的人;二是"恶居下流而讪上者",厌恶身居下位而毁谤在上者的人;三是"恶勇而无礼者",厌恶勇敢而不懂礼节的人;四是"恶果敢而窒者",厌恶固执而又不通事理的人。

勇与智

子路曾经问孔子:"如果让您统率三军,您将会和谁一起去呢?"孔子曰:"暴虎冯河,死而无悔者,吾不与也。"赤手空拳打虎、徒步涉水过河、死都不后悔的人,我是不和他在一起(共事)的。我只和"临事而惧,好谋而成者"一起,也就是和遇事谨慎、善于谋划而又能办成事的人在一起。

这一点在我们的文化传统中也清晰可见。我们不太喜欢有勇无谋的武夫,更喜欢那种指挥若定、运筹帷幄、决胜于千里之外的儒将。

儒家提倡的"勇",是一种"大勇"。战国时期,齐宣王曾说自己好勇是一个缺点。但孟子说好勇并不是坏事情,不过作为君王,不应该喜好匹夫之勇,而应该效法先王的大智大勇。不以逞强斗狠为快,而以天下为己任,以安邦保民为职责,这才是统治者应有的"大勇"。

"勇"从来都不是一种独立的品德,而需要与"仁""义""礼"结合起来,才能证明其合理性和有效性。按照孔子学说的逻辑,就是要唤起来自仁心和正义的"勇",敢为不公去抗争。这才是我们所需的"勇"。

惠

小惠利己，大惠利人

《说文解字》："惠，仁也。""仁"的内涵是非常丰富的，在什么情况下可以表现为"惠"呢？就是上级对下级或者统治者对老百姓施加恩惠、给予好处的时候。因此在《论语》里，惠就是惠爱、恩惠，落实到具体的行动上，还有"福利、实惠"的意思。柳下惠，本名展禽，是鲁国的大官，比孔子早出生一百八十年左右。人们之所以叫他柳下惠，是因为他的家在"柳下"这个地方。他做官时淡泊富贵，时刻为老百姓着想，即使屡次被罢官也不改变志向。人们在他去世后送给他的谥号就是"惠"，因此叫他"柳下惠"。

统治者重视"惠"

统治者为什么要重视"惠"呢？究其原因，在于孔子对社会现实的观察："君子怀德，小人怀土；君子怀刑，小人怀惠。"(《论语·里仁》)这句话讨论的是君子和小人的差别。在孔子的思想观念中，君子就是那些有道德、有才干、有社会地位的人，小人则完全相反。他们的品德、才能、社会地位不同，关心的事情也不同。君子关心的是道德，小人关心的是土地；君子关心法度，小人关心恩惠。小人并不是坏人，只是一些不懂得从大处着眼、斤斤计较于眼前利益的人。那么如何更好地管理小人呢？孔子说："惠则足以使人。"(《论语·阳货》)有了惠，就可以更好地役使百姓。

由此看来，儒家谈惠，根本目的是更好地治理社会。"惠"是一个国家、一个政权立足的根本。孔子赞美郑国的子产，说他是"惠人也"（《论语·宪问》），就是具有惠这种品德的人。他的这种品德是如何表现出来的呢？其中一项就是"养民也惠"（《论语·公冶长》），即对待人民有恩惠。"不惠则无以聚民"，不实行惠政，就不会聚集老百姓，也不会有稳固的统治。

惠而不费的法则

怎么才能做到"惠"呢？这就要求我们要有一颗仁慈恩惠的心，不要随便为难人。

但是为了善待他人而付出太多牺牲，恐怕谁也坚持不了多久。如何解决这个问题呢？孔子的建议是君子在执政时要做到"惠而不费"（《论语·尧曰》）。孔子说："因民之所利而利之，斯不亦惠而不费乎？"（《论语·尧曰》）借着老百姓能得到利益的地方让他们得利，这样不需要劳民伤财，反而能事半功倍。

实行惠政，需要一个先决条件，就是考虑好孔子说的"因民之所利而利之"的"利"到底是什么。

在学校里，分数是学生们的"利"，是很正常的现象，因为分数影响他们升学。那么，作为教师，从每一门课程的第一节课起，就一边考虑如何提升课堂教学质量，一边考虑怎样合情、合理、合法、公正、公平地把更好的分数打给学生。这就是教师力所能及的"惠"。

在社会上，生活物资是老百姓的"利"。"惠而不费"的最基本维度，就是为老百姓的生产和生活提供更好的服务和保障。如果根本不针对老百姓的需求，就只会劳民伤财。比如商家做促销活动，将大家的利益点、兴趣点找对了，活动就很容易成功。真正的惠，是大家都能享受到好处。

"惠政"升华就是"惠学"，即慈惠之学，研究民利之所在，找到惠政的方向和方法。人是复杂的综合体，如果特别粗暴地以小恩小惠去理解每一个站在你面前的人，就是一件非常危险的事情。惠，是滋润心田的雨露。聪明的人总是能够轻松地获得口碑，因为他们深谙人性，洞悉了"惠而不费"的道理。

乐

《诗》化的人生与社会

"乐"的甲骨文字形,像木枕上系着丝弦的琴具。后来"乐"的含义从单一乐器,扩展为五音八声的总称,即音乐的意思。"乐"还念"lè",可见音乐能够给人带来高级的、精神上的快乐和享受。

春秋时期常见的乐器是钟、鼓、琴、瑟,如《诗经·关雎》里唱"琴瑟友之""钟鼓乐之"。后世把这个时期的音乐叫作"雅乐"。南朝时,人们演奏音乐,主要以丝、竹类乐器为主,后世称之为"清乐"。到了隋唐以后,人们演奏音乐,则以胡琴、羌笛、琵琶等乐器为主,后世称之为"燕乐",我们所熟悉的宋词就是配合燕乐来演唱的。

音乐的历史非常悠久,因为它和人们的情感直接相关。"凡音之起,由人心生也。"(《礼记·乐记》)"乐也,人情之所必不免也。"(《荀子·乐论》)我们离不开音乐的陪伴。爱情的美好,成长的苦恼,相聚的欢乐,分离的思念,往往都伴随着耳畔流行的音乐,成为人们心底最深刻的记忆。

孔子与音乐

说到音乐,人们立即会联想到一个词——知音。《礼记·乐记》里说:"是故知声而不知音者,禽兽是也。"禽兽能辨识各种叫声,但对于叫声的美丑高下却不在意。又说:"知音而不知乐者,众庶是也。"大家都能听会唱,但能不能懂得乐音的含义,就不一定了。

能够听得懂乐音的含义,就是知音。《吕氏春秋·伯牙绝琴》记载,春秋时期伯牙善于鼓琴,钟子期善于听琴。伯牙鼓琴,心里想着高山,钟子期立刻说:"善哉,峨峨兮若泰山!"伯牙鼓琴,心里想着流水,钟子期跟着说:"善哉,洋洋兮若江河!"伯牙弹琴时心中所念,钟子期必定听得出。钟子期死后,伯牙感觉这世上再无知音,于是"破琴绝弦,终身不复弹"。

西汉刘向带领手下的门客整理了一本叫《说苑》的书。书中记载:"孔子曰:'钟鼓之声,怒而击之则武,忧而击之则悲,喜而击之则乐。'"(《说苑·修文》)孔子能够透过声音听出乐者的情绪,是一个知音之人。

孔子之所以能知音,和他生活的环境有一定的关系。春秋时期,礼崩乐坏,很多音乐都听不到了。但是鲁国的礼乐制度保存得较好,吴国的公子季札还曾经在鲁国观看乐舞表演。《论语·述而》记载:"子与人歌而善,必使反之,而后和之。"孔子听到谁唱歌唱得好,就会请人家再唱一遍,然后自己跟着唱。听到好的音乐,孔子认为是莫大的人生享受。据说他在齐国听了《韶》乐,"三月不知肉味"(《论语·述而》),可见孔子欣赏音乐能达到很高的境界。

孔子欣赏音乐,既重视形式上的"美",也重视内容上的"善"。孔子喜欢《韶》乐,称它"尽美矣,又尽善也"(《论语·八佾》)。孔子也喜欢《武》乐,但认为它"尽美矣,未尽善也"。《韶》是舜时的音乐,主要用以歌颂最高统治者的德行。舜的帝位是通过禅让制得到的,夏、商、周三代,君王均把《韶》作为国家大典用乐。在孔子看来,这就是尽善尽美的。而《武》乐是歌颂周武王的音乐。周武王的天下是通过征伐的方式得到的,因此孔子评价《武》乐虽然形式上很美，但是道德上是欠缺的。

既热爱音乐，又有自己的音乐理论，这么看来孔子算得上是一个专业的音乐人了。他曾经告诉鲁国乐师演奏音乐的道理：音乐是可以知晓的。刚开始演奏的时候，"翕如也"，要热烈，让人振奋；随后"纯如也，皦如也，绎如也"（《论语·八佾》），是说要纯正和谐、清晰悠扬、绵绵不绝，这样就完成了。

孔子喜欢古典音乐，不喜欢流行音乐。对于当时郑国、卫国的流行音乐，孔子是反对的。他认为"郑声淫"，要求"放郑声"（《论语·卫灵公》）。相比古乐，郑国的音乐节奏比较快，容易让人躁动不安。其实，从历史进程上看，音乐的节奏发展历程就是越来越快的，孔子在音乐理论上也算是"复古派"。他不喜欢郑卫之音这样的民间小调，更喜欢雅颂之音所代表的华夏正声。所以，当孔子周游列国，返回鲁国之后，做了一项非常重要的工作：他从文本内容、音乐形式两方面入手，修订了一部当时非常流行的诗歌总集——《诗》（或《诗三百》），即《诗经》。

音乐与教化

在儒家看来，音乐不单单用于享受，还应该寓教于乐，通过艺术审美进行陶冶情怀及人格养成教育。孔子说："兴于诗，立于礼，成于乐。"（《论语·泰伯》）用诗歌来启发人们的感情，用礼来教导人们在社会上安身立命，但只有"文之以礼乐"（《论语·宪问》），才算"成人"。可见，孔子非常重视艺术教育。梁启超先生曾说，孔子若是在民国当教育总长，一定会效法法国，将教育部改为教育美术部，把国立剧场和国立学校看得一样重；他若在社会上当个教育家，一定会改良戏曲，到处开音乐会，忙个不停。梁启超先生的这段话说得很好，我们现在的艺术消费需求极大，实体的艺术审美场所远远不能满足需求，不能达到艺术涵养、艺术陶冶的功能。

音乐不但和我们个人修养有密切关系，还和一个国家的政治生活有密切关系。一个时代的音乐，往往蕴藏着治乱兴衰的密码。审音可以知政。集儒家美学思想之大成的《礼记·乐记》写道："治世之音安以乐，其政和。乱世之音怨以怒，其政乖。亡国之音哀以思，其民困。"太平盛世的音乐是安宁的、快乐的，这时的政治也是和谐的。乱世的音乐是哀怨的、愤怒的，这时政治是不和谐的、充满戾气的。国家灭亡了，这时的音乐是哀伤的，人民的生活也是困顿不堪的。

古人特别重视音乐和政治教化的关系，他们从来不把音乐当成一件小事看待。春秋时期，卫国很有才华的乐师师涓擅长记谱，也擅长制作新曲。有一次，他随卫灵公到晋国。他们夜间停留在濮水边上，忽然听到弹琴的声音，卫灵公觉得特别好听，就命令师涓记下来，之后演奏给他听。等他们到了晋国，师涓为晋平公演奏这首曲子。还没等弹完，晋国乐师师旷就制止了他，说这是商纣王的"靡靡之乐"，是亡国之音，不可以再弹。春秋时期的乐师，是很讲究"乐政合一"的，音乐人往往又是思想家。

今天，音乐同样承载了一个时代人们的精神面貌与内心需求。从某种程度上来说，一些歌词的确也是时代的缩影。除了反映现实、宣泄情感，我们的音乐如果能够更自觉地陶冶情操，那么这个时代的音乐就有希望成为更好的音乐。

好学

孔子的学习方法

孔子关于学的论述很多,因为学不仅是一种态度、一种美德,而且是一种生活方式。我们常说这是一个"终身学习"的时代,我们要建设一个"学习型社会"。那么我们为什么要"好学"?怎样才算得上是真正的"好学"呢?

我们为什么要"好学"?

追求美好的品德,是我们人格成长最重要的内容。但要想拥有美好的品德,仅仅有信念是不够的,还需要"好学",通过不断地学习来提升自己。克服弊病,走向美德,这中间的桥梁,就是"好学"。在《论语·阳货》中,孔子和子路有一段对话,后人称之为"六言六蔽",值得我们细细品味。

第一是"好仁不好学,其蔽也愚"。我们都有善心,可是,我们真的拿出时间来学习帮助别人的技能和方法了吗?我们又真的拿出时间来学习自我保护的学问和经验了吗?没有。因此我们面临的困境往往是:有人跌倒时,我们愿意扶他们一下,可是想到这么做可能会被人讹诈,索性就不肯帮忙了。我们害怕落到"其蔽也愚"的境地,被人愚弄,就更没办法做到"仁"了。"仁"这件事,一方面要从本心、本性上下功夫,另一方面也要从实践上下功夫。有识别真相的能力,有保护自己的技巧,有维护秩序的方法,我们就敢做好事，敢于坚守"仁"，就能够做到"仁"了。

第二是"好知不好学，其蔽也荡"。一个人喜欢卖弄小聪明，不好好学习，弊端就在于这个人总是偏离正轨，言行放荡而没有根基。信息时代，民智大开，学生们可以轻松获取各种知识资源，于是一些学生出现了"眼高手低"的情况。视野开阔，思辨力强，这是好事，但是如果不能和扎实的阅读基础结合在一起，最终也只是人云亦云或者好为奇谈的口舌之徒罢了。

第三是"好信不好学，其蔽也贼"。诚实守信，却不爱好学习，结果被人利用，反而害了自己。信守承诺固然好，但也要好好学习，这样才有明辨是非的能力，而不是黑白不分地死守承诺。

第四是"好直不好学，其蔽也绞"。标榜自己耿直，可是又没有什么学问，弊端就是性情急躁、说话尖刻。这种人常常没有做事经验，不观察局势局面，仅仅秉持着一种基本的道德原则，就开始胡乱"发炮"、指点江山。率真、耿直、豪爽、真挚，这些都是美德，但如果把它们作为缺乏学问、不通人情的伪装而自欺欺人，那就不是真正的美德。

第五是"好勇不好学，其蔽也乱"。做事勇敢，但没有什么学问，就很容易犯上作乱。我们常说的匹夫之勇，往往是成事不足败事有余，其后果往小了说危害自身、危害家庭，往大了说就可能危害社会。

第六是"好刚不好学，其蔽也狂"。刚，与直、勇都不一样，刚是刚强，就是意志坚定，但没有学问的话，弊端就是容易狂妄、自我。这样的人有信念感，很难被说服。《老残游记》中批评过一种人，他们说自己是清官，从来不收受贿赂，但随便判案，制造了很多冤狱。书中介绍了一个叫刚弼的官员，因为被告曾经托人向他说情,他便一口认定被告就是凶手。他的逻辑是:如果不是凶手,为什么要来找我说情呢?然后便严刑拷打、逼供被告,制造了冤假错案。即使这样,刚弼还到处标榜自己是一个大清官。我们在生活中也会遇到有些人没有科学依据,却盲目地宣扬自己的理论,听起来言之凿凿。这值得我们警醒。

我们只有"好学",才能避免被愚弄,避免言行放荡,避免被人伤害,避免说话尖刻,避免作乱闯祸,避免固执己见,从而真正拥有"仁""知""信""直""勇""刚"这些品德。

怎样做才算是"好学"?

对于好学这件事,一向谦虚的孔子也引以为傲。他说:"十室之邑,必有忠信如丘者焉,不如丘之好学也。"(《论语·公冶长》)在只有十户人家的地方,一定有像我这样既忠心又有诚信的人,但是他们不如我这么喜欢学问。在诸多弟子中,孔子认为只有颜回算得上好学,他的优点是"不迁怒,不贰过"(《论语·雍也》)。"不迁怒",就是不拿别人出气;"不贰过",就是同样的错误不会犯第二次。听起来很容易做到,但是说这话的时候,孔子已年过七十,可以算是定评了。可见真正的好学很难得!

真正的好学之人,不是总捧着书本,他们还做其他方面的事。比方说,实地调查和向人请教。《论语》中记载,孔子来到周公的宗庙,详细地向守庙人请教每一件事情,这就是在学"礼"。

孔子也强调做学问的乐趣,说:"知之者不如好之者,好之者不如乐之者。"(《论语·雍也》)兴趣是最好的老师,只有热爱学习,才能真正学好。他还说自己"发愤忘食,乐以忘忧,不知老之将至云尔"(《论语·述而》)。这份勤奋和快乐,一定是来自学问的。

热爱学问，潜心好学，而后担负责任。在孔子看来："邦有道，贫且贱焉，耻也；邦无道，富且贵焉，耻也。"（《论语·泰伯》）国家政治清明，自己贫贱，是耻辱；国家政治黑暗，自己富贵，也是耻辱。那些在太平之世畏首畏尾的人是失职的，那些在混乱时局中飞黄腾达的人也是失节的。我认为，这就是孔子为所有读书人指出的安身立命之道。

君子
来自先哲的人格魅力

"君子"是一个高频词语,在《论语》中出现了一百零七次。孔子之所以花这么大力气,费这么多口舌去讨论君子,是因为春秋时期,礼崩乐坏,社会动荡不安,面对这种剧烈的社会变动,人们迫切需要寻找一种崭新的人格范式,来解救自己的精神危机。君子,用胡适先生的话说,就是孔子塑造的"理想的模范",是"人生品行的标准",也是儒家为我们树立的人生目标。

君子的形象

儒家认为,君子如玉。君子外表谦和,没有棱角,但内在坚韧。子夏曾经描述过君子的形象:"望之俨然,即之也温,听其言也厉。"(《论语·子张》)君子远远望去很严肃,靠近他却觉得很和蔼,但听他说话又很严厉。

其实,孔子心目中的君子并不是完美无缺的。君子也会犯错,但重要的是君子敢于正视自己的错误,勇于改正自己的错误。孔子还按照人的成长经历,提出"君子有三戒":少年时,"血气未定,戒之在色",就是不要沉湎于美色;壮年时,"血气方刚,戒之在斗",就是不要争强好胜;年老时,血气已经衰弱,"戒之在得",就是不要贪得无厌。(《论语·季氏》)

尽管君子也有缺点,但在根本道义的坚守上,却是坚定的。什么是君子呢？"可以托六尺之孤，可以寄百里之命，临大节而不可夺也。"（《论语·泰伯》）这种君子精神，也鼓励着后世的知识分子。

君子之道

在《论语》里，关于君子的精神内核，孔子谈论了很多。但"知者不惑，仁者不忧，勇者不惧"（《论语·子罕》）孔子说过两遍，并将其命为"君子之道"。概而言之，就是坚定、快乐和勇气。

"知者不惑"，关乎坚定。

有一天，子夏来见曾参，曾参惊奇地发现子夏胖了，就问子夏原因。子夏回答："战胜，故肥也。"（《韩非子·喻老》）曾子感到更奇怪了，没听说子夏带兵打仗啊，胜利从何而来呢？子夏解释道："我过去啊，既留恋那些淳朴的道义，又艳羡现实的各种享乐，两者交战于胸中，旗鼓相当，难分伯仲，每日纠结于心，令我疲惫不堪，面色黧黑，骨瘦如柴。终于，现在道义打败了享乐，我再也没有什么犹豫和矛盾的了，因此身体也胖起来啦。"知，智也。智者不惑，那些走出困惑的人必定是坚定而又自信的。"智"不一定代表聪明，回归到初心，放下迷惘，才能拥有真正的大智慧。

"仁者不忧"，关乎快乐。

"君子坦荡荡，小人长戚戚。"（《论语·述而》）君子心地平坦宽广，小人经常斤斤计较，因而局促忧愁。"一箪食，一瓢饮，在陋巷，人不堪其忧，回也不改其乐。"（《论语·雍也》）孔子的弟子颜回为什么能够箪食瓢饮，不改其乐呢？因为"其心三月不违仁，其余则日月至焉而已矣"（《论语·雍也》）。

苏轼在亲情、爱情、友情、同僚之情、师生之情、君臣之情、官民之情等维度上,是做得最圆满的。对弟弟苏辙,他说:"与君世世为兄弟,更结来生未了因。"[《狱中寄子由二首》(其一)》]对最后一任妻子王朝云,他说:"不合时宜,惟有朝云能识我;独弹古调,每逢暮雨倍思卿。"(孤山六如亭楹联)对政敌王安石,他说:"骑驴渺渺入荒陂,想见先生未病时。劝我试求三亩宅,从公已觉十年迟。"[《次荆公韵四绝》(其三)]

因为"乌台诗案",苏轼第一次被贬到黄州,写下"长江绕郭知鱼美,好竹连山觉笋香"(《初到黄州》)。随遇而安,开垦"东坡"自耕,成为中国文学史上富有传奇色彩的"苏东坡"。出行遇雨,一行人被雨淋得狼狈不堪,唯有苏轼发出了"也无风雨也无晴"(《定风波·莫听穿林打叶声》)的人生感慨。宋时岭南、两广一带为蛮荒之地,罪臣多被流放至此。迁客逐臣到这里,往往颇多哀怨嗟叹之辞,而东坡则不然,写下:"日啖荔枝三百颗,不辞长作岭南人。"(《惠州一绝》)

苏轼乐观从容地面对纷争、磨难,甚至贬谪,在与苦难的抗争中不失正道,凭着一份旷达的心态,在暮年被贬官海南岛后还能生还常州。

"勇者无惧",关乎勇气。

我们这里所说的"勇",不是赌命、斗狠,脸皮儿薄、心眼小、点火就着的那种"勇",而是将生死置之度外,在风口浪尖上保持冷静、控制局势的"勇"。

先秦诸子均是这样的人。我们看老庄对待生死的超然,孔孟对待名利的淡泊,墨家对于公道正义的奋斗,他们都有一份为了理想、信念、目标能够放下一切、无所畏惧、勇往直前而又淡定从容的勇。

知者不惑,仁者不忧,勇者不惧。在我看来,君子之道,无非一个"大"字：大智慧、大胸襟、大无畏。这样才能在风口浪尖，宛如闲庭信步般自在与安然。

中庸

"中"在何处最有用

中庸是儒家的核心思想之一。很多人把中庸者理解成"和事佬、遇事两头说、谁也不得罪",或者认为中庸者是骑墙派,是平均主义者,是保守妥协者,其言行应该被全盘否定。如果我们了解孔子的思想就会知道,这种做法不是中庸,而是"乡愿",是孔子特别反对的行为。

何为中庸

"中庸之为德也,其至矣乎!"(《论语·雍也》)中庸作为一种道德,是最高的。这是什么意思呢?宋代理学家们的解释最接近孔子的本意,"中"就是不偏不倚、无过无不及的意思,"庸"就是平常的意思。研究《论语》非常有心得的杨伯峻先生说,中庸表示孔子最高的道德标准,其实就是折中的和平常的。所谓中庸,就是没有特别地偏爱,时时保持一种超然的状态,妥当地处理现实的人与事,与时俱进地恪守合宜之道。

在我们的日常生活中,处处充满着这样那样的矛盾。比如,节欲和放纵、自由和担当、保守和进取等。任何一种选择,背后都有一种思想在支撑:当我们践行素食主义的时候,说"平平淡淡是最真";当我们开怀畅饮的时候,说"人生得意须尽欢"(李白《将进酒》);当我们知难而退的时候,说"万里归船弄长笛,此心吾与白鸥盟"（黄庭坚《登快阁》）；当我们逆流而上的时候，说"苟利国家生死以，岂因祸福避趋之"[林则徐《赴戍登程口占示家人二首》（其一）]；当我们回归家乡的时候，说"生活质量第一位"；当我们坚守都市的时候，说"梦想空间更重要"。这些话语，有的是我们被动选择后的一种无奈的托词，但更多的还是我们主观上就存在的矛盾与困惑。

孔子的"中庸"理论，不是让我们来判别以上说法的是非对错，而是告诉我们，任何一种选择，推至极端，都是错误的，我们应该在两可之间进行最优的设计。这种最优的设计，既立足自己，关注他人，又不难为自己，不苛求他人。选择一条"中道"和"常道"，不要让欲望淹没了我们，用一颗平常心，专注于自己的现实人生。

中庸的做法

中庸并不是为人处世没有原则，而是拒绝极端主义倾向，在各种对立中展现一种开放性的姿态。"中庸"的内涵极其丰富，发展历程极其复杂。怎么做才算是中庸呢？孔子给我们的建议其实非常简单，只要把握住以下两个原则，基本上就算是领会中庸的核心精神了。

第一，不偏激。为人处世要"适度"，因为"过犹不及"。做事情过了或做得不够，效果都不好。孔子有两个学生，一个叫子张，做事常常超过"礼"的要求；另一个叫子夏，做事常常达不到"礼"的要求。孔子认为，子张并没有比子夏贤明，两个人做得都不够好。

在日常生活中也是如此，过度关心或漠不关心，都会对他人造成伤害。最好的做法，就是"适度"。"可以仕则仕，可以止则止，可以久则久，可以速则速。"（《孟子·公孙丑上》）该做官就做官，该弃官就弃官，应该继续干就继续干，应该马上走就马上走。孔子说"无可无不可"（《论语·微子》），要从容于中道，从心所欲不逾矩。孔子回答别人的问题，往往会"叩其两端而竭焉"（《论语·子罕》），把利弊得失都说清楚，有助于让别人做出明智的选择。

孔子批评思想和行为偏激的人。如对人"爱之欲其生，恶之欲其死"（《论语·颜渊》），其实，那个人始终是那个人，爱恨只是主观认识上的波动罢了。

第二，不僵化。后人称赞孔子"圣之时者"（《孟子·万章下》），认为他是一个能够根据环境的变化而与时俱进的人。孔子虽然坚守内心，但是并不固执，非常懂得权变。孔子也是这样教育学生的。有一次，子路问孔子："听到了一件事就马上去做吗？"孔子说："不能。有父亲兄弟在，得先问问他们的意见，不能听到了就马上做。"冉有也问了孔子同样的问题，孔子则答："对。听到了就马上去做。"这时，孔子的另一个学生公西华就感到很奇怪："为什么同样的问题，老师给出的回答却截然不同呢？"孔子说："冉有平时做事退缩，所以要鼓励他敢于行动；子路平时争强好胜，所以要提醒他不要冒进。"对待不同的学生，孔子能够根据他们不同的个性，采取不同的教育方法。孔子认为，中庸之道并不是一成不变的，而应该根据时间、地点、条件的不同来调整应对策略。

当我们面对不同意见的时候，可以采取"和而不同"的原则。一道菜，一定要有酸甜苦辣咸五味调和才好吃；一首乐曲，也一定是和谐音律才好听。和，就是我们尊重矛盾的客观存在，尊重不同的意见；同，就是别人说什么，你也说什么，随波逐流，没有自己的观点。所谓"和而不同"，就是我们愿意倾听不同的意见，但不盲目地附和别人，这样才是真正的"中庸"。既有坚守之心，又不过分固执，在发展的过程中取长补短，完善自己的品行，提高自己的能力。

如果做不到中庸，该怎么办呢？孔子告诉我们："不得中行而与之，必也狂狷乎！狂者进取，狷者有所不为也。"（《论语·子路》）如果找不到言行符合中庸之道的人做朋友，就一定要和狂者或者狷者做朋友。狂者就是做事比较激进的人，狷者就是不同流合污的人。这两种人虽然不是中庸之人，但是很有性格，有自己的坚守，宁可进取也不退缩，宁可洁身自好也不放任自流。这就是中庸的底线。

孟子

被历史错过又找回来的圣人

为了更好地理解孟子,我们可以把儒家的孔子、孟子和道家的老子、庄子的思想学说放在一起比较。作为普通人,往往会纠结应该向孔子学习还是向庄子学习,向前者学习,可以做一个举世称道的君子;向后者学习,可以做一个逍遥自在的隐士。作为领导者,往往会纠结应该听孟子的还是应该听老子的,前者要走到百姓面前,推行仁政;后者要退到百姓身后,无为而治。

孔子去世以后,他的亲传弟子、再传弟子及三传弟子,开始广泛地传播儒家思想,最终形成了声势浩大的儒家学派。但遗憾的是,一百年来,儒家缺乏一位宗师级、现象级的人物,以至于逐渐式微。直到孟子出现才改变了这一状况。一方面,孟子本身就是孔子学说的正宗传人。孔子去世后,儒家的正宗传人是曾子(曾参)。孔子去世前,把自己的孙子子思托付给曾子,子思从孔子那里继承了正统的儒家思想。据说孟子曾经受教于子思的门人。由此算来,孟子也是孔子学说的正宗传人。另一方面,孟子极富个人魅力,他学识渊博、个性鲜明、雄辩滔滔、刚健无畏,颇有偶像风范。他的人生经历和孔子非常相像,孟子先后去过宋国、滕国、鲁国,也多次见过梁惠王和齐宣王。他们虽然都对孟子十分礼遇,但都没有采纳孟子的学说。最后,孟子和孔子一样,和弟子们退而著书,留下《孟子》七篇,大概三万五千字。

孟子生不得其时。当他说服梁惠王的时候,法家的商鞅在秦国,兵家的吴起在齐国,他们富民强国的变革收效迅速,所以当时的统治者几乎不可能拥有那份耐心来执行孟子的王道之策。

现在,我们经常把孔子和孟子放在一起说,称他们的学说为"孔孟之道"。这种说法是在宋代之后出现的。宋代之前,孟子的地位并不高。提到儒家思想,人们通常说"周孔",就是周公和孔子,或者"孔颜",就是孔子和颜回。

最早提升孟子在儒家学派地位的,是中唐时期的韩愈。他在《韩昌黎集·原道》中第一次提出了儒家的"道统"理论。道统,就是儒家传道的系统。韩愈认为,儒家的道统,是尧传给舜,舜传给禹,禹传给商汤,商汤又传给周文王、周武王和周公,周文王、周武王和周公又传给孔子,孔子接着传给孟子,孟子死后,就"不得其传焉"。在韩愈看来,孟子在儒家学说中的地位非常重要,原因有两点:第一,孟子的学说是正统的,他得到了孔子的真传;第二,孟子和当时盛行一时的杨朱、墨翟等人辩论,维护并发扬了儒家的学说,有"卫道"之功。韩愈的这个观点虽然在当时的学术界没有引起太大的反响,却是宋代以后"尊孟"思潮的发端之处。

到了宋代,范仲淹、欧阳修、王安石等学界、政界领袖,都积极提升孟子学说的地位。有了这些当权派的推动,宋神宗熙宁年间,《孟子》一书成为科举考试的内容;宋仁宗时,正式将《孟子》列入"经部";南宋孝宗淳熙年间,朱子将《孟子》《中庸》《大学》《论语》并列,论为"四子书",简称"四书",《孟子》正式被列为"经"。

元代明宗至顺元年(1330),孟子被朝廷正式封为邹国亚圣公。这意味着孟子"亚圣"的称号得到了朝廷的认可。孔庙以四位最杰出的孔门弟子配享,他们分别是复圣颜回、宗圣曾子、述圣子思和亚圣孟子。到了清朝,沿袭元明的称号,"亚圣"孟子广为大家接受。

孟子之伟大,首先,在于他对信念的坚持,再多的阻碍和诱惑都不能改变他的政治主张;其次,在于面对权势的诘难,他都敢与之抗争;再次,在于他对义的呼吁,这使他显出人格之锋芒,不纵容恶与伪,不用含蓄来助长歪风邪气;最后,在于他对善的认定,这让我们明白，不管人生多么艰难，总要抱有希望。

孟子的性善、民本、仁政、大丈夫等思想，对传统政治生活影响深远，知言、养气等思想也为文学研究所借鉴，这些都是我们宝贵的精神财富。

性善

社会现实会改变人性吗

孟子思想的根本,是建立在"性善论"上的。"善"是一个会意字,小篆的"善"上"羊"下"言",即像羊一样说话。羊性温和,且羊角是向内弯的,即使打架也不会杀死对方。性善,就是说人生来是善良的,人性生来是向善的。

人性问题

对人性的认知,是贯穿于先秦诸子思想的核心命题。如果把各家思想比作一颗颗璀璨的珍珠,那么人性之论就是穿起这些珍珠的红线。孔子是很少谈及人性的,只是说:"性相近也,习相远也。"(《论语·阳货》)他肯定人性中有相通的东西,但也认为后天的习性让人的表现呈现出巨大的差异。那么,孔子为什么不深入研究下去呢?这其实也不难理解,当孔子在说"未知生,焉知死"(《论语·先进》)的时候,他已经在说"未知习,焉知性"了。孔子不太喜欢谈论那些非现实的东西。到了孟子的时候,人性的问题已经避无可避了。因为别人都在谈,且大谈特谈。

在孔子之后、孟子之前,儒家弟子们已经有了一个理论,认为人的"喜怒哀悲之气"(《郭店楚墓竹简·性自命出》)就是性,人的情绪、情感的内在秉性、气质表达出来,自然就是情。

情是基于什么条件表现的呢?"物取之也。"有外在的事物,可以把情勾取出来。见喜则喜，见悲则悲。

从"性相近也"角度来看，孔门后学们是全盘接纳的——人们的喜怒哀悲之气，都是接近的。但是，孔子讲"习相远也"，他的后学们却说"物取之也"，这就站在了客观因素的角度。孔门后学们还有一个理论，叫作"所善所不善，势也"。即人性是表现出善良还是邪恶，关键在于外在的事物、环境。外在的事物和环境可以改变人的情感表现和善恶立场，说明人性就不是稳定的。持续的物和势，一定会导致人们"习相远"。

从这个观点出发，许多人背离了孔子的初衷，成为儒家的挑战者。其中比较著名的，就是告子。告子的人性论是"性无善无不善"（《孟子·告子上》），就是说人性无所谓善良不善良。这种说法在当时及后世都有一定的受众，但孟子给予了严厉的批驳。

孟子说："告子你说与生俱来的就是性，就像一切白的东西都是白，对吗？"告子说："是的。"孟子说："白羽毛的白就是白雪的白，白雪的白就是白玉的白，对吗？"告子说："是的。"孟子说："狗的天性就是牛的天性，牛的天性就是人的天性，对吗？"告子没说话。孟子常用的逻辑推理模式是类推法。告子说凡有生命的事物是同一种本性，白羽毛、白雪、白玉的白都是一样的。孟子说如果真的如此，那么犬、牛与人皆有知觉，皆能运动，其本性都没有差别了。于是告子自知他的说法是错误的，因此不能对答了。其实，孟子的论辩揭示出了告子理论的误区，也就是告子仅仅停留在人是生物属性的藩篱中。

告子又说："人性就像那湍急的水流，缺口在东便向东方流，缺口在西便向西方流。人性无所谓善与不善，就像水无所谓向东流、向西流一样。"

孟子批驳说:"水的确无所谓向东流、向西流,但是,也无所谓向上流、向下流吗?人性向善,就像水往低处流一样啊。"告子把人的本性比作水,水不分东西、漫无目的地流淌,人的本性也是不分善恶、随环境而改变的。孟子承接着这个比喻说,水尽管没有东西南北这样的方向感,但还是有高下之势的,人生而趋善,就好比水往低处流一样自然。当然,如果水受拍打而飞溅起来,它能高过额头;堵住水道使它倒流,它能流上山冈。这难道是水的本性吗?只是形势迫使它如此罢了。人为的因素也可以迫使人做坏事,人本性的改变也像这样啊!

正是在与告子的论辩中,孟子的性善论逐渐清晰起来。

性善论

性善论是孟子的王道学说,是其仁政学说等一系列体系的根基。事实上,仁政和王道,恰恰是性善表现的必要前提。倘使有了良好的必要条件,性善就会成为必然的表达;倘使有了恶劣的必要条件,性善就会成为或然的表达。

孟子又回到了从人性本身去思考问题的原点,他的性善论概括来说就是四端理论:"恻隐之心,仁之端也;羞恶之心,义之端也;辞让之心,礼之端也;是非之心,智之端也。"(《孟子·公孙丑上》)

用今天的话来说,同情心是仁爱的发端,羞耻心是义的发端,辞让心是礼的发端,是非心是智慧的发端。既然"仁""义""礼""智"都在人性之中埋藏着因子,想要萌芽,那么人性的本质当然是善良的。

孟子对人性善的假设和推定,还要基于一定的关系条件。比如说在大街上，你的兄弟姐妹跌倒了，你一定不假思索地去把他扶起来。如果你看到一个陌生的路人跌倒，你可能就不会毫无顾忌地冲上前去扶他。所以这种不假思索会随着社交圈子的扩大及人与人之间可信赖程度的降低而大打折扣。

所以说，人性的善与不善，要看我们是从哪个层面切入的、观察的。孟子切入的层面，是儒家的，是在血缘亲情的视域之下的。也就是说，社会关系保持在一种紧密联结的状态中的时候，性善论就是合理的；但是当社会关系疏远或者紧张起来的时候，性善论的反例就会比比皆是，这就是性恶论的根据了。

良知

道德认知能力是从哪里来

一般认为,"良"的甲骨文,字形中间是个"口"字,为屋室;上下都有延展的笔画,像屋与屋之间的通道,可供进出,因空气流通,生活条件改善,引申有良好、明朗之意。但也有学者考证,"良"的本义是指食物满溢的状态,中间是食器,上下有溢出。人看到食器中盛满了食物,自然感到欣喜。所以,"良"既是指一种充满的状态,也有本然之意。《说文解字》:"良,善也。"孟子所说的"良知",也就是内心充盈而引人向往的道德本能。

良知是人性的底色

孟子说:"人之所不学而能者,其良能也;所不虑而知者,其良知也。"(《孟子·尽心上》)人不用学习就能做到的,那是良能;不用思考就会知道的,这是良知。什么是不用学习就能做到、不用思考就会知道的呢?孟子举例说:"孩提之童无不知爱其亲者,及其长也,无不知敬其兄也。亲亲,仁也;敬长,义也;无他,达之天下也。"(《孟子·尽心上》)两三岁的小孩没有不知道爱他父母的,等到他们长大以后,没有不知道敬重兄长的。敬爱父母是仁;敬重兄长是义;没有其他原因,这是由于仁义可以通行于天下。所以北宋理学家程颢认为:"良知良能,皆无所由,乃出于天,不系于人。"(朱熹《四书集注》)

良知是孟子性善论的内在延伸。孟子说，良知，就好比那股从雪山、从深谷中发源的清澈的小溪，虽然沿途不免泥沙俱下、鱼鳖丛生，但那净洁的底色是永恒存在的，它是人在社会中道德行为自我净化的能力。

即便如荀子所感慨的"妻子具而孝衰于亲，嗜欲得而信衰于友，爵禄盈而忠衰于君"（《荀子·性恶》），人们在成长中，良知也许会像慢慢变旧的照片，愈来愈斑驳，但最终还是会显现出不变的底色。

良知，是良心的认识能力，是判断是非对错的道德本能。一个人，可能会与世浮沉，如果失去了良知的本能，那他就不再是一个人格健全的人；一个社会，如果不能负载良知本能，让没有良知的人逍遥自在，让有良知的人焦虑痛苦，那就变成了一个不正常的社会。

王阳明发展"良知"学说

"良知"一词，自孟子提出后，并没有受到过多的关注，直至被明代心学思想的代表人物王阳明大力推崇才得以被大众广泛认知。王阳明以朱熹的"格物致知"为辩说背景，提出了自己的"致良知"学说。在王阳明看来，良知是人生、社会乃至宇宙万物的本原、至理，是人生内在的道德或理性。他主张通过内省的方式，发现心中的良知，以此达到对道德与真理的认知和理解。王阳明认为，良知是一种自省能力，人们通过不断调整和改进自己的心态与行为，使自己的良知越来越清明和完善。

王阳明认为，"致良知"是一种实践的方法，它要求人们在任何时候、任何地方、任何境遇下，都要用自己的心去观察、判断、行动，不要盲目地依赖外在的权威或规则。同时，"致良知"也是一种不断变化和发展的过程，它要求人们根据自身情况和所处环境，不断地调整和改进自己的心态与行为，使自己的良知得到升华。王阳明的"致良知"学说是一种以心学为基础的哲学思想，它强调内在的道德自觉和个人行为的自我调整，以达到对道德和真理的认知与理解。据说有一天，王阳明和他的学生们在山间漫步时看到一棵长得非常茂盛的树，便问："这棵树长得如此茂盛，它有什么特别之处吗？"学生们回答说："这棵树没有别的树那么高大，但它的叶子却很绿，看起来很美。"王阳明点头说："这棵树能够长得如此茂盛，就是因为它把根扎在了土壤里，吸取了大地之精华。同样地，人也应该把根扎在良知里，不断地修养自己的品德，才能获得真正的智慧和力量。"这个故事反映了王阳明对良知的重视和推崇。他认为，良知是人内在的道德和智慧，是人天生的本性。通过致良知，人们可以发掘自己的内在力量，提高自己的品德和智慧，从而获得真正的幸福和成功。这也是王阳明心学的重要思想之一。

　　致良知，也就是从内心深处发现良知，为良知拂去外物的遮蔽。王阳明有关于心学的四句格言："无善无恶心之体，有善有恶意之动。知善知恶是良知，为善去恶是格物。"这是对理学家"格物致知"思想的发挥。理学家认为天就是理，天理需要客观知识的探求去发现。而心学家认为性才是理，性理只需向内心去寻求，寻求出个意念的是非来，就获取了良知，自然知道怎么行动。在日常生活中，良知表现为一种自省能力，回首做过的事情，做对了我们感到愉悦，做错了我们感到惭愧，这才是一个有良知的人的表现。

知行合一

　　孟子的良知说发展至王阳明的时代，人们已经意识到知行断裂的现实。所以王阳明提出"即知即行",倡导"知行合一"。我们既要在认识论上下功夫,也要在修养论上下功夫,只有这样,才能真正实现"致良知"的学问。

其实,每个人的良知都没有泯灭,只是道德意识总是很难转换为行动,仁义礼智之心也很容易被遮蔽。从根源上来说,还是缺乏对自我内在的感知力,缺乏理性的辨识力。

所谓良知,不是在肉体层面上去维系人的存在,而是在精神层面上延续人的存在。卢梭认为在每个人的灵魂深处,与生俱来就有一种正义和道德的原则。但我们同时也有自己具体的生活准则,在判断自己和他人的行为好坏时,都要以这个内心原则为依据,而这个原则就是良知。

仁政

孟子是如何培训梁惠王的

孔子讲"仁",认为"仁者,爱人",这是从人伦层面立下根基。延伸到政治,孔子讲"德政",这是"仁"的拓展和落实。孔子曾说:"为政以德,譬如北辰,居其所而众星共之。"(《论语·为政》)实行仁政的人,就像北极星一样会被众星围绕。孟子的仁政思想,基本上是从"仁者爱人"这个核心生发出来,落实到政治层面的,要求统治者有"不忍"之心,讲究"发政施仁",也就是"仁政"。如何区分"德政"和"仁政",胡适先生有一个形象的比喻:"德政"是"爸爸政策","要人正经规矩,要人有道德";"仁政"是"妈妈政策","要人快活安乐,要人享受幸福"。"仁政"如同孟子画的一张饼,对后世影响很深远。无论是帝王,还是普通百姓,他们都对这幅图景充满向往。但是,"仁政"并不是通行的准则,而是需要一定条件的。仁政梦想有三种难以实现的情况。

第一种是小国难成。

孟子最初对宋君还是抱有信心的,连弟子万章都怀疑地问他:"宋是个小国,要实行仁政,万一齐国、楚国这样的大国讨厌他而加以讨伐,怎么办啊?"孟子坚定地回答:"如果实行仁政,四海之内的百姓都抬头盼望他,要让他来做君王。齐、楚两国纵然强大,又有什么好惧怕的?"这个理论听起来有道理,但是执行起来却并不好用。

孟子在宋国虽不被重视，但幸运的是他结识了滕国的王子，即后来的滕文公。滕国王子从滕国到楚国去，要经过宋国，来去两次，都专程去谒见孟子，他对孟子的王道仁政学说很感兴趣。

最终，滕文公将孟子请到了滕国，打算推行仁政主张。滕国夹在宋、楚两国之间，是个方圆五十里的小国。在滕文公的意识里，只盘桓着依附宋国还是依附楚国这个问题。孟子来到滕国之后，给他带来了独立自强的思想。孟子在滕国推行各项仁政措施，滕文公也一度因此成为远近闻名的贤君。但是不久，滕国就被宋康王灭掉了，孟子所有的努力付之东流。小国推行仁政政策是行不通的，因为它们自保都很困难。

第二种是乱世难成。

正如《史记》里讲的，战国时期，正处在秩序重组的关键时刻，诸侯王们所争夺的，都是孙膑、吴起、苏秦、张仪这样能够带来胜利与和平的人才。而孟子的学说，正如梁惠王所说，太绕圈子了，"迂远而阔于事情"，即不切合实际。因此，许多乱世的诸侯王对孟子的学说并不感兴趣。

"仁政"理论本身建立在"性善论"的基础上，这是贯穿在平民、士大夫、贵戚、君主政治体系中的一条理论红线。在孟子看来，所有人的人性应该统一到"性善"这一理论核心上，且天下协同，才能取得成功。可是，在以攻伐为贤、战胜为荣的战国时代，人性之善，是缺少现实支撑的。

第三种是昏主难成。

梁惠王死后，襄王即位，孟子和他互相瞧不上。有一次，孟子见梁襄王，出来以后，告诉其他人说："梁襄王远看不像个国君，到了跟前也看不出威严的样子，他突然问我：'天下要怎样才能安定？'我回答说：'要统一才会安定。'他又问：'谁能统一天下呢？'我又答：'不喜欢杀人的国君能统一天下。'他又问：'有谁愿意跟随他呢？'我又答：'天下的人没有不愿意跟随他的。大王知道禾苗的情况吗？七八月间天旱的时候，禾苗就干枯了。一旦天上乌云密布，哗啦啦下起大雨来，禾苗便又会蓬勃生长起来。这样的情况，谁能够阻挡呢？如今各国的国君，没有一个不喜欢杀人的。如果有一个不喜欢杀人的国君，天下的老百姓就都会伸长脖子期待着他来解救了。真像这样，老百姓归服于他，就像水向低处流一样，那强大的水势谁能阻挡得住呢？'"很可惜，对于孟子这般深情渲染的仁政图景，梁襄王却提不起一点儿兴趣。

即使对孟子的思想感兴趣的诸侯王，最后也不会真的去推行孟子的仁政政策。齐宣王礼敬孟子，因此孟子对齐宣王的态度要比对梁惠王好得多。齐宣王壮大了稷下学宫的声势，吸引了包括邹衍、荀子在内的很多知名学者。他礼贤下士，给予学者们很高的待遇，但本质上，他还是站在政治家的立场上，希望学者们能够帮助自己迅速实现富国强兵。孟子对齐宣王付出了很大的耐心，反复陈述他的仁政理念，但齐宣王还是表示难以执行孟子的仁政政策。最后，孟子不得不离开齐国。在齐国的边境上，孟子在一个叫"昼"的地方待了三个晚上。他在给齐宣王机会，等待齐宣王改变态度，追他回去。但可惜，孟子等了三日三夜都毫无音信，这才下定决心回老家去。仁政之难成，由此可见一斑。

战国时期，孟子的仁政思想没有推行起来，还有两个主观层面的原因。

第一，孟子的理论是一种思想家的理论，而不是政治家的理论。有时候，他的理论听起来甚至像一厢情愿的空想。在宋国时，孟子劝大夫戴盈之施行"什一制"的轻税制度，但对方委婉地拒绝了。戴盈之说："您讲得很好，但现在还行不通，暂时先减轻一点儿赋税吧，明年再彻底执行。"孟子用打比方的方式反驳道："好比有窃贼每天偷一只鸡，你告诉他偷鸡不是正道，窃贼说：'好吧，那我改一点儿，每月偷一只好了。等明年再彻底不偷。'这样行吗？如果一件事情是不对的，那么就要赶快改正，怎么能等来年呢？"孟子的说辞固然令人无可辩驳，但是有经验的政治家都知道，过于激进的措施是很难落实到位的，反而会造成混乱。

第二，孟子的理论受制于团队建设。孔子去世后，"儒分为八"，虽然也是显学，但到了后来，正如荀子所说，鄙儒小拘，大都是做学问的，没有什么俊杰高达的人物。很多时候，孟子就像一个孤独的歌者，缺乏同伴的应和。在孟子的学说体系中，他所有的概念都是着眼于政治的，着眼于君主的仁政、王道，反对暴政、霸道，为此，他需要建立起一个以儒家思想为核心的信念坚定的士大夫阶层。显然，战国时期并没有这样的一个阶层出现。

与孔子一样，孟子也是知其不可为而为之，他为我们留下的政治实践，是后世一笔宝贵的政治财富。从汉代起，尤其是宋代以后，孟子的仁政思想对我们国家的政治文化影响至深，且都是积极有益的影响。历史已经证明，在大国，在盛世，再配合有识之士的努力，仁政的理念是可以实现的。

义利

崇义忘利的社会理想

道义和利益的矛盾问题是古往今来人们在现实生活中始终需要面对的。孟子是怎么处理这一矛盾问题的呢?这就牵扯到了孟子的义利观。

战国诸子有一种崇拜春秋先哲的习惯。当我们谈到孟子,经常需要从他最崇拜的孔子谈起,因为孟子的很多思想观念都是从孔子那里生发出来的。

孔子也谈过"义"和"利"的问题。他说:"君子喻于义,小人喻于利。"(《论语·里仁》)孔子对于"义"和"利"还是有取舍的,即重义轻利。这从孔子对待他的两个学生的不同态度就能很清楚地看出来。

孔子的一个学生叫子贡,名端木赐,是一个富商,后世称他为儒商的鼻祖。子贡在春秋末年很有名,他在曹国、鲁国和梁国之间经商,富可敌国。据说孔子周游列国时,还曾得到过子贡的资助,但孔子不太喜欢子贡,对子贡的评价也不太高。他说:"赐不受命,而货殖焉,亿则屡中。"(《论语·先进》)子贡不去当官,而去经商,每每能够猜中货物的价格,从中赚钱。

孔子的另一个学生颜回则和子贡完全相反,是一个彻头彻尾的穷人。但孔子很欣赏他,因为颜回"饭疏食,饮水,曲肱而枕之,乐亦在其中矣"(《论语·述而》)。吃简单的饭菜,喝冷水,弯着胳膊当枕头,却能乐在其中,这就是有德行的人。

在对比了两个学生之后,孔子说:"不义而富且贵,于我如浮云。"(《论语·述而》)珍重道义,轻视富贵,这就是孔子基本的义利观。

有意思的是,"富"且"贵"为什么一定要和"不义"联系在一起呢?这可能是因为讨论义利问题的两个主要群体是站在不同立场上的。其中一个群体是孔门弟子,他们从"仁义"的立场出发,在"进、退、出、处"之间去谋求道义的传扬;另一个群体则是各个诸侯国的统治者,他们从利益的立场出发,在"攻、守、和、战"之间去谋求各国的独立和发展。于是,冲突就来了。冲突表现得最激烈的,当体现在孟子和梁惠王之间展开的一场辩论中。

何必说利?

孟子拜见梁惠王。梁惠王粗鲁地问:"叟!不远千里而来,亦将有以利吾国乎?"(《孟子·梁惠王上》)听到这个问题,孟子紧紧抓住梁惠王提到的"利"的概念驳论道:"大王!何必说利呢?只要有仁义就行了。"为什么不要谈利呢?孟子接下来解释道:"大王说:'怎样对我的国家有好处?'大夫说:'怎样对我的封地有好处?'士人和老百姓说:'怎样对我自己有好处?'结果是上上下下互相争夺利益,国家就危险了啊!"

司马迁在《史记·孟子荀卿列传》的结尾感慨道:"余读孟子书,至梁惠王问'何以利吾国',未尝不废书而叹也。"由此可见,司马迁也是多次阅读孟子的书,每次读到梁惠王问的这个问题都不由得放下书感叹。他说:"嗟乎,利诚乱之始也!夫子罕言利者,常防其原也。"

这一"防原"之说非常重要。"利"是祸乱的萌芽，所以孔子很少谈及"利"，因为他不想让"利"发展为一种学说，从而增强人们对它的关注。孔子最喜欢谈"仁"，即便有不同意见也看作是对"仁"的丰富和发展，不会违背"仁"的本意。

孔子说："放于利而行，多怨。"（《论语·里仁》）为追求利益而行事，一定会招致怨恨。说到底，是因为每个人的利益都是不一样的。但司马迁又不得不无奈地承认："自天子至于庶人，好利之弊，何以异哉！"从天子到老百姓，大家"好利"的这个毛病，都是一样的啊！但是放任人们"好利"，到底行不行呢？孟子说："不行！"然后孟子就举了现实中的例子来证明："在一个拥有一万辆兵车的国家里，杀害它国君的人，一定是拥有一千辆兵车的大夫；在一个拥有一千辆兵车的国家里，杀害它国君的人，一定是拥有一百辆兵车的大夫。"这些大夫拥有的东西已经很多了，但是如果只把利益摆在面前，他们不夺得国君的地位是永远不会满足的。因此作为统治者，建构起一个围绕"利"为核心的意识形态，是非常危险的，甚至会直接危害到自身的安全。

义利合作

在指出单纯追求利益的危害之后，孟子又高举"仁义"的大旗。他说："从来没有讲'仁'的人却抛弃父母的，从来也没有讲'义'的人却不顾君王的。所以，大王只说仁义就行了，何必说利呢？"

这才是孟子的最终目的，把论争引向自己要建构的以"义"为核心的焦点中，从"义"有利于君王出发，再去设想它对于老百姓的好处。只有施行仁义，把所有的善意和美德汇聚到君主这里，君主才能享有最大程度的安逸和最高的美誉，老百姓才能有好日子过。

在国家层面上，孟子将义与利统一了起来，取天下以义，治天下以仁，正是儒家的统治智慧。那为什么从历史经验来看，取天下以力，治天下以利，却成为越来越清晰的现实呢？

就像忠恕是个人之道、孝慈是家庭之道一样，每对概念都有它的格局范畴。仁义，只是一种社会学说，至多是一种邦国理念，并不是天下之道。天下之道，更接近于自然之道——弱肉强食、新陈代谢，实力与利益的竞争与合作才是其核心。梁惠王问孟子外部事务，孟子以内政方案答之，这是问题和答案的错位。在这一点上，法家思想学说描述得更透彻，秦国也因此取得了天下。但是法家思想学说又没有描述仁义在社会文化中的稳定性力量，故秦国最终灭亡。

因此，最重要的不是义利的区别，而是义利的合作。在国家层面，要以利益为主，兼顾正义；在社会层面，要以仁义为主，兼顾利益。义与利谁离开谁都不会长久。反过来说，如果国家放弃了经济去发展文化，社会放弃了文化去发展经济，那必然导致国家危亡、社会混乱的结局。

回到自身，我们应该怎样看待义和利？应该怎样处理义和利的关系呢？作为社会人，我们每个人都渴望社会上能够建立这样一种逻辑准则，那就是高尚的人富有，富有的人高尚。生活在这样的社会里，我们才能开心，才有成就感。不过，万一道义和利益产生了不可调和的冲突矛盾，作为社会人，我们还是要"见利思义"，要舍弃利益而选择道义。

同乐

与齐宣王谈谈绩效激励

"同乐",主要指"与民同乐",这是一种王者之乐,也是孟子"仁政"思想的组成部分。

谈王者之乐,要以孔子和孟子的"君子之乐"为基础。

君子之乐

在孟子之前,孔子也谈"乐"。当然,孔子所谈的"乐",是从君子人格上来讲的。他称赞颜回:"一箪食,一瓢饮,在陋巷,人不堪其忧,回也不改其乐。"颜回的生活很贫困,别人觉得不堪忍受,颜回却能安贫乐道。

这种思想被孟子继承了下来。孟子把这种"乐"发展为"君子之乐"。这种君子之乐,不是同乐,不是王者之乐,而是强调自身的道德完善之乐。

《孟子·尽心上》提出:"君子有三乐,而王天下不与存焉。"君子有三种快乐,但称王天下是在此之外的。因此,君子之乐和王者之乐是不同的。

君子之乐有什么呢?

"父母俱存,兄弟无故,一乐也。"第一层面的快乐,是在家庭层面。父母俱在,兄弟健康。孟子特别强调事亲、尊亲,在《孟子》中还讨论过这样一个命题:孟子的学生桃应问孟子,舜做天子时，他的父亲杀了人，大法官皋陶派人去抓舜的父亲，舜应该去制止吗？孟子回答，舜应该抛弃天子的地位，偷偷地背着父亲逃跑，在海边住下来，"终身䜣然，乐而忘天下"（《孟子·尽心上》），一辈子都高高兴兴的，快乐得忘记了天下。为什么会这样？因为儒家的思想，是建立在有等差的"爱"这个基础之上的。亲子之情，是人们一切感情的基础，作为君子，首先要维护好自己的亲人和家庭。

"仰不愧于天，俯不怍于人，二乐也。"第二层面的快乐，是在个人层面，讲的是自身的道德修养问题。人生在世，无愧于天地，无愧于他人。那么提升道德修养最有效的方法是什么呢？孟子说："反身自责。"就是自我反省，检查自己的言行得失。一个人如果在社会上处处碰壁，那么首先要做的就是反省自己，看看自己是不是有什么地方做得不好。

"得天下英才而教育之，三乐也。"第三层面的快乐，是在社会层面。得到天下最优秀的人才，然后对他们进行教育，并且从中获得快乐。

这三种快乐，就是君子之乐，也是理解儒家"王者之乐"的基石。

王者之乐

"王"与"皇""帝""霸""圣""贤"都不同，是儒家理想的施仁政者。王者之乐，就是与民同乐。

孟子通过欣赏音乐这件事情，把王者之乐和百姓之乐联系在一起。有一次，齐宣王的近臣庄暴见孟子，说齐王爱好音乐。于是孟子见到齐王求证道："您曾经告诉庄暴说自己爱好音乐，有这回事吗？"齐王变了脸色，说："我其实并不喜欢先王的正乐，不过是喜欢听世俗之乐罢了。"对于一位君王来说，只是喜欢听流行歌曲，确实有点不好意思。

孟子因势利导："大王您喜欢音乐，那么齐国一定会治理得好的！"这引起了齐宣王的兴趣，想要追根究底。于是孟子问他："独自一人享受音乐的快乐，和与他人一起欣赏音乐的快乐，哪种更快乐？"

齐王说："还是与人一起欣赏更快乐。"

孟子接着问："与少数人一起欣赏音乐和与多数人一起欣赏音乐，哪种更快乐？"

齐宣王说："还是与多数人一起欣赏音乐更快乐。"

在循循善诱之下，孟子得到了想要的答案，便说："臣请为王言乐。"（《孟子·梁惠王下》）那我就来给您讲讲欣赏音乐的道理吧！

"现在大王您鼓乐于此，百姓听到您的钟鼓之声、管籥之音，都摇着脑袋、皱着眉头相互抱怨道：'你听，大王又在欣赏音乐了，他那么快乐，可是为什么让我们生活在这般境地呢？父子不相见，兄弟妻儿离散。'

"现在大王您田猎于此，百姓听到您的车马之音，见到旌旗之美，又摇着脑袋、皱着眉头相互抱怨道：'你听，大王又在游戏田猎了，他那么快乐，可是为什么让我们生活在这般境地呢？父子不相见，兄弟妻儿离散。'

"这些都没有别的原因，只是您不能与民同乐罢了。"

那么，"与民同乐"的景象是怎样的呢？

"百姓听到您的音乐之后，都会欣欣然有喜色而相告曰：'我们的大王一定没有什么疾病，你听，他还能奏乐。'百姓看到您要

去田猎了,都欣欣然有喜色而相告曰:'我们的大王一定十分健康,你看,他还能去田猎。'

"这些也没有别的原因,只是因为您向来都能与民同乐罢了。"

那么,与民同乐有什么好处呢?孟子说:"大王只要能与百姓同乐,就自然称王天下了。""与民同乐",除了审美层面,实际上更体现为空间设施的建设和利用上,举凡园林、楼阁、亭台等等,如何在其中彰显民本意识,是管理者能否贯彻"与民同乐"意识的一个检验场域,杜甫所讲"安得广厦千万间,大庇天下寒士俱欢颜"是生存之同乐,欧阳修《醉翁亭记》所展现的已是生活和审美之同乐,其中的境界都值得我们去体会和践行。

忧乐与共

统治者与老百姓同乐,老百姓才能与统治者同忧,这样国家才能富足和强大。孟子刚入仕途时,在邹国遇到这样一件事。当时,邹国和鲁国发生了一场战争,邹穆公对孟子说:"太奇怪了,我的官员们死了三十三个,而老百姓却没有人为保护他们而死,要是因此杀了他们吧,人数太多了;不杀吧,那些对上司和长官见死不救的老百姓也实在太可恨了,怎么办才好呢?"孟子批评邹穆公说:"灾荒的年月,老百姓饿殍遍野,可是您的粮食装满在粮仓里也不去赈济他们,官员们也不向您汇报进谏,怎么还能期望老百姓为这些渎职的官员卖命呢?"

孟子说:"乐民之乐者,民亦乐其乐;忧民之忧者,民亦忧其忧。"(《孟子·梁惠王下》)这要求统治者要与老百姓的心连在一起,快乐着老百姓的快乐,忧愁着老百姓的忧愁,如果这样的话,老百姓也自然会替统治者分忧。

孟子还给梁惠王举例解释过这个道理。他说，周文王开始规划建造灵台的时候，天下的百姓都积极主动地前来帮忙，灵台很快就建好了。这是因为周文王与民同乐，所以能够让老百姓心甘情愿为统治者分忧。但暴君夏桀让老百姓修高台深池，老百姓却诅咒他说："你这太阳啊，什么时候毁灭呢？我宁肯与你一起毁灭！"这是因为他不关心百姓疾苦，只追求个人享乐。

北宋的范仲淹还提出了"先天下之忧而忧，后天下之乐而乐"（《岳阳楼记》）。"先忧"和"后乐"，这是对同乐思想的发展，是更具有领袖风范的观点。范仲淹、王安石这些北宋的精英文人们以其远见卓识看到了宋朝盛世之下隐藏的危情，所以全力说服皇帝变法革新。他们顶着巨大的压力去革新朝政，可惜由于主客观等多方面的因素，变法都失败了。他们做到了"先忧"，却没有等到"后乐"。

当下，我们真正盼望的，是强国之梦的快乐，是中华民族伟大复兴的快乐，是中华优秀传统文化创造性传承和创新性发展的快乐。

知言

你的审美体现在说过的每一句话

知言,简单地说,就是一种辨别言辞是非得失的能力。对于其重要性,孔子说:"不知言,无以知人也。"(《论语·尧曰》)不能分辨一个人的言辞,就没有办法来了解一个人。虽说孔子认为要了解一个人,需要"听其言而观其行"(《论语·公冶长》),就是不仅看这个人说什么,还要看这个人的实际行动,但如何分辨一个人的言辞,孔子并没有给出具体的标准和方法。倒是孟子,对"知言"做过非常明确的解释:"诐辞知其所蔽,淫辞知其所陷,邪辞知其所离,遁辞知其所穷。"(《孟子·公孙丑上》)这四个角度,是分析各种言辞的思维入口,值得我们学习和借鉴。

诐辞

诐辞,指偏颇的言辞。对于诐辞,我们要"知其所蔽",要知道它的哪些地方是片面的、被蒙蔽的。有些诐辞,往往并不是说话者故意说的,而是说话者的思维中存在误区或盲点,自己又没意识到。这需要我们有针对性地分析错误,说明白的、正确的道理。

孟子在滕国曾经与农家学派的代表人物陈相辩论。陈相本来也是儒生,但自从农家学派代表人物许行来到滕国后,陈相便追随许行,并代表农家学派与孟子对话。农家学派提倡"君民并耕",强调了农民和农业的重要性,但学说中也有很多消极保守的成分。孟子对农家学说不以为然，他首先指出了社会分工的必要性与合理性，然后用推理法驳倒了陈相。

淫辞

淫辞，是一种夸张渲染而又不合实际的言辞。对于淫辞，我们要"知其所陷"，也就是知道它哪里说得过分，在哪里陷入了误区。这类言辞夸夸其谈，具有欺骗性，是骗子们常用的手法之一。面对淫辞，我们需要保持理智的头脑和冷静的判断力，不要做出冲动的决定。

梁（魏）惠王对孟子说："晋国，天下没有比它更强大的国家了，先生您是知道的。可是到了我这时候，东边被齐国打败，连我的大儿子都牺牲了；西边割地七百里给秦国；南边又受到楚国的侮辱。我为这些事感到羞耻，希望替所有的死难者报仇雪恨，我要怎样做才行呢？"梁惠王这样讲，就是要引发孟子的义愤与同情，规避掉对战争本身合理性的讨论，直接向孟子询问战争的策略。

然而，孟子并没有被梁惠王牵着鼻子走，而是敏锐地意识到梁惠王想要扩大领土的野心，并且一针见血地指出魏国的失败。从本质上看，魏国的失败并不是军事上的失败，而是内政上的失败。因为梁惠王没有好好地推行仁政，没有让老百姓安居乐业。如果梁惠王推行仁政，自然就可以让天下人归服，无敌于天下；如果一直不推行仁政，让老百姓生活在水深火热之中，最后一定会失败的。

这种夸大渲染的淫辞，其实很有蛊惑力，这需要我们擦亮眼睛，好好分辨。

邪辞

邪辞,即怪僻的言辞。邪辞往往也是偏颇的,但又和诐辞不同,诐辞通常不是主观故意的,而邪辞往往是一些主观故意的偏激之辞,接近于"歪理邪说"。这些歪理邪说在经过刻意的设计之后,对社会的危害很大。对于邪辞,我们要"知其所离",即要知道它哪里背离了正道。

在孟子看来,杨朱和墨翟的学说,就是邪辞。在当时,这两家的学说已经淹没了儒家的声势,拥有了很多追随者。对此,孟子说:"杨氏为我,是无君也;墨氏兼爱,是无父也。无父无君,是禽兽也。"(《孟子·滕文公下》)杨朱不会损伤自己的一根毫毛以利天下,那君主的利益由谁来维护呢?墨翟主张"兼爱"百姓,那么自己的父亲与路人的区别又何在呢?

遁辞

遁辞,即闪烁其词,避重就轻、见硬就躲、知难即绕的隐遁之辞。对于遁辞,我们要"知其理穷"。孟子游说梁惠王,问到一个国君如果治理不好国家,应该怎么办时,梁惠王就顾左右而言他。这时说的话就是遁辞。在现实生活中,遁辞出现的频率也很高。比方说,"不懂法"往往成为贪官的遁辞,"领导不重视"往往是自己不努力工作的遁辞。

总之,孟子所讲的"知言",就是提醒我们要学会分辨偏颇的话、夸张的话、邪僻的话和逃遁的话。我们为什么能够"知言"呢?因为言"生于其心"(《孟子·公孙丑上》),是我们心声的表达。那么,什么才是好的言辞、好的表达呢?孟子提出了两点要求:一个是"言无实不祥"(《孟子·离娄下》),就是说言辞要真实,不要言不由衷；另一个是"充实之谓美"（《孟子·尽心下》），就是说言辞要充实、丰富。这样才算是真正掌握了孟子之言的奥秘。

养气

普通人应该如何养气

孟子所说"养气"的"气",并不是客观存在的空气或者气息,而是一种主观精神层面的东西,具有一定的主体人格属性。"养气"就是培养自己的人格,提升自己的道德之气。

孟子的学生公孙丑问孟子:"敢问夫子恶乎长?"(《孟子·公孙丑上》)"恶",是"哪里"的意思,即:"老师,您的长处是什么?"

孟子回答:"我知言,我善养吾浩然之气。"孟子说自己有两个长处:一个是知言;另一个就是"养气",而且是养"浩然之气"。

什么是浩然之气?

"什么是浩然之气呢?"公孙丑继续追问。

孟子说:"难言也。"这里的"难言",一方面指"浩然之气"并不容易讲清楚;另一方面是孟子提醒弟子要重视接下来的论述,因为这的确是一个复杂而重大的问题。

对于浩然之气,孟子作了如此表述:"其为气也,至大至刚,以直养而无害,则塞于天地之间。"浩然之气,极为浩大、有力量,用正直去培养它,而不要伤害它,那么它就会充满天地之间。

孟子所形容的浩然之气,就是生命本能的巨大力量。

这种刚直之气,在看似文弱的知识分子身上表现出巨大的反差,也表现得最为鲜明。北宋欧阳修年轻的时候在西京洛阳为官时，将自己的住处命名为"非非堂"，并为之写了一篇记文。文中说知识分子，可以去肯定正确的，也就是"是是"，是其所是；也可以去否定错误的，叫作"非非"，非其所非。是是非非之间，宁可受点儿过激的批评，也不要做个阿谀奉承的人，所以，住所名叫"非非堂"。

为亲人、下属、弱势群体说好话，那是爱；但是遇到不公正、不公平的事情，我们也要敢于提出建设性的批评意见，这样才能促进社会不断向前发展。

如何培养"浩然之气"

孟子说，这气"集义所生者，非义袭而取之也"（《孟子·公孙丑上》），"集义"就是坚持做正义的事情，"义袭"则是偶然做正义的事情。想要培养自己的浩然之气，就是要经常做正确的事情，偶然做一两件正义的事情是远远不够的。比如说，一个人遇到不平之事，就要敢于积极发言，而不是视而不见，或者说些自欺欺人的话。时间久了，自然气壮而理直，气盛而言宜。韩愈说："气盛则言之短长与声之高下者皆宜。"内心秉持着深厚的学养，就会涵养在天地正气之中，那么发表意见的时候，调门高低，语气缓急，就都不是问题了。

在现实生活中，我们也需要加以区分。理直气壮的人似乎很多，但气也有高低真假之别，多数人都是站在自己利益的角度发言。所以孟子强调"集义"，集合所有的正义，才能生出"至大至刚"的"浩然之气"。如果不是站在正义的、道德的立场，则"馁也"，也会泄气。

道义是被内在激发出来的。人要自觉成长，对自己的成长有主动性。在这个问题的论述上，孟子用到了"拔苗助长"这个寓言故事。拔苗助长，不但不能让小苗尽快长大，反而会让小苗枯萎。自己的道德修养也是如此，我们同样也在强调一种内在的主动性。

孟子还说："行有不慊于心，则馁矣。"意思就是做错了事不知惭愧，时间久了气就弱了。这提醒我们要多读圣贤之书，经常反思自己。

孟子还有"存夜气"的说法。他认为人在白天受到社会的影响，会做些违背道义的事情；到了晚上，则通过自己的调思，恢复一些正确的想法。到了次日早上，大家善恶的差别就会缩小，可是白天又会经受邪气的侵蚀。这样不断循环下来，人的道德标准会不断下降，不自觉地成为坏人。所以，孟子提醒我们要好好利用夜晚反思的时间，有力对抗白天正气的消耗。

平时，我们基于利益和欲望的考虑，往往会妥协，率先以道德为代价来进行交换。这份正气是要养的，平时在细节处、安逸时主动去挑战自我的软弱点，才能在大是大非面前临危不惧，勇往直前。

如何坚守浩然之气

孟子认为，坚守浩然之气，需要做到三点。

第一，每个人都必须有意识地经过一段时间的道德培养，或者是读书，或者是听课，要养成坚定的道德人格的追求志向。古代人都是这样做的。比如范仲淹，父亲早亡，母亲改嫁，他早早就进入应天府的书院刻苦攻读。饮食起居条件非常艰苦，但他专注于学习。终于他学问贯通，从政、带兵，成为一代名臣。这些道德文化修养的经历，我们每个人都需要。

第二，对于和自己的思想主张不一致的现象，要保持思考的独立性和敏锐性，不要随意地认可、妥协，要勇于发声，要努力用行动去改变这些现象。一天，苏轼在退朝之后，于家中吃过晚饭，摸着肚子问家中女眷，他的肚子里是什么。有人答诗书，苏轼并不在意；有人答见识，苏轼也不以为然。只有王朝云答："一肚皮不合时宜。"苏轼这才拍着肚子大笑起来。的确，苏轼还真是"不识时务"，新党上台，他反对变法；旧党上台，他又反对废除新法，这不是不合时宜吗？其实这不合时宜中却有着苏轼自己的"浩然正气"。

第三，不断反思自己，每晚找回初心去对照一下自己的现状，不能在日常事务中迷失自己，不要因为自己才能的增长，而看不起那些朴素的原则和质朴的人们。一个人与社会的接触是复杂的、多维度的，难免有对的、错的或不完美的情况。在这些不尽如人意的细节的纠缠之下，人们容易丧失自我，丧失初心。宋人陈普作过一首诗："养气元本甚可为，只须身与理相随。待今自反俱无歉，直是工夫效验时。"一个人只要真的做到了以道理行事、自省无愧疚的境界，就是圣贤了。

民本
顺民不是民本

何谓"民本"？就是以民为本。和"民本"相对应的，就是"君本"，即以国君为本。在早期的人类群体中，"以人为本"是一种默认的权力状态。尧、舜、禹是通过禅让的方式成为首领的，这反映了上古时期的朴素的民主制度。他们之所以成为首领，是因为他们具有更高的才能，可以更好地为人民服务。

从"天与民"到"君与民"

随着私有制的出现和发展，统治者的继承方式从禅让制转变为世袭制。在祖先功业的荫蔽下，出现了一些只顾自己享乐、不顾人民死活的统治者，如夏桀、商纣等。然而，夏、商的灭亡，已经告诉了统治者，天命并不是永远站在他们这边的。《尚书·周书》写道："皇天无亲，惟德是辅；民心无常，惟惠之怀。"上天是公正无私的，只帮助品德高尚的人；民心并不会永远只忠于一个君主，而是会归附于对自己有恩惠的君主。这种对天的敬畏，已经具备后世民本思想的雏形了。

对于如何约束统治者的权力，孟子及许多儒家的思想家更多的是强调要依靠统治者的主观自觉，提升自身的道德水准。

孟子说："民为贵，社稷次之，君为轻。"（《孟子·尽心下》）这是君臣关系在地位上的逆转。本来高高在上的是君主，这里却成了人民。孟子不但是这样说的，也是这样做的。他站在道德的高度，总是认为自己的地位是与诸侯王平等甚至高于一些愚蠢的国君的。有一次，齐王召见孟子，孟子应召而去，但半路上齐王派人通知他，说自己生病了，不能接见孟子。第二天，齐王再次召见孟子，孟子便说自己生病了，不能去见齐王。此后，孟子干脆躲了起来，不肯去见齐王了。有人问他为什么这么做，孟子说："将大有为之君，必有所不召之臣，欲有谋焉，则就之。"（《孟子·公孙丑下》）想要大有作为的君主，一定有他不能召唤的臣子。如果他有什么事情需要和臣子商量，就需要亲自到臣子那里去。

关于君和臣的关系，孟子如是说："君之视臣如手足，则臣视君如腹心；君之视臣如犬马，则臣视君如国人；君之视臣如土芥，则臣视君如寇仇。"（《孟子·离娄下》）这是君臣关系在情感上的平等。君主如果藐视人民，人民完全可以起来造反！据说这话惹恼了明太祖朱元璋。朱元璋十分尊崇孔子，但洪武五年（1372）正在翻看《孟子》的朱元璋却突然大怒，要求将这位儒家亚圣的牌位逐出孔庙，不得配享在孔子牌位旁边。此外，他严厉地禁止了大臣的进谏，声言谁要是反对就是对他不敬，要受到严惩。

朱元璋这道命令一下，儒生们也有些不知所措，但他们很快就想出来一个办法，那就是利用灾异之说来恐吓皇帝。

第二天，他们上书说：夜观天象，文曲星光芒暗淡，可能会有天谴，是不是人间有什么事情得罪了老天呢？

其实，儒生们的这种做法是有先例的，当年汉武帝接受董仲舒的儒学，也是对那一套配合伦理道德的灾异之说感兴趣。阴阳家的学说，一直充当着儒家思想和统治阶级的"媒人"。

与此同时，还发生了一件事情：一个叫钱唐的大臣居然秉持着

"我如果能为孟轲而死,虽死犹荣"的信念,带着棺材冒死上堂进谏朱元璋。朱元璋大怒,命令金吾甲士用箭射击钱唐,钱唐的臂、肩、胸都中箭了,倒在地上还在向前爬行,且请辞恳切,劝谏朱元璋。终于,朱元璋被感动了,赦免了钱唐的罪,让太医为其治疗。

最后朱元璋恢复了孟子的牌位,但命人大删其书,仅保留了三分之二的内容,且规定科举考试中不能出现被他删掉的条目。被朱元璋删除的部分即《孟子节文》。

孟子的地位及其著作的全貌最后还是被恢复了。毕竟,没有百姓,就没有皇帝,皇帝的任何功业,都是百姓帮他建立起来的。国君可以换,但百姓不能换,所以孟子说:"得乎丘民而为天子。"(《孟子·尽心下》)

以民为本,是统治者都会公开认同的,但应该警惕的是流于口头的虚伪之辞。

战国时期,齐国攻打燕国,大获全胜。齐宣王问孟子:"我觉得这么快获得胜利肯定是上苍眷顾的结果,要是不攻取燕地,岂不是会违背上天的意思?"孟子回答说:"你得先去问问燕国的百姓是不是这样想的,如果是,那你就占据燕地,如果不是,那你就应该退兵。现在,燕国的百姓因为不满燕国国君的暴政,都等着齐国来帮助他们摆脱苦难,所以准备好迎接你的军队。可是如果你想毁掉燕国的宗庙社稷,那么恐怕燕国的百姓不会答应,而且诸侯也不会坐视不理,这正给了他们围攻齐国的借口。"对此孟子的主张是:"与燕国的百姓一起选立一个新君,退兵而去。"这就是以民为本,尊重百姓的意思。齐宣王不听孟子之言,结果狼狈地被燕国人逐出了燕国。

什么才是真正的"以民为本"?以民为本,要研究人民的需求。

第一是生存。

老百姓最基本的生存需求就是衣食。若是连生存的机会都不给老百姓,那统治者绝对会遭到老百姓的反抗。统治者想尽办法减轻人民的赋税和徭役,这就是民本。正如孔子所说:"苛政猛于虎也。"(《礼记·檀弓下》)虎口之下,尚可逃生;苛政之下,老百姓只能冒着被老虎攻击的危险遁入山林。梁惠王赈济了灾民,就觉得自己完成"仁政"了,但孟子批评他"好战"。战争,危及人民的生命,所以孟子提出要给民以恒产,才能让民有恒心,始终拥护统治者。在此基础上,再进行基本建设,便于物资交换和人员往来,推动经济发展。

第二是情感。

生存和快乐是人的基本需求。对亲人生养死葬,让他们乐享天伦,满足亲人的生存和快乐需求,则是人伦的基本要求。儒家将个人在情感关系上的表现作为评价人的基本标准,而政治家则需要为人在情感上的自我实现提供条件。

好辩
如何让争辩更有道理

"辩"字中间是一个"言"字,这说明"辩"是和语言相关的。如果再深挖一层就会发现,"辩"更多是与逻辑相关的。因此,谈到辩论,首先要区分一下"好辩"与"善辩"。好辩者,侧重在语言层面体现,言语的快乐就是辩争本身,他们才不管什么真理和目的,不管别人说什么,他们都会拧着劲儿说。这种人通常人际关系处理得都不太好。善辩者,能够有技巧、有力量地把真理或者真相呈现出来,侧重在逻辑方面帮助对方提高认识。好辩者不少,善辩者不多。孟子是一个既好辩又善辩的人,他堪称战国时代的"最佳辩手"。

好辩的目的

孟子好辩,世人皆知。他的学生公都子问:"外人皆称夫子好辩,敢问何也?"孟子回答:"予岂好辩哉?予不得已也。"(《孟子·滕文公下》)"不得已"道出了孟子的无奈。实际上,孟子并不是好与人争辩,而是在那个观点林立的时代,一个人想要传播自己的思想,就不得不与人争辩,不得不具备一些辩论的能力。

如果逃避争辩,那就是回避了真理,而回避真理就等于苟且偷安。孟子正是这样一个阳刚的辩者,他告诉我们应该怎样站在道义的立场上去驳倒那些似是而非的歪理邪说,去刺穿那些大人物的外强中干。如果说孔子是一个谦谦君子，那么孟子就是一个激昂的辩论者。孟子的说辞，会让人感受到一种英姿勃发的阳刚之气，这是无法超越的。

正如孟子所言，争辩的目的绝不是辩争本身，而是时代环境使然。在老子、孔子甚至墨子所处的时代，他们都可以用立论的方式来阐明自己的主张。但到了孟子所处的时代，思想学说丛生，言说的技巧宏富，诸子只能通过驳论来树立和传播自己的观念。

孟子将辩论的目的概括为四点。

一为正人心。他所端正的，主要是诸侯王的多欲之心，是为富不仁者的狠戾之心，是汲汲于富贵者的卑鄙之心。

二为息邪说。他所止息的，主要是杨朱的利我之说、墨翟的利他之说和道家的无为之说。

三为拒诐行。他所排拒的，主要是盗跖等违反国家安定的邪恶行径。

四为放淫词。他所驱逐的，主要是那些华而不实、夸张蛊惑的纵横家的言辞。

这四点辩论目的，未尝不是每一个知识分子的夙愿。怎样才能够看透身边的语言迷雾，并适时予以痛击呢？孟子说，争辩的根底就是胸中的浩然正气，以及由这股正气生发出来的明辨是非的能力。

善辩的能力

在孟子的论辩艺术方法中，比较突出的就是巧设圈套法和绝处逢生法，前者是主动型的攻击方法，后者是被动型的反击方法。

第一，巧设圈套法。用"请君入瓮"来形容孟子的这一辩论术，再恰当不过了。

一次，孟子与齐宣王对话，他先对齐宣王说："如果大王您的一个臣子把他的妻儿托付给他的朋友照顾，自己到楚国去了。等他回来的时候，他的妻儿却在挨饿受冻。对待这样的朋友，应该怎么办呢？"

齐宣王说："和他绝交！"

孟子再问："如果您的狱官不能管理他的下属，那应该怎么办呢？"

齐宣王说："撤他的职！"

孟子又问："如果一个国家治理得很糟糕，那又该怎么办呢？"

齐宣王引火烧身，中了孟子的圈套，无言以对。他扭头看看左右的人，把话题扯开了。

孟子的辩论目的是指责齐宣王的不称职。他先设计两个问话来套住齐宣王：不能好好照顾朋友的妻子和孩子的人，应该与其断绝关系；不能很好地履行职责的狱官应该被停职；那么如果君王不能治理好国家，应有怎样的下场？齐宣王无言以对，只能"顾左右而言他"。

还有一次，梁惠王对孟子说："我对于国家，真是够尽心的了。河内发生灾荒，就把那里的一部分百姓迁移到河东去，把粮食运到河内去赈济。河东发生灾荒，我也这么办。考察邻国的政务，没有哪个国君能像我这样为百姓操心的了。但是邻国的人口并没有减少，我们的人口也没有增多，这是什么缘故呢？"

孟子回答道："大王喜欢打仗，请让我用打仗来打比方。咚咚地擂起战鼓，刀刃剑锋相碰，士兵们丢盔弃甲，拖着兵器逃跑。有的逃了一百步停下来，有的逃了五十步住了脚。（如果）凭着自己只逃了五十步就嘲笑那些逃了一百步的人，怎么样？"梁惠王说：

"不可以，只不过后面的逃不到一百步罢了，但同样是逃跑呀！"孟子说："大王如果懂得这一点，就不要指望魏国的百姓会比邻国多了。"

道理很简单，梁惠王的作为，并没有比其他残暴的诸侯王仁慈多少，有什么理由自满呢？

从主动进攻的角度来说，要做到论辩中观点的充分表达，就必须有优于对方的心理状态，也就是"说大人则藐之"（《孟子·尽心下》）。自己要是先怯场了，就不可能说服对方。因此，地位低下的人就必须忘掉自己低下的身份。在孟子看来，作为掌握真理的知识分子，是完全可以藐视愚蠢的统治者的。

第二，绝处逢生法。即从概念的定义入手来进行反驳。这是论辩的重要技术，遇到对手套用某个概念去进行反攻击，可以借此就地反驳。

例如淳于髡和孟子的论辩。

淳于髡问："男女之间不亲手递接东西，这是礼的规定吗？"

孟子说："是的。"

淳于髡又问："那么，假如嫂嫂掉到水里，小叔子可以用手去拉她吗？"

孟子说："嫂嫂掉到水里而不去拉她，这简直是豺狼！男女之间不亲手递接东西，这是礼的规定；嫂嫂掉到水里，小叔子用手去拉她，这是通权达变。"

淳于髡说："现在整个天下都掉到水里了，先生不去救援，这又是为什么呢？"

孟子说："整个天下掉到水里了，要用'道'去救援；嫂嫂掉到水里，要用手去救援——您难道要我用手去救援天下吗？"

又如孟子和学生陈臻之间的论辩。

在离开薛国时,弟子陈臻问孟子:"当年在齐国,齐王赠您百金,您推辞了。后来到了宋国,宋王赠送您七十金,您接受了;在薛国,薛王赠您五十金,您也笑纳了。如果说这钱该收,那您拒绝齐国就是矫情;如果说这钱不该收,那您接受宋国、薛国的馈赠就是贪婪!"

这是一个"两假必有一真"的逻辑命题,但不管哪种结果,都是不利于孟子的。孟子又是如何回应的呢?首先孟子大大方方地说:"都是对的。"这就摆脱了必须认可一种的圈套。然后他说:"在宋国的时候,我将要远行,远行的人必然要用些路费,宋君说:'送点路费给你。'我为什么不能接受?在薛地的时候,我有防备(在路上遇害)的打算,薛王说:'听说你需要防备,所以送点钱给你买兵器。'我为什么不接受?至于在齐国,就没有(送我钱的)理由。没有理由而赠送,这是收买我啊。哪有君子可以被钱收买的呢?"

孟子拿出"送我钱的理由"作为取舍的根据。也就是说,对与不对的做法不在于收不收馈赠,只要有正当理由,收就是对的,若没有正当理由,不收也是对的。这不仅把自己从道德困境中解脱了出来,还趁机在自己重新设置的论辩领域进一步标榜了他的君子人格。

综合来看,巧设圈套法和绝处逢生法是辩论的基本方法,希望大家都能掌握住话语安全的核心法门。

大丈夫
如何塑造完美人格

孟子与孔子的时代之间隔了墨子。孟子出生的时候,杨朱的"贵我"思想(类似极端利己主义思想)和墨子的"兼爱"思想(类似极端利他主义思想),已经把儒家基于血缘的等差仁爱思想淹没了。孟子的出现,稳定了儒家"仁爱"思想的地位。

孔子的儒学是从"仁"开始的,说到"君子",实际上是聚焦在道德阶层的人文素养上;孟子的儒学是从"性善"开始的,说到"大丈夫",也就延伸到知识阶层的政治理想上。就儒家代表人物而言,如果说孔子是一个温文儒雅的君子,着力于对"善"进行肯定,那么孟子则是一个充满阳刚之气的大丈夫,着力于对"恶"进行否定。

"大丈夫"理论

孟子在周游列国、雄辩天下的过程中,逐渐形成了自己的"大丈夫"理论。

在魏国,孟子与弟子景春一起争辩了对于纵横家的评价。景春认为:"公孙衍、张仪等人一怒而诸侯恐惧,安居而天下太平,可谓是'大丈夫'了。"孟子对此极其不满,认为:"他们怎么能够叫大丈夫呢?你没有学过礼吗?男子举行加冠礼的时候,父亲给予训导;女子出嫁的时候,母亲给予训导,送她到门口,告诫她说:

'到了你丈夫家里,一定要恭敬、谨慎,不要违背你的丈夫!'以顺从为原则的,是妾妇之道。至于大丈夫,则应该住在天下最宽广的住宅里(指"仁"),站在天下最正确的位置上(指"礼"),走在天下最开阔的大道上(指"义")。得志的时候,便与老百姓一同前进;不得志的时候,也能坚持自己的原则。富贵不能使其骄奢淫逸,贫贱不能使其改移节操,威武不能使其屈服意志,这样才叫作大丈夫!"

"富贵不能淫,贫贱不能移,威武不能屈",是孟子对于"大丈夫"的概括。他认为,摇唇鼓舌、唯利是图的人即便得到荣宠,也并不是男儿气概,只有那种在原则立场上坚定不移的人才是真正的大丈夫。

其实,孟子的"大丈夫"理论,为我们提出了一个功利主义和理想主义的辩题。对于这个问题,仁者见仁,智者见智,但至少孟子是宁可用清贫和寂寞来换取理论的正义的。他的坚守可能没有给自己带来名利,却长久地影响着后世,成为知识分子的底色和底气。

"大丈夫"理论的影响

孟子是寂寞的先贤,但生不逢时。他的寂寞不是主观上的清高之态。对于像齐宣王这样尚有教育价值的君王,他也是尽全力争取的。他的底线是自我的尊重,只有自我的尊重,才能给予儒家学说最大的尊重。孟子的伟大,还在于他对信念的坚持,不管多少阻碍和诱惑,都不能改变他的政治主张。

经过中唐韩愈等人的推崇,在宋代的新儒学发展进程中,孟子的思想最终赢得主导地位,成为政治领域乃至个体道德生活中的核心。朱熹将孟子的著述作为"四书"之一;孟子著述在明清时期成为科举考试的学子们必须研读的经典。

但孟子的地位也曾经遭到过撼动。元文宗时，孟子被封为"亚圣"，配享于孔庙。但是明太祖朱元璋对孟子颇为轻视甚至敌视。后来，朱元璋有了更多的政治阅历后，读到孟子的"天将降大任于是人也，必先苦其心志，劳其筋骨，饿其体肤……所以动心忍性，曾益其所不能"的时候，大为感慨，对孟子有了新的认识。这段耳熟能详的话，也是大丈夫的成长路径吧。

孟子要求士大夫要忧道不忧贫，要从道不从君，这与纵横家有着本质的差别。他把这种正道直行的品格命名为阳刚的大丈夫精神，而把朝秦暮楚、唯利是图的行径命名为软弱柔顺的妾妇之道。孟子对知识阶层的这番理论砥砺对宋代的士风建设产生了极好的影响，使北宋中期一度形成彬彬盛世，范仲淹、欧阳修、苏轼等人都是士大夫的良好典范。

"大丈夫"这个命题时时刻刻提醒着我们，面对各种抉择的时候，背后都有坚守与屈从两种取向，而正确的抉择，就是对信念与理想的坚守，可以迂回，但永不会软弱，永不会妥协。

荀子

儒法之间的桥梁

荀子，名况，时人尊而号为卿，战国末期赵国人。后人也称荀子为孙卿、孙卿子，这是为了避西汉宣帝刘询名讳而改的。

荀子也曾周游列国，宣传自己的学说。他先后到过齐、秦、赵、楚等国。在齐国，他担任过稷下学宫的"祭酒"；在秦国，他虽未被任用，却曾得到秦昭王的称赞；在赵国，他被奉为上客，与临武君议兵于赵孝成王前；在楚国，他被春申君用为兰陵令。最后，荀子退居于兰陵，专心著书立说，培养门徒，直至去世。

荀子生逢乱世，游走于诸侯国之间，在齐国成就了其学者命运。齐鲁大地的思想就像中国文化的元气，一直是社会人伦的指南。据记载，荀子十五岁时即游学于齐，在稷下学宫居留较长时间。稷下学宫是齐国打造的讨论诸子百家学说的交汇之所。特别是在齐宣王时代，采取"趋士""贵士""好士"政策，使得各国学者纷至沓来，讲学论辩，著书立说。在这样浓厚的学术氛围中，荀子在总结前人的基础上，形成了自己完整的学术思想。到了齐襄王时代，荀子已经成为受人尊崇的老师，并三次担任稷下学宫的祭酒（学长）。

荀子没有办法像老子那样，对万事万物都不关心；也没有办法像墨子那样，完全站在统治者的对立面，站在体制之外；不像庄子那样，对诸侯冷眼旁观，含蓄委婉地予以批判；更不适合像孟子那样去挑战大人物，像纵横家那样用事业的成功来实现自己的理想。

所以，荀子会选择孔子，选择那种表面上与体制合作而实质上以复古力图建构的立场，如同孔子在春秋绍述周初礼乐一样，荀子在战国也想通过阐述孔子的思想，来成就自己的学说。但身处百家争鸣的旋涡，荀子驳论百家，对孔子的思想进行批判性发展。荀子把旧有的学说，经过新的组合，创造了一个新的智者类型的人格。他的人格接受文化遗产的影响，同时也创造了新的文化。他不仅是战国儒学的总结者，也是先秦学术的集大成者。

正如墨子成为社会行动团体的领袖一样，荀子也成为稷下学宫自由讲学圈子的核心领导者和最有威望的学者。他只是就事论事地把道理讲清楚、说明白。无论你是否同意他的观点，都无法推翻他的逻辑。这就是一个学者的专业态度。

就当前的学术观念而言，荀子的学问是做得最好的。荀子的文章思路严密，逻辑清楚，论证翔实。在先秦诸子之中，荀子是以论文的严谨性著称的。他在充分吸纳和融汇各家学说的基础上，发展儒家学说，成为儒家思想学术传承的第一人。

如果说孔子是仁德谦厚的长者，老子是清醒遁世的隐者，孟子是雄辩滔滔的入世者，庄子是半梦半醒的游戏者，那么荀子则更接近于循规蹈矩的普通人。他混迹在人群中，可能是朴实的学者或勤恳的员工，一生辛劳经营，坚持把手上的工作做好。

性恶

人的本性就是趋利避害吗

就原初形态而言,人的本性如何?无论是在东方文化还是西方文化中,都是人类进入文明社会后最初思索的问题之一。对于每个人而言,"认识你自己"永远是一个有吸引力的话题。

性,是贯穿于诸子各家思想中的一条线。诸子的理论都是基于对人性的不同认知而产生的分歧。

孔子对于人性的认知,第一是分先天、后天,先天是性,后天是习;第二是分智、愚,悟性有好与不好,但没有善恶之分。

性善与性恶的差别

同为儒家思想代表人物,孟子持"性善论",但荀子持"性恶论"。

性善是对春秋儒学的总结,与道家思想和墨家思想实质相同。老庄和墨子并不完全否定概念意义上的仁与德,只是反对儒家的仁与德,他们认为儒家学说的境界和格局高度不够,且批评了儒家虚伪和自私的一面。

性恶是秦汉以后儒学的开启,与法家思想的发展相通。法家继承了性恶论,提出了更具体的刑罚措施。

"性善论"和"性恶论"两种思想都有道理,因为它们讲的不是一个层面上的事情。

孟子持性善说的主张，从文化层面上使人类区别于禽兽。文化的基因就是善，这是文化的本质属性，也是文化传承的必需。那么，性的本质自然是善。

荀子则是深入到人的生理层面上去谈性的，人的生理本质上肯定是自私的，这是生命繁衍的本能，深入到这个层面上，人性当然是恶的。

所以，孟子虽然发展了人性论，提出了性善论，但他的性善实际上是孔子本仁思想的变形，并未走出血缘亲情的观察范围。所以，孟子的性善论，在亲缘关系的范围内是通行无碍的，但是在权力和利益关系的范围内就行不通了。

比如，就共处的时长来说，可能很多人与同事在一起的时间要多过陪家人的时间。但是从情感上来看，给予同事关系再多的时间积累可能也没有发展进度。陌生关系中，要想达成信任，需要很多条件。

从这个意义上说，荀子的理论具有进步性、前瞻性。

性恶的本质

荀子是集儒家思想学说之大成者，其思想顺应时代潮流。战国时期，大国的崛起，依靠兼并吞噬其他国家的土地、人民。土地兼并的结果，就是当地的百姓不仅要与陌生人相处，还必定要与那些怀有异心甚至有血仇的人相处。不预设性恶的理论，是绝对不行的。相对于孔孟理论所基于的血缘亲情关系，陌生人关系是荀子为秦汉这等大国准备好的一种人性认识前提。

为了描述人性，荀子虚拟了一个对话。尧问于舜曰："人情何如？"舜回答说："人情甚不美，又何问焉？"（《荀子·性恶》）

娶妻生子之后，对父母就不那么孝顺了；满足私欲了，对朋友就过河拆桥了；功成名就了，对领导就心怀二心了。人性确实有难看和尴尬的一面。但在现实生活中，我们承认人性中也有善良和美好的一面。对于这些，荀子说："人之性恶，其善者伪也。"（《荀子·性恶》）这里的"伪"，是"人为"的意思。人的自私本性是真实的，人表现出来的善良是人为的结果。荀子这个"性恶"的"恶"，不是"丑恶"之意，而是由于生命欲求所激发的自私行为。荀子认为，人性的恶，是不能否定和根除的，只能对其加以疏导和修饰。禁欲是必然失败的，但必须对欲望进行教化和引领。

荀子所讲人的本性其实是动物性。人之所以为人，正是由于人能够对动物本性加以疏导和克制。孔子的"克己复礼为仁"，正是荀子学说阐发的要点。

对于人的本性，荀子用"无待而然"（《荀子·荣辱》）来表示，即人的本性是天生的、自然而然的、生来就是如此的。好人、坏人、圣人、昏君，生来都是一样的。

荀子说："目好色、耳好声、口好味、心好利，骨体肤理好愉佚，是皆生于人之情性者也。"（《荀子·性恶》）人们生来就喜欢看好看的、听好听的、吃好吃的，见到好东西想要据为己有。人的这些本性，在儿童身上表现得淋漓尽致。人的本性，即满足自己的安全、安逸和享乐，且永不知足。

人性本身就是利己的。顺着人的本性出发，自然会产生利益争夺，逐渐地，争夺就会取代辞让，残害就会取代忠信，淫乱就会淹没礼义。若是顺着人的性情自由发展，天下一定会大乱。

荀子所担心的,恰恰是出于邪恶的本性却不懂得教化或者约束。从夏、商、西周到战国，走的正是这条路径。

荀子认为，必须从人的改造入手，从每个个体的改造入手才能拯救这个社会，使人们在善的规则内相处，即以礼的学习来化导人性之恶。所谓礼，就是强调人的社会性。美食在前，看到有长辈在，就不敢先吃；疲惫不堪，想到自己不做就得劳累他人，就不敢停手……这都是后天学来的善。一个人的本性，只有经过不断地文饰，才有可能覆盖其动物性，成为一个文化意义上的人。

解蔽

我唯一知道的就是我不知道

蔽

先讲一个故事。

有天早上,子贡正在庭院里打扫。有客人忽然到来,问道:"你家先生呢?"子贡说:"您有什么事先跟我说吧,何必劳烦先生亲自出来?"客人说:"我要请教时令。"子贡说:"这我就知道啊!"客人问:"一年有几季?"子贡笑了,答道:"当然是四季。"客人说:"不对,是三季!"于是这两人争论不休,过了晌午都没有停止。孔子闻声而出,子贡忙向孔子求教。孔子察言观色后说:"是三季!"客人高兴了,笑着辞别了孔子。子贡急了,说:"不对啊,先生,不是您告诉我关于四季的常识吗?"孔子说:"我们的时令和他的不一样,你没看到吗?来人穿着碧绿的衣服,面色惨白,不过是像田间的一只蚂蚱而已。蚂蚱生于春而亡于秋,何曾见过冬啊?你再和他讨论下去,三天也不会有结果的。"子贡不禁深深感慨。那些固执己见的人,不正是这种"三季人"吗?

这就是"蔽",也就是我们心中被遮蔽起来的智识。人们会在哪些方面存在"蔽"呢?荀子说,人情有好恶,偏于喜好的一面是蔽,偏于厌恶的一面也是蔽;事情有始终,偏于开始的一面是蔽,偏于结尾的一面也是蔽;地域有远近,偏于远方的一面是蔽,偏于近方的一面也是蔽；知识有深浅，偏于深入的一面是蔽，偏于浅近的一面也是蔽；时代有古今，偏于古时的一面是蔽，偏于今日的一面也是蔽。万事万物都有差异，就没有不相互蒙蔽的。不注意这些，正是人们思想上的通病。

对于这个问题，孔子也曾经跟他的弟子说："好仁不好学，其蔽也愚；好知不好学，其蔽也荡；好信不好学，其蔽也贼；好直不好学，其蔽也绞；好勇不好学，其蔽也乱；好刚不好学，其蔽也狂。"（《论语·阳货》）荀子对此也展开了论述。他说墨子自我蒙蔽于实用，而不懂文饰；庄子蔽于天道而不知人情。从儒家的立场上看，各家都有自我蒙蔽的一面。比如唐代的韩愈是这样批判老子的思想的：老子批评儒家的仁义，那是因为老子看到的仁义都是一些琐屑的东西，比如态度和蔼、沽名钓誉之类的，老子从这些角度出发，轻视仁义，是有一定道理的，因为那不是儒家所倡导的仁义的大格局。但老子抓住这些地方批评儒家思想，那就是偏颇的，是坐井观天带来的蒙蔽。

那么儒家思想有没有自我蒙蔽的一面呢？也有。比如儒家对人性的认识，就是不全面的。孔子不讨论性，孟子主张性善，他们没有看到陌生环境和极端环境下人性的复杂表现，因此荀子发展出性恶学说，适应了时代的发展变化。但是荀子思想本身也受到了另一种蒙蔽，比如采用礼教来面对性恶，就体现出其方案上的落后性，这一点法家也给予了纠正，即要求用严刑峻法来管理人性。可是法家的蒙蔽又在于忽视了情感和礼教的重要性，导致其系统崩盘。

儒法合作形成了稳固的内部统治，可是无法面对来自下层阶级和外族的挑战，以及对天子的信仰危机，这就需要墨家、道家、兵家和纵横家的补救，也需要阴阳家、佛教、道教的辅助。古代的国君，除了天子的名号，还需要一些宗教给予的大宗师的名号，甚至通过政教合一来管理天下。而各家学说自身的发展，又深深受益于名辩之学的推动。

这就是中国古代思想史、政治史之大概状况。

所以荀子说："凡人之患，蔽于一曲而暗于大理。"（《荀子·解蔽》）人们的问题常被事物的某一方面所蒙蔽，从而看不见全面的根本道理。

解蔽

大家都知道坐井观天，限于个人的立场、视角、阶层，总有一些无法完全看透的事情，这个时候，保持一种谦虚的态度和学习的意识，就会不断进步。

学习的目的，除了在于"化性起伪"这种道德感的提升，还在于发蒙解蔽，实现认知局限的突破。这就要求我们开阔视野，博观约取，不能故步自封，自以为是。

《荀子·劝学》中说："故不登高山，不知天之高也；不临深溪，不知地之厚也；不闻先王之遗言，不知学问之大也。"面对无知无畏又不懂反省的人，圣人也没有办法改变他。

一个人的学识素养，体现在其思想接受的开放性和兼容性。解蔽，为我们提供了一个大的学术格局。

我们基于荀子思想在这里谈的解蔽之学，谈的是人格养成和整个社会的文化提升。学习的目的，就是"化性起伪"，就是从动物性向人性的转移。所以，荀子所倡导的人生，是学习型人生，荀子所倡导的社会，也是学习型社会，是从改造和提升自我出发，进而改造人文环境，实现进步的社会。

那么，什么才是人们有价值的学习对象呢？荀子在《劝学》篇中做了系统的回答。荀子认为儒家"五经"就是人们学习的主要内容。学习经典不能一蹴而就，要有循序渐进的过程。学习要从哪里开始，到哪里结束呢？人们从《诗经》开始读书，读到《礼经》就差不多了。《诗经》《尚书》博大丰富，《春秋》寓意隐微，《乐经》和谐动听，《礼经》笃守规范，天地间的一切道理都具备其中。

在荀子看来，这些经典典籍打下的道德根基非常重要。荀子曾讲过这样一个故事：南方有一种鸟叫蒙鸠。蒙鸠用发丝把羽毛编织起来做巢，又把它的巢系结在芦苇秆顶尖上。风和日丽的天气，蒙鸠的巢安全、舒适。可是，风雨交加的天气，芦苇秆被大风吹断，蒙鸠的巢就被掀翻在地，鸟蛋被摔破，雏鸟也被摔死。蒙鸠之所以遭遇到这样的不幸，并不是因为它筑的巢不坚固，而是它的巢系结在既不牢靠又经不起大风吹刮的芦苇秆上。根基不正的学问，就会像蒙鸠的巢一样经受不住风雨的考验。

学习的目的，正是为了那个完美的"巢"。正如我们建造房子一样。我们首先考虑的是打好地基，这是建造美好家园的基础，也是我们诗意栖居的开始。荀子提倡积学成圣，修礼而王。普通人通过学习成为圣贤，人主通过礼乐教化而成为圣王。发蒙启蔽，退一步讲，对我们的好处至少还有修身寡过，不出洋相，不犯大错啊！

正名

荀子的逻辑学有哪些特点

正名，就是辨正名称、名分，使名实相符。

日常生活中的"正名"

现实生活中，我们经常处在这种"正名"的语境下。

生活中不乏出现这样的场景。上级会说："你还是个部门领导呢，这点工作都安排不了？"

下属又会说："你是部门领导，这点工作都拒绝不了？"

很多时候，这种"正名"是令人反感的，它带有命令和谴责的意味。有些人善于抓住别人的身份属性对其进行挑剔，也不排除有些人总是用这样的方式来对别人进行道德绑架。

我们现在常说"中年危机"。一个人之所以会陷入中年危机，往往都是因为标签过剩，你是丈夫（妻子）、父亲（母亲）、你父母的儿子（女儿），是领导，也是领导的下属，你身上的每张标签，都需要为自己正名。所以在生活中，人们难免会陷入危机，左支右绌。

文化意义上的"正名"

文化意义上的"正名"，要从孔子说起。孔子曾经说："觚不觚，觚哉！觚哉！"（《论语·雍也》）觚是中国古代的一种酒器，也用作礼器，在一些仪礼场合使用。高圈足，敞口，长身，口部和底部都呈喇叭状，有固定的形状要求。这句话意思就是：觚不像觚，还是觚吗！还是觚吗！

这是从器物的角度来考察名实的。但孔子更关注的肯定是社会秩序上的名实。

有一次在回答齐景公对国政的询问时，孔子说："君君、臣臣、父父、子子。"（《论语·颜渊》）这说得很清楚了，是君王，就要像君王的样子；是臣子，就要像臣子的样子；是父亲，就要像父亲的样子；是儿子，就要像儿子的样子。"君不君、臣不臣、父不父、子不子"，这社会还能行吗？

孔子认为，为政之始就在于正名。每个人都要明确自己的身份，做自己应该做的事，而非不顾名分，胡乱行动。所以他说："八佾舞于庭，是可忍也，孰不可忍也？"（《论语·八佾》）就是说，臣子去享用天子规格的乐舞，如果这都能容忍，还有什么不能容忍的呢？

子路觉得，过于强调名分的做法太迂腐。孔子就立即批评他粗野无礼："名不正，则言不顺；言不顺，则事不成；事不成，则礼乐不兴；礼乐不兴，则刑罚不中；刑罚不中，则民无所措手足。"（《论语·子路》）名实之事，干系甚大，道德和法律两条路径都以它为基石。

荀子在《荀子·正名》中谈到了名的形成、名的划分、如何制名、正名的意义等富于逻辑色彩的论证。正名的目的就是要"贵贱明、同异别"。"贵贱明"在于尊礼，按爵位来规定社会秩序；"同异别"则主要在于是非辨析和行政考核。

"贵贱明"比较好理解，那什么叫"同异别"呢？荀子说，名是必要的，是要向前发展更新的，没有一个确定的名称，概念就无法展开。比如,我们必须先有黑和白的对立概念才能明确地指称。再比如,我们自己也是人类的一部分,所以当我们说"仁者爱人"的时候,是不是也包含自己呢?盗贼也是人,当我们杀了一个盗贼的时候,我们是不是杀了人呢?答案都是肯定的。当然,我们也需要辨明概念之间的细微差别。

正名的思想,法官用它来考核业绩,天子用它来评定待遇,文人用它来评价行为。怎样评价一个人?先问问他是干什么的。怎样评价一件事?先问问该干什么的人干了什么。这就是正名。

"正名"的现实做法

如果要任命一个人负责一个部门,按照荀子的要求,有一整套正名的方案可供借鉴。

首先,将现有的人员按岗位逐一考核一遍,循名责实,逐一述职,并进行民主评议;将每个人的岗位任务完成情况一一列举,能者上、平者让、庸者下。

其次,对旧有形成的人员关于岗位的理解进行一场访谈和调研,摸清这个部门人员的意识和行为传统,分析优劣,进行扬弃。

最后,不断提出一些新的补充性和发展性的概念,用意气鼓舞士气,从而形成新的风气,创建新的风格,身体力行、率先垂范,这样,个人风格就影响到部门风格了。

正名的思想启发我们:无论是做事还是做学问,抓住主要概念,建立概念体系,名实对应是最基本的素养。

王霸

管理的最高境界是什么

"霸"是个通假字,通"伯父"的"伯"。春秋时期,周天子在上,大家为了争王称霸,征伐不断,但征伐要有充足的借口。"礼乐征伐自天子出",以天子的名义进行征伐,然后再缔结盟约。

从孟子看王道

"王霸",即王道观和霸道观,这是一个合称。在战国时期,许多诸侯王都有吞并诸侯之意、一统天下之志,王道和霸道是两种不同的实施路径。

王道,就是"以德服人",这是对西周初期政治理想的概括,是推行仁政所能达到的理想境界。实行王道的最佳途径,就是"内圣外王"。这是儒家在性善论的基础上建立起的一种制约机制,要求统治者能够借由一种由内而外、由己及人的制度,让老百姓自愿地归附统治者,从而建立起良好的社会道德规范。

王道很重要的条件是经营的耐心和时间。统治者只有懂得隐忍和周旋,才能获得最终的胜利。孟子是王道最坚决的捍卫者。一次,齐宣王向孟子请教齐桓公、晋文公称霸的事迹,孟子就借机会宣传了自己的王道思想。

怎样才能真正成王呢?孟子说:"保民而王,莫之能御也。"(《孟子·梁惠王上》)让老百姓真心爱戴你,奉你为王,那么谁也打败不了你!

在面对同样持有疑问的梁惠王时,孟子说:"大王如果对老百姓施行仁政,减免刑罚,少收赋税,鼓励他们深耕细作,及时除草;让身强力壮的人抽出时间修养孝顺、尊敬、忠诚、守信的品德;在家侍奉父母兄长,出门尊敬长辈上级。这样,即使用木棒,他们也可以对抗那些拥有坚实盔甲、锐利刀枪的秦楚军队。"

无论是齐宣王,还是梁惠王,他们虽然没有办法反驳孟子,但也都没有遵循孟子的思想主张。在战国时期,孟子的王道思想,其实带有一些理想主义的色彩,但是他以"仁政"为核心的王道思想,对于后世的明主贤臣还是颇有影响的。

从项羽身上看霸道

霸道,就是"以力服人",靠武力征伐来建立和维护自己的统治秩序。这是春秋战国时期诸侯国普遍采取的做法。诸侯们之所以采取霸道制度,是因为王道政治本身存在缺点。例如过于强调自我约束而缺乏外部的制约机制;王道之治过于漫长,在诸侯争霸的乱世中,不能解决燃眉之急等。

春秋战国时期的霸主们,其实是改造了王道,从而逐步走向霸道的。他们往往只是把"王道"作为宣传的口号,而实际上却进行着不义的争霸战争。而在战争中,如果还一味地恪守所谓的"仁政""王道",是不能取得胜利的。如宋襄公与楚兵在泓水作战,属下建议他趁楚兵渡河时进攻,或者趁楚兵刚刚过河还没有整理好军队时进攻,宋襄公都拒绝了。宋襄公讲究仁义,宣称"君子不困人于厄""不鼓不成列",结果是被楚兵打败,自己很快也去世了。

军事上霸道,最成功的案例要数西楚霸王。

看《史记·项羽本纪》就能悟到霸道的逻辑——实力强的时候毫不手软、毫不留情，完全不讲道义，人主、恩公、降卒等统统不计，只要求迅速取胜。实力弱的时候，绝不讲计谋、时机、条件，置之死地而后生，激发最强大的生命本能，断绝所有胜败以外的可能，打败对手以求生。霸道还有一条原则就是敌我分明，只要确立了敌对关系，就格杀勿论。

霸道作为一种素养，在军事层面，有它的合理空间。反抗外侮、以暴易暴的时候，确实需要一种霸气才能减少代价和时间消耗，迅速取得胜利。而项羽只用了三年就完成了反秦的使命。

但是，霸道绝对不是一种占主导的统治之道和复兴之道。项羽花了五年时间也没有维系住自己霸道的统治，败给了刘邦。虽然刘邦也不是一个典型的王道仁君，但比较他们二人对咸阳百姓的不同态度就可以预见到其不同的结局。刘邦与百姓约法三章，秋毫无犯；项羽却是西屠咸阳，火烧阿房。项羽在烧完后才有点后悔，只好东归彭城，给刘邦留下了机会。

荀子的王霸之道

王道，本质上是政治哲学，也可以应用到军事上；霸道，本质上是军事哲学，也可以应用到政治上。荀子在讨论王霸之别时，就已经能够透过现象看到本质了。

他说："故修礼者王，为政者强，取民者安，聚敛者亡。故王者富民，霸者富士，仅存之国富大夫，亡国富筐箧，实府库。"（《荀子·王制》）重视教育、重视政治、重视民生的人才能称王。王者，是那些让百姓富有的人，而不是让官员富有的人。让官员富有的人，只是在依赖权力统治百姓而已，这就是霸道政治，是不道德的，也是不长久的。

荀子认为齐桓公实行的不是王道，因为他在仁德方面完全经不起考究。他之所以能称霸于世，原因不在外，而在内，就是因为他的政治手腕与政治智慧，他能任用贤明能干的管仲！

管仲本来是辅佐公子纠的，是站在齐桓公对立面的，由于鲍叔牙的推荐，得以被赦免罪罚。不仅如此，齐桓公还不计前嫌，任用管仲为相，继而给他"仲父"的尊位。在这一点上，齐桓公体现出了一个霸王最大的智慧和决断力。所以荀子说："人主者，以官人为能者也。"（《荀子·王霸》）也就是领导者以掌管手下为能。作为领导者，在识人、用人这一点上做对了，往往能称霸天下。这就是政治霸道的要诀之一。

所以，荀子没有一味地无视霸道，而是阐释了霸道的价值。荀子的王道思想，其实并不是纯粹的儒家思想，还有点儿"阳儒阴法""王霸杂用"的味道。著名学者童书业说，荀子眼中的君主，实是未来的汉代的君主。这是非常深刻的认识。一个领导者，如果能秉持王道仁政，又能胸怀大志，选贤任能，一定可以创造出辉煌的业绩。

礼制

情感秩序意义的思考

礼，作为一种表达情感的规则和秩序，曾经与宗法血亲社会互为表里，产生过极强的社会文化功能，这也是荀子倡导"礼制"的原因。那么，荀子的礼制体系是怎样的呢？

荀子的礼制体系

荀子的礼包含了四个层面，可概括为一个基础、三个维度。

礼是名目体系。"贵贱有等，长幼有差，贫富轻重皆有称者也。"（《荀子·礼论》）按社会地位、年龄大小、实力强弱分别给予相应的名目，形成体系，这是礼制的基础建设。

礼是道德规范。"贵者敬焉，老者孝焉，长者弟焉，幼者慈焉，贱者惠焉。"（《荀子·大略》）按照不同的名目，要给予不同的道德对待，这是精神维度的要求。

礼是仪节习俗。"衣服有制，宫室有度，人徒有数，丧祭械用皆有等宜。"（《荀子·王制》）根据身份，配合不同的物质待遇，这是物质维度的要求。

礼是行政原则。"无德不贵，无能不官，无功不赏，无罪不罚。"（《荀子·王制》）依照品德、能力、功劳、过错，实事求是地予以升迁或赏罚，这是制度维度的要求。

说到底，荀子的礼制是把孔子所谈的基于血缘关系亲疏远近的

"位"扩展为整个社会关系,并且用"名"的概念取代"位"来作为礼制的基石,然后从精神、物质和制度三个维度予以落实。

荀子的这一思想在今天看来也并不过时。我们把法律的部分剥离后看这个社会,人们的确应该有一套清晰的秩序体系。

对于亲疏关系中的称谓差别、行政体系中的职务差别等,人们看似清楚,但事实上,人们的认知在很长一段时间内是混乱的,这是因为封建礼制被抛弃后,新的礼制在很长一段时间内还没有建设起来。此外,一些不正常的社会现象也制约了我们认知的热情。比如我们对一些人或事的刻板印象。

礼制应该是在法制之上、意识形态之下的文化秩序。法制往往是针对人的动物本性,而意识形态又总是把人先验地设定为圣人。在动物和圣人之间,人类可能偶尔也会犯错,可能最终也会变得崇高。但大多时候,他只能是想尽办法在社会上活得像个人样,活得体面,是一个举措得体、游刃有余的人。这时,一个人对仪礼的认知、通晓、熟练就非常重要了。

当前的礼制建设

当前,社会的秩序名目并不欠缺,物质和行政制度也在建立,那精神层面的礼制建设又是如何呢?

第一,贵者当敬。

经过长期的法制发展和政治建设,各行各业经历了大浪淘沙之后,那些成功者总体上是值得我们敬重的。无论是他们的自律意识,还是奋斗精神,都值得我们借鉴。很多时候,我们会发现:那些成功者不仅比我们富有,还比我们勤奋。所以我们不能再抱着一种简单的仇富心态来看待那些先行者。事实上,很多成功的先行者付出的牺牲和代价都是极大的，他们为社会创造的价值更大，也更值得我们尊重。

第二，老者当孝。

在飞速发展的信息社会，人口老龄化的速度越来越快，用终身学习的态度对抗人口老龄化趋势，知识技能上或许还可以跟上，但观念和兴趣上却难以真的永远年轻。对于子女，我们竭尽全力地关怀、照顾他们；对于父母，我们却几乎分不出精力来照顾他们，甚至可能还会给自己的漠不关心找借口。其实这是不对的。凡事多一些担当，要好好珍惜他们在世的每一天。

总之，礼是一套文化秩序，也是一个文化空间。我们理想中的礼，每个名目都是有活力的、有吸引力的、名实相符的。这样，人们在填饱肚子之后，除了灵魂信仰，还有一个自然而然的、可以信赖的行为空间，那么我们心中就会减少彷徨，可以说是"善莫大焉"。礼制，代表了儒家终极的社会蓝图。

《大学》

学问的境界

《大学》和《中庸》不是两部独立的著作，而是《礼记》中的两篇文章。《大学》全篇两千多字，《中庸》全篇不到四千字，但它们涉及的内容关乎儒家思想的核心，在唐宋时期特别受到知识分子的推崇。宋代大儒朱熹把《大学》《中庸》从《礼记》中抽出来，加上《论语》《孟子》，合称为"四书"。"四书五经"中的"四书"就是这么来的。"四书五经"是封建时期科举考试的必读书目，其重要性不言而喻。

虽然"四书"中的每一部都很经典，但是我们读"四书"也是要有一定顺序的。朱熹说："某要人先读《大学》，以定其规模；次读《论语》，以立其根本；次读《孟子》，以观其发越；次读《中庸》，以求古人之微妙处。"（《朱子语类·卷十四·大学一》）先读《大学》，因为《大学》是用来"定规模"的，这里的"规模"相当于我们现在所说的格局。一个人没有大的格局，最终的成就总是有限的。接下来读《论语》，这是帮助我们"立根本"的。《论语》中讲到的"仁""忠""恕"等思想，是我们立身于世的根本准则。然后再读《孟子》，观察如何在现实的政治环境中发挥、运用儒家的基本概念和思想原则。最后读《中庸》。"中庸"是一种不偏不倚的原则和法度，是在日常人伦中不断调整的修养功夫，是人们一生的功课，也是最难以理解和践行的。

因此，在"四书"中，《大学》是"初学入德之门也"（《四书章句集注·大学章句》），也就是我们学习儒家思想的入门书。

三纲
如何制订学习目标

这里讲的"三纲",不是"三纲五常"中的"三纲",而是《大学》中提出的三纲,即"大学之道"的概括。古人十五岁入大学,在大学中努力培养自己的内在人格,提升自己的精神境界,以期将来成为更好的管理者和领导者。"三纲"指的就是在大学学习的宗旨、方针与行为规范。

《大学》开篇就已体现:"大学之道,在明明德,在亲民,在止于至善。"

明明德

"德",美德,来自善性的,来自良知、良能的美好品质。

"明德"的"明",是一个形容词,包含三个维度:明亮、光大和高远。

明亮之德,指这种美德不是小人的阴德,而是君子的阳德,在强光之下经得起检验,细微之处也是坦诚光明的。

光大之德,指这种美德可以影响他人,把他人的心扉照亮,是具有感染力的美德。

高远之德,指这种美德并不是简单粗糙的,而是深邃的、有预见性的,是有道之德。

"明明德"的第一个"明"是一个动词,有明白、彰显之意。

"明明德",就是弄清楚明德是怎么一回事,知其所以然。

亲民

"亲民"指亲近人民,学者们根据文字考证,一般认为它是"新民"的意思。新民,是个人"明明德"后的社会使命——不但自己要掌握明德,还要革新老百姓的思想,让他们也能掌握明德。独善其身之后,就得兼济天下,这才是大学之道,是知识阶层的精英之道。

当然,新民中还包含"亲民"之意,不亲民,何以新民?知识阶层如果围着君主转,那就成了名利之徒,与纵横家相距不远了。所以,儒家讲究"从道不从君""忧道不忧贫"。君主、为官、财富之道,都是为了更大程度地发挥自己的道德影响力,让老百姓的精神素养不断进步,这才是儒家知识分子的使命。

北宋的王安石也算是忧民之臣了,可他太注重上层路线。宋仁宗不理他,他最后得到了宋神宗的信任,变法革新。不仅朝中元老都不配合,基层官员和老百姓也不能很好地落实新法。他想要"新民",但颁布的新法脱离了老百姓的生活实际,且他自视太高,不尊重老百姓和同僚的情感,多种因素导致变法最终失败。所以,亲民也是新民的前提。

止于至善

止于至善,就是无止境地追求道德上的善,达到极完美的境界。

善是儒者终极的人格追求,"至"隐含着"强"的意思,即道德之强。强是善的支撑。大学之道,正是要在知识阶层中涵养、培育那些道德上的强者。

善恶和强弱交叉组合中,善而强者最优,善而弱者其次,恶而弱者第三，恶而强者最后。恶已经被排除在大学之道的语境之外了，因此就只剩下善和强弱的组合了。知善，是大学之道的前提；知强，则是大学之道的升华。

真正的赢家往往是善而强者。孟子、韩愈、王阳明，都是善而强者。可惜更多的儒者，就如同荀子所批评的那样，是"鄙儒小拘"。一个人的善，如果没有强烈的信仰、情怀、境界或者足够的能力相匹配，那他就不会在道德追求的群体中脱颖而出。生活中我们经常接触到的是善而弱者。善而弱者由于弱，那点善往往会沦为被他人利用或欺侮的工具，最终脆弱得抵不过任何压力，被迫沉沦到社会底层。

弱者怎样变强？孔子说："士不可以不弘毅，任重而道远。"（《论语·泰伯》）首先要有使命感。孟子说："舍我其谁也？"（《孟子·公孙丑下》）荀子说："制天命而用之。"（《荀子·天论》）这是一切信仰、情怀、境界和能力的源泉。尽管诸家关于善的争论很多，但是关于强的议题却达成了共识。

回到"三纲"本身，总结一下，"大学之道"告诉我们，发现美德、传播美德、坚持美德是道德修身的一条不断上升的主线。

八目

高效学习有哪些技巧

在《大学》中,"八目"是接着"三纲"提出来的。如果说"三纲"是大学中培养君子人格的学习目标,那么"八目"就是大学中培养君子人格的学习方法。整部《大学》就是围绕着"三纲""八目"展开的。

所谓"八目",分别是格物、致知、诚意、正心、修身、齐家、治国、平天下,简称为"格、致、诚、正、修、齐、治、平"。

这正是儒家"内圣外王"之道的生成路径。其中,"格物、致知、诚意、正心"是前提,是所谓的"内圣"之美,就是做好自己内在素养的提升;而"修身、齐家、治国、平天下",是"外王"之路,是外在个人影响力的实现。儒家要求我们从内而外,从自身的道德修养做起,把事业扩展到家庭、邦国、天下。

格物、致知

格物,指穷究事物的道理,它要求我们尽可能地去把握对象世界的本质;致知,指摆脱困惑,达到完善的理解。格物致知,就是推究事物的根本,从而获得知识,拥有智慧。北宋理学家程颢认为,格物的主要途径,就是读书讨论、应事接物等。在这一过程中,我们不但对外部世界有了认识,也对自己内在的精神世界和道德修养有了观照和提升。这是培养君子人格的第一步,我们要先对世界、对自我有一个透彻的观察。缺了这份洞察，我们就只能浑浑噩噩地生活，随波逐流，不明所以。

诚意、正心

在洞察了世态人情之后，我们要面向自我，保持诚意和正心。

诚意，就是坚定自己情感上真诚的想法和愿望。《大学》中说："所谓诚其意者，毋自欺也。如恶恶臭，如好好色，此之谓自谦。"所谓使自己的意念诚实，就是不要自欺欺人，就像我们讨厌不好闻的气味，喜欢美好的事物，这样自己内心才会很满足、很平静。用这样的心境去面对自己，面对他人，面对世界，才是君子应有的姿态。

正心，就是不断修正内心的想法。

格物、致知、诚意，也就是智慧、良心、情感，都是正心的前提，没有这些积淀，就无法找到正心的方向。我们要明白，智慧、良心、情感，甚至家庭、社会、天下，本身都不应成为正心的外在目标。正心，只是要寻求一种内心的原力。它不需要你去用意志坚持，也不会被外力挫败。至于建立了怎样的一种外在成就，那是顺其自然的结果。

修身

在"八目"中，修身是枢纽。儒家给君子划定了一条由内而外、由己及人的人生路径，修身就处在这条路径的转折点上。

正心是面对自己，修身是面对他人，是建立一个家庭、做出一番事业的前提。

完成了格物、致知、诚意、正心，你可能只是个"处士"或者"隐士"，并不意味着你能有任何具体的担当，只有跨越了修身这一步，你才能够成为栋梁之材。

在日常生活中，深藏不露、韬光养晦、明哲保身、功成身退等，都不是有担当的选择。儒家的君子，应该把自己亮出来，堂堂正正地做个男子汉。君子不会放浪形骸，也不会不择手段，只会从容不迫地在日常小事中散发着道德的光辉。

修身，就是要在做事的时候，有一种榜样意识，知道人们在观察着你，学习着你，所以时刻保持一种自我约束的紧张，等到良好的行为习惯融入生活，个人境界自然就提高了一个层次。

齐家、治国、平天下

正心、修身之后，一个人就会有一个正确的、鲜明的、执着的目标，有一套合乎社会规范的行为模式，这样才能成为一个团队、一个家庭、一个社群的主心骨。

齐家，讨论的是家庭问题。家庭是社会的基石，家庭稳定和睦对每个人来说都至关重要。维持家庭关系的和睦，需要避免多个问题，那么我们可以统一在"齐"字上讲。

首先，家庭成员不要有傲慢之心。每个家庭最开始都是由两个不同家庭的成员构成的，要平等地看待两个家庭汇聚而来的生活经验，不要存有厚此薄彼之心。

其次，要看到、想到、关注到别人在生活上付出的时间和心血，尽量多地去承担责任。"齐"，并不是做好自己之后去要求别人，而是完善自己，学会接受他人，从而影响他人，带领家庭成员朝着一个共同的目标努力。

最后，如果家庭成员跟不上你的步伐，则需要你去尽力地帮助他（她），而不应该鄙视、蔑视甚至抛弃他（她）。对待同事，对待其他人，也是一样的道理。人始终要恪守一种"齐平"的思想面对不同的人。范围有大小，社会分工有不同，但大家的地位永远都应该是平等的。这就是由齐家生发的人际交往原则。

齐家之后是"治国"。按照管理家庭的方法治理国家，国家也能长治久安。

在"治国"的基础之上，我们就可以实现"平天下"的终极目标了。"天下"，超越了"国"的局限，体现出君子"以天下为己任"的使命感。

从"格物、致知、诚意、正心"，走向"修身、齐家、治国、平天下"，这就是一条君子之路。

《中庸》

儒学的发展

宋代以来，关于《中庸》的作者众说纷纭，但普遍认为这是子思及其弟子陆续修订完成的。

《中庸》主要是关于心性方面的理论，理解难度要比《大学》《论语》《孟子》大得多。"中和""至诚""慎独"这三个关键词是《中庸》中思想的精髓，也是理解《中庸》的关键。

《中庸》在宋代理学家那里得到了空前的重视，朱熹将其纳入"四书"，在"三礼"中凸显出来，这体现了经典本身也要与时俱进的需求。实际上，《中庸》篇提出了一个由性情涵养而实现天下大同的修身路径，是儒家重要的政治观念之一。

中和

说话做事，如何把握分寸

中和，就是人格上的适度与平和。日常生活中，我们会遇到很多这样的人：处乱不惊、临危不惧、见怪不怪、得志不得意，遇事总是那么的从容淡定，这就是中和。

《中庸》告诉我们，要做到中和，得从性情的涵养和陶冶入手。

性情与中和

《中庸》开篇有一段性情与中和相结合的论述："喜怒哀乐之未发，谓之中；发而皆中节，谓之和。"这就是中和。

人非草木，孰能无情？情绪的修为，是在人的精神世界中不断运行着的一门功课，要不断反思自己的内在情绪反应是否合乎于仁，这就是中。情绪表达则需要节制，需要看是否符合礼，这就是和。毕竟"礼之用，和为贵"（《论语·学而》）。

墨家、法家、道家，甚至佛教，各家思想好像都和人的情绪过不去，都认为要抹掉情绪才能成为圣人。墨子说："必去喜、去怒、去乐、去悲、去爱，而用仁义。"（《墨子·贵义》）所以，墨家要求一个人勤苦而又木讷地劳作，没有情绪。法家对君主的要求也是喜怒不形于色，才能更好地管理属下。道家讲"坐忘"，佛家讲"性空"，都是要求人们摆脱情绪的藩篱和困扰。

只有儒家允许人有各种各样的情绪活动，喜怒哀乐都可以有。

但儒家不主张纵情，而主张调和情绪，与情感关系相符合地表现情绪，也就是要以中和为原则改造人的性情，这才是人的道德成长。

中，就是内心蕴藏的情绪，既不匮乏也不过度，不受某种情绪的支配或者煎熬。

和，就是表露出来的情绪，既不匮乏也不过度，更不偏颇伤人。

寻找真性情

现代社会流行的是："我只要高兴就好！"流行的是纵情的性情美学，抹杀真性情、控制真性情，反而被看作是虚伪。

明代李贽在《童心说》中就要求人们释放原初的天性。在中和的修为路径上，只有从根源上解决对中和的审美认同，才能自然而然地克制纵情。不伪装的中和，才是我们要的性情人格。

人的成长，从性情角度看，就是情绪反应的成长。儿童的情绪状态，往往是想哭就哭，想闹就闹，完全不顾及他人，或偏颇或过度。老人的情绪状态，往往是多元而又平淡的，遇到问题大多波澜不惊。中年人的情绪状态和情绪表达，则应该以中和为主，才能显示出知识和阅历的积累。

回到《中庸》，"中也者，天下之大本也；和也者，天下之达道也"。中和，是天下的"大本""达道"，做到了中和，"天地位焉，万物育焉"，即天地各得其位，万物自然生长。《中庸》的作者，希望每个人通过修养性情，发展组成一个高素质的社会群体。这是社会道德的元气，是不可动摇的民族素养，所以为"天下之大本"。这样个体在社会活动和人际交往之中再去努力克服外在事物的干扰，就是我们和谐社会的实现路径，也就是"天下之达道"。这样，人类就能自然地和宇宙万物共处。

至诚

如何面对自我

要知道什么是"至诚",首先要了解"诚"。什么是"诚"?我们可以把"至"解释为"极致",但是"诚",无论解释成"诚恳",还是"诚实""真诚",都不能完全涵盖这个词的丰富意蕴。

至诚,除了"极致的、真诚的"这个意义,还有"坚定、执着、专一"的意味,是一种信仰。

真诚的结果,就是洞悉。一个人能多大程度上面对自己,也就能多大程度洞悉他人。

诚与明

我们对自己的了解,一半是从"病"上来,一半是从"瘾"上来。从自己的"病"上来,我们可以知道人性共有的生理需求,比如睡眠、饮食;从自己的"瘾"上来,我们可以知道人性共通的精神需求,比如快乐、刺激。古语说:三折肱为良医。好的接骨大夫反复打断自己的手臂去感知病人的痛苦,才懂得骨骼愈合的规律。那些能够对他人的境遇感同身受的人,也必定会更加温和。

这就是《中庸》所说的:"诚则明矣,明则诚矣。"真诚地面对自己,就会洞晓人性、人情。

真实地面对自己,道理自然就明白了;听明白了道理,自然也就能够看到真实的自己了。

《中庸》说："自诚明，谓之性；自明诚，谓之教。""诚"和"明"是一对兄弟，一个是内在的，一个是外在的。从哲人的角度来看，外来的"明"不如内在的"诚"，听别人启发不如自己觉悟。"认识你自己"，才能看到自己的本性，才能理解他人的人性，才可以去教化别人；而听人讲道理后才明白的人性，那是别人在教化自己。

诚与性

《中庸》说："唯天下至诚，为能尽其性；能尽其性，则能尽人之性；能尽人之性，则能尽物之性；能尽物之性，则可以赞天地之化育；可以赞天地之化育，则可以与天地参矣。"

以至诚为钥匙，开启尽性的大门，从尽己之性到尽人之性，再到尽物之性，进而参与天地之化育，立为与天地齐平的三才之一，这就是哲人之道。

《中庸》这段话听起来很复杂，意义又很重要。理解这段话的关键，得从"性"字入手。极致的真诚所燃尽的是什么本性呢？

对子思和孟子构成的思孟学派来说，主要是善性。这个善性，是从文化层面上谈的。综合先秦诸家的人性理论：生理层面上，人性为恶，以强弱为逻辑；文化层面上，人性为善，以真伪为逻辑。

忘掉身体的欲望，听听你内心真实的声音：一个善良的人，内心是充满了对他人的善意的。每个人都渴望在一种道德的愉悦感中体验生命的价值，这是所有人的文化生存层面上的需要。

比如我们遇到问路者，需要人鼓励我们热心告知吗？需要被告知的人千恩万谢吗？都不需要。因为在帮助别人的时候我们也能感到愉快。

因此我们需要不断地、全面地、深入地认识能够令自己获得道德上的成就感的一切细节，因为这些构成了一个真实的、善良的自己。

但问题是，绝大多数人都被挡在了第一个进步的阶梯前。道德的愉悦感，可不像与人分享美食一样容易互通。

很多时候，除了别有用心之，我们都是宁肯独享这份快乐也不肯让出半分的。

比如帮助了别人能令自己感到愉快，而别人也需要致谢来令他自己愉快的。可是我们不接受，故作潇洒地拂袖而去，这样虽保住了自己的道德姿态，却将别人置于一种道德缺失的境地。这就是"能尽其性"而不能"尽人之性"。

诚与社会

那么，如何营造一个充满道德愉悦观念的善性社会呢？

《中庸》说："诚者非自成己而已也，所以成物也。成己，仁也；成物，知也。性之德也，合外内之道也，故时措之宜也。"

以至诚去认识至性，不是为了完善个人的道德，而是为了完善整个社会的道德。独善其身，可以称得上处士、道德君子，但是还要有责任感、使命感，以教化的姿态让更多的人明白道理，发现各自的善性之美，这才是智者。只有把各自的善性昭明了，充满社会了，那么哲人的使命才算是尽到了。

《中庸》又说："故至诚无息。不息则久，久则征，征则悠远，悠远则博厚，博厚则高明。博厚，所以载物也；高明，所以覆物也；悠久，所以成物也。"

至诚是不止息的，是久远的，是周遍于时间和空间的，是覆盖宇宙万物的。

怎么才能让善性的真保持一种活泼的状态呢？那就要开启至诚的能量。

文化需要给善性之真一个发展的框架，需要不断撕开虚伪，让善性不受蒙蔽、遮蔽，充满创造和变化，这样，善性之真就解放出来了。

至诚之人，就是善性之真的挖掘者。

《中庸》还说："至诚之道，可以前知。国家将兴，必有祯祥；国家将亡，必有妖孽。见乎蓍龟，动乎四体。祸福将至：善，必先知之；不善，必先知之。故至诚如神。"

至诚之人，真的可以感知未来吗？

元末明初的诸暨人王冕，自京师大都失落南归的途中，遇到了黄河决堤。沿河州县，田园房舍都被淹没，可是当地官府不管不顾，百姓四处逃荒。王冕见此光景，对他的朋友张辰说："黄河北流，天下自此将大乱。"他知道天下即将发生重大变乱，就南归隐居于九里山的水南村，自号"煮石山农"，把草堂取名为"耕读轩"。他白天种地、养鱼，晚上作画，过着"淡泊以明志"的生活。

换句话说，如果一个社会让那些哲人们普遍感到不适应，那就预示了社会将要变乱。那些哲人的德行不能推及社会，说明社会整体道德状况堪忧，社会堕入到恶性环境中，强弱将成为主导逻辑，变乱又怎么会不发生呢？

慎独

不要欺骗自己

慎,就是慎重、谨慎;独,就是单独、独自。一个人独处的时候,要格外谨慎小心。因为缺乏了外在的监督机制,我们则需要更强烈的信念和更强大的毅力来约束自己的行为。

慎独的内涵

"慎独"的第一层含义要求我们背地里不做坏事。

东汉的郑玄曾注解:慎其闲居之所为。这就是君子的慎独。他还说,小人在隐身的情况下,就会"肆尽其情",完全放纵自己的情感和欲望,不知节制。

东汉有一个叫杨震的官员,曾经提拔过一个叫王密的秀才。王密做了县令之后,有一天夜里拿着十斤金子要送给杨震。杨震百般推辞,王密跟他说:"反正又没人知道,您不用推辞!"杨震说:"怎么会没有人知道?你知我知,天知神知!"王密听了后,很惭愧地离开了。

实际上,做一些自以为神不知鬼不觉的坏事都是在掩耳盗铃。你欺骗不了自己。所以做了坏事,即使没有人知道,没有受到任何惩罚,从这种行为中延伸出的内疚和恐惧情绪,对自己的伤害可能更大。

"慎独"的第二层含义要求我们诚实地面对自己,在独处时也能严格要求自己。

这种严格要求,不仅体现在行为上,也体现在心灵上,能够做到"内省不疚,无恶于志"。我们在反省自己的所思所想、所作所为时,能够不内疚,也没有什么不好的想法。君子和普通人的差别也就在此。

如何做到慎独

"慎独"是我们面向内心的更高层次的要求。《中庸》中有这样两句话:"戒慎乎其所不睹,恐惧乎其所不闻。莫见乎隐,莫显乎微。"

戒慎乎其所不睹,恐惧乎其所不闻。

警诫你所看不到的、听不到的事物。人活在世间,诸事万物,有两双眼睛是瞒不过的,一双是天眼,一双是心眼;也有两只耳朵是捂不住的,就是天聪和心聪。

在中国人的精神世界中,"老天"未必是什么神秘力量,或许仅代表了一种向善的人生规律或者社会准则,这种准则时刻监视、监听着我们,关注着你的行动和思维,但我们看不到它的存在。

唐代骆宾王《萤火赋》中有一句话:"类君子之有道,入暗室而不欺。""暗室不欺"是人们面对内心之眼和内心之耳时的诚实表现。

春秋时期的卫国贤臣蘧伯玉,一贯遵守朝中礼制,即使夜间乘车经过卫灵公的宫殿,也会按照朝中礼制下马车步行。他从来不因夜晚没人看见而不遵守宫廷礼节。卫灵公因此十分器重他,并经常在朝会上夸他"暗室不欺"。

"戒慎乎其所不睹,恐惧乎其所不闻。"如果我们把这句话的含义发散一下，那就是提醒我们关注与他人的独处。我们除了要警惕无形中约束我们的道德力量，也要体会那些我们眼光和听力到达不了的"他人之独"，那些没有表现在我们感知范围内的辛劳、艰苦、挣扎、隐忍、牢骚、怨愤。所以，我们在面对他人的时候，首先应该努力去设想一下对方那些你所看不到的品质，避免一些误解、武断、责难、疏忽，这样，才不会为主观错误付出代价。

莫见乎隐，莫显乎微。

它告诉我们细节的重要性。那些隐藏的、微小的念头与细节，都是我们要关注和重视的。比如，一位教师精心准备了一堂课，道理、案例、流程都准备得很充分，却偏偏在某个知识上犯了常识性的错误。尽管这个错误的内容只占课堂教学内容的1%，但这1%的错误内容带来的颠覆效果绝对不止1%。美玉上的瑕疵给美玉带来的价值贬损绝对不是能按比例来计算的。

"慎独"在中国古代思想中经历了一个由身到心的应用阐释过程，最初要求关注行为上的独处之德，后来讲得更多的是内心上对这些道德细节的重视。

老子

被权谋化的哲学家

老子留给后世的，只有区区五千多字，然而就是这五千多字，成就了老子在人类思想史上不可磨灭的地位。

老子的生平，就像他所描绘的"道"一样神秘莫测。

《史记·老子传》记载：老子是楚国人，姓李，名耳，字聃，曾做过东周王朝的"柱下史"。柱下史，又称"征藏史"，是掌管国家典籍的官，相当于今天的档案馆馆长。将文物记载的历史信息的片段串联起来，去判断今天，去厘清未来的线索，正是老子擅长的事情。他博古通今，见微知著，具有清醒的眼光、客观的视角和睿智的思想。

关于老子的形象，史书中并没有详细的记载。汉代以后，老子被道教尊为"太上老君"，一些道教的典籍中对他的形貌作了十分有趣的描述。

《史记·老子传》说老子"身长八尺八寸"，换算下来应该是在一米九左右。老子的眉毛是白色的，长耳，耳廓下垂，大眼睛，方口厚唇，稀疏的牙齿，宽宽的额头上有三五道抬头纹。安静、宽厚、温和、长寿，是老子留给我们的印象。

作为周天子的柱下史，老子有得天独厚的条件接触到当时保存得最完整的史籍。不过，他并没有沉迷其中，而是抽身出来，用历史的眼光看待现实，形成了自己的学说。很多人慕名前来向他请教，其中最出名的当数孔子。

据说，老子比孔子年长二十岁左右。孔子曾经向老子问"礼"，回来后称赞老子为"龙"。龙是中国文化中的图腾符号，《周易》六十四卦的首卦就是以"龙"为意象的。龙是变动不居、来无影去无踪、高高在上的。用龙来比喻老子，极度赞美了老子学说的神秘和权威。

关于"礼"的问题，老子对孔子说：你所说的礼，制定它的人骨头都已腐朽了，只有他的言论还在。你不要冒险套用他们的治国之礼。如果遇到明君，你可以用周礼来辅佐他；如果没能遇到明君，你就不要将你的主张强加给君王。要像沙碛上的蓬蒿一样，遇小风顺势而动，遇大风随风转移。我听说，好的商人把货物深藏起来，好像什么都没有的样子，君子德行很高，表面看起来却很愚钝。去掉你的娇气和过多的欲望，去掉你高贵的神态和过高的志向，这些对你自己都没什么好处。

简而言之，老子没有正面回答孔子的请教，而是对孔子提出四点建议。首先，老子指出孔子过分推崇圣哲虚妄的前言，古人的话不适用于变化的社会；其次，老子提醒孔子个人在时代中的局限性，个人在历史面前是被动的；再次，老子点破孔子在美德和声名上的贪欲；最后，老子强调要珍爱自身。这些建议都令孔子感佩不已。

老子讲求随遇而安、顺势而为。人生难免身陷世事纷争，对前贤过分倚重，往往会故步自封；对个人的认知不清，往往举步维艰；对虚名的追逐，往往会失落迷惘。这些会使我们忘记自身本来的幸福，沉湎于俗世的钩心斗角，最终身心疲惫。

老子并非说说而已，他亲身践行了这样的主张。他的学说"以自隐无名为务"（《史记·老子列传》），不求显赫于当世。据记载，老子眼见周王朝大势已去，无回天之力，便离开周王朝的王畿，向西而去。

驻守函谷关的尹（官名）喜（本名）自幼究览古籍，精通历法，善观天文，习占星之术，能知前古而见未来。有一天夜晚，他在楼观看天象，忽见紫气在东方凝聚。次日，他果然见到老子骑青牛出函谷关，于是他希望老子留下著述（最宝贵的东西）再出关西去。

老子欣然写下《道德经》五千言。若没有尹喜积极主动地邀约，也许老子早就消失在我们的视野中了。

还有另外一种说法：当时老子并未写完《道德经》，续篇是老子半月后在成都青阳肆交给尹喜的，这也是成都青羊宫来源的说法。

老子的核心思想是围绕"道"展开的，从"道"衍生出来的一系列概念，为我们展示了一套和儒家思想迥然不同的治国之术与生存之法。对于老子来说，理想的人格形象是："俗人昭昭，我独昏昏。俗人察察，我独闷闷。"虽然老子是那个看起来在角落中毫不起眼的人，但他心中洞察天地万物，洞察人心本性。也许这就是拥有大智慧的人才有的样子吧！

道

为什么道是说不清的

道家思想的核心是"道","道"是什么?按照老子的理解:"失道而后德。"失去了"道",我们才选择了"德"。道是在德之上,是一种更本质的、更抽象的、更有力量的东西。

道是说不清、道不明的

老子说:"道可道,非常道;名可名,非常名。"这是《老子》开宗明义的一段经典论述。第一个和第三个"道",是名词,是我们要解释的道;第二个"道",是动词,是用以解释这个"道"的语言。对于这句话,通常的理解有两种。

一是可以被定义和命名的"道",不是真正恒常的"道"。因为对道的任何一种定义和命名,一定包含着语言本身的误区和陷阱。道和言,毕竟不是一回事。语言只是工具,就好像我们去写生,用画笔描摹的风景,肯定不是大自然的原貌;即便是高像素的相机,传达的也不是大自然的本相,所以利用工具是不能完全反映真实的,只能最大程度地让我们接近真实。语言作为表达工具也是一样。老子提醒我们注意语言反映"道"的局限性,不要迷恋于各种言说。

二是一旦某种原则和规律被定义和命名了,那它就不再是能起作用的"道"了。因为道理一旦被命名,就成为常理,就不再是纯粹的道了。道永远是超乎人们的认识和命名能力上的。道是觉察不到、命名不了的，但又实实在在起作用的东西。因此，哲人们永不停息地走在追寻道的征途上。人们也永远希望得到新鲜的道，而不仅仅是道的新鲜的讲述方式。

道是看不到、摸不着的

道不仅不可言说，还看不到、摸不着。

老子希望这个世界上最终只剩简简单单的道理，这种道理最好也能够被隐没掉。不断地减损，不断地隐藏，躲进谁也看不透的玄妙之门，就是他的修道之路。老子说，天道就好比你鼓动橐籥（一种古代鼓风吹火用的器具），虽然看起来什么都没有，但你越是鼓动，它越能生出无穷的风气。这就是"道"。唯其虚空，所以无穷。

"道"，博大、无限且没有具体的名称。老子的"道"，就是宇宙智慧的高度浓缩。"道"是无形无色、无味无臭的，但像一个巨大的黑洞，把一切的纠纷、争斗、欲求、机巧卷进去，消融得无影无形。"道"周遍在百事之中，凌驾于万物之上，无穷无尽。

尽管"道"是说不清、道不明，看不到、摸不着的，但我们还是得尽量用一个接近它而又不减损它的概念来指称和言说，那就是把道看作真理、规律和智慧。

老子曾经非常贴切地形容过拥有"道"的人："古之善为道者，微妙玄通，深不可识。"（《老子·十五章》）意思是说，古代善于行道的人，精微玄妙，深邃而不可认识。描绘一下有"道"之人的形象：迟疑踌躇，像冬天涉过江河；犹豫狐疑，像畏惧四面的威胁；恭敬庄重，像充当宾客；醇厚自然，像未经雕凿的原木……谁能够将浊水静止，慢慢澄清？谁能在安定中启动，慢慢产生？保持这些大道的人，不求满盈。正因为不满盈，所以敝旧却能新生。

这里用到的文体，就是"颂"。老子深情地歌颂这种"士"，说明他的人生目的就是成为这样的人。也许在老子看来，他仍不敢自居于这种境界，但在我们看来，这正是他的真实写照。

按照老子对道的阐释，领导者该是什么样的？

老子说："是以圣人抱一为天下式。"（《老子·二十二章》）也就是说，要抓住根本，抓住核心问题来管理天下。这个"一"，就来自道，老子说："道生一，一生二，二生三，三生万物。"（《老子·四十二章》）道是恒定的，是统治力的首要原则。"道"是一种形而上的东西，形而下地来看，德、名、义、利这些概念都是可以承载"道"的东西，领导者只要秉持公平的原则，这些承载"道"的东西便可以自行运转，进而去推动领导者的行动。

按照老子的看法，那些抓不住要点、整天忙忙碌碌的统治者，是不智慧的。统治者就应该深谋远虑，按照历史规律"下一盘大棋"。

所以，聪明的领导者从不"道"出自己的心思，他们刻意地扫除"管理"的迹象，以实现真正的"统治"。生活中我们经常遇到这类人，他很有智慧和才能，经常出风头、占便宜，但他的另一个爱好却是"卖乖"，把自己的心计全部添油加醋地炫耀出来。结果他在自己的身边筑起了一道结实的壁垒，没有人会再吃他那一套了，那么他也做不了大领导。

作为领导者，尊重智者的意见，一切按规则办事，保持一种谦卑的心态，是维持领导的根本。因此，老子说："故道大，天大，地大，人亦大。域中有四大，而人居其一焉。人法地，地法天，天法道，道法自然。"（《老子·二十五章》）意思是说，道大，天大，地大，人也大。宇宙中有"四大"，而人居于四大之一。人效法地，地效法天，天效法道，道效法自然。

老子的这段话，其实是说给统治者听的。老子彻底颠覆了统治者高高在上的地位。他告诉诸侯王：你只不过是人的领袖，但在你之上，还有地、天和道。其中隐含的信息是，既然知识分子总体而言是"道"的传声筒，地位自然也在你之上。这将"士"的地位进行了一次革命性的提升。从此之后，帝王之师的自我认同一直是知识分子的身份标签。

知识分子，用老子的思想来解释，其实就是知道分子。在老子看来，知识是没什么用的，道理最重要，道理决定一切。

老子曾经说过，上等的读书人听到大道理就可以执行，中等的听了就会怀疑或者忽视，下等的则马上大笑讪骂起来。这也是圣贤共同的愤懑。道的亲和力是强还是弱，取决于各人不同的"悟性"。道的"悟性"，也就是人对私欲的控制能力。由于一切的道都是抓住了人的最强欲望进行攻击的，人对于自己私欲的控制能力的高低，就决定了对"道"的悟性的高低。

只有足够理性或者生性淡泊的人，才能最接近"道"，否则，只是把道理当笑话或者耳旁风罢了。

反

逆潮而动的道理

老子极其尊重"道",但为了对话方便,他自己也对"道"开始了试探性的指称。他说:"有物混成,先天地生。寂兮寥兮,独立而不改,周行而不殆,可以为天地母。吾不知其名,强字之曰'道',强为之名曰'大'。大曰'逝',逝曰'远',远曰'反'。"(《老子·二十五章》)

"反"字在《老子》中有"正反"的"反"的含义,如"正言若反"。本篇的"反",我将其解释成"返回"之意。因为这段话前半截的引述中说:"有一个自然形成的东西,悠远、静穆、周行而又化育万物。"这蕴含了后面所概括的道的特性:大(地位尊贵)、逝(运行不息)、远(深邃悠远)、反(周而复始)。"反",即返璞归真,指在道的作用下,万物复归其母、返回其根本的运动方向。

概括来说,就是《老子》中的:"反者,道之动。"(《老子·四十章》)

所以我们说"反",其实说的是"返回"的"返"。这是老子为我们指明的一条文化归途,他带着我们调转马头,向着来路坚定地进发。

在这条宽阔的大道上,风沙弥漫,面对着浩浩荡荡奔涌而来的士人大军,老子迎面将他们拦在了大路中央。他大声阻止,不要再人为地建构那些等级、差别、名誉、职位了,因为一旦将建构推到极致，就会把人类带入一个无法自拔的泥潭，带入到望不到来路的深渊。

国君之"反"

在这条道的归途上我们看到，老子首先要求国君们抛弃文化本身的负担。

他说："绝圣弃智，民利百倍；绝仁弃义，民复孝慈；绝巧弃利，盗贼无有。"（《老子·十九章》）意思就是，杜绝和抛弃聪明巧智，百姓可以得到百倍的利益；杜绝和抛弃仁义，百姓可以恢复孝慈的天性；杜绝和抛弃巧诈私利，盗贼就不会存在。

倘若不是这样，我们看到的现实将是："人多利器，国家滋昏；人多伎巧，奇物滋起；法令滋彰，盗贼多有。"（《老子·五十七章》）人们多权谋，国家就愈混乱；人们多技巧，奇事就多发生；法令繁多显明，盗贼就多出现。

总之，一切的文化，都被人为地、有目的地建构起来。文化并不是放之四海皆准、历之千载犹新的。很多偶尔解决了问题的文化，被当作珍宝不肯舍弃，被寄希望于偶尔一用。其实，新问题总是会有新的解决方法，旧的物品只能是生活的负担。老子更担心的是那些具有过度功名意识的君主上台，为了一己的政绩和美名，好大喜功，劳民伤财，重视繁文缛节。因此，他主张君主要见素抱朴，少私寡欲。

哲人之"反"

在这条"道"的归途上，老子要求哲人们放下自己的傲慢和自得，放弃无谓的争吵，回到对生命本身的关注上；要求普通人要尽可能地抛弃欲望。

他说:"圣人为腹不为目。"(《老子·十二章》)圣人吃饱肚子就行了,不要贪图耳目的享受。因为"五色令人目盲,五音令人耳聋,五味令人口爽,驰骋畋猎令人心发狂"(《老子·十二章》)。各种感官的刺激只能令人狂躁,过早地耗尽生命的能量。

在这条道的归途上,我们如果抛却了外在的引诱和内在的束缚,就会发现精神越来越旺健,神情越来越轻松。

不仅是道家,其他各家某种程度上也是在这条归途上的。儒家想要回到西周时代,墨家想要回到禹、夏时代,但老子想要回到文化的起点——上古无为之世。

在这股逆潮流而动的大军中,老子俨然成了领跑者。

真正的"反"

老子的道,从"返归"的角度讲,就是要找回强大的生命本能。这个本能里包含更多的快乐、自由和天真。

他以儿童为例来说明这股原力。"骨弱筋柔而握固。"(《老子·五十五章》)孩子的筋骨没有多大的力量,但是孩子在索取食物、情感、玩具的时候,却可以自然地使出全身的力气,死死抓住某些东西不放。这就是本能的力量。我们成年人若是找回这股力量,还有什么目标实现不了呢?

在老子看来,在成人的道路上,我们的能量流失得太多了。我们人为地做了太多违背身体规律、自然规律、社会规律、宇宙规律的事情,以至于生命力已经流散了。

所以,在这条文化复归的道路上,要找到生命体自身修复的能量,要找回社会系统自身分久必合、合久必分的规律,要探索宇宙恒常的运行规律。

老子是仙风道骨、潇洒不拘的隐者。老子告诉我们：没有对的文化，文化的意义就在于以错的形式告知我们什么路是走不通的，不能重蹈覆辙。因此他要求人们回归赤子之心。

在返璞归真之前，老子可能忘了提醒我们，这首先要经历一个不可缺少的环节，即对人世及文化的经历和认知。一如老子自身的经历一样，他是周王室的柱下史，见过了太多的历史风云，所以他才能如此自信和淡定。

婴儿具有一种来自天然的纯朴之美，但这种美是不牢固的，因为他没有经历过文化的洗礼。

我们经历了无数的罪恶，澄澈清明地恢复原初的本性，这个时候的无所作为，不是茫然无知，而是因为知道了所有的不可为。这样的潇洒，是坚定的潇洒。

这才是老子。他反对文化，但他对当时所有的流行文化有着深刻的认知。对于各种时尚文化的概念，按照老子"反以求之"的思维方式，我们只要认可相反的一级就对了，这就是文化陷阱中的自我保护，是"善莫大焉"的。

如果把儒家的爱比作父母师友的爱，那么，老子的爱就是祖父母或长者式的爱，这种爱体现出历尽沧桑后的清醒和淡泊。他让人们知道，所有的努力，不是要去改变自己，不是要去做断线的风筝，而是要完整地回到原点，回到自我，去书写自然人生的答卷。

静
如何克制躁动的欲望

"静"字左边是一个"青"字,代表色彩;右边是一个"争"字。各种色彩放在一起,有疏有密、绚烂亮丽,又搭配合理、赏心悦目,这就是静。放在人身上也是一样,说话做事都遵循事物本来的道理,手上事务虽然繁多,但也不会杂乱不堪,这就是静。

为什么要静?

老子说:"静为躁君。"(《老子·二十六章》)也就是说,安静是躁动的主宰。

可是我们也说:生命在于运动。

这中间存在矛盾吗?没有。

我们所说的运动,并不是老子反对的那种躁动。那种躁动,是违背身体需求、自然法则、社会准则、宇宙精神的动。概括来说,就是背"道"而驰的动。

只有消灭了躁动,才能回到静,那些真正要生长的东西才能活动起来。

人之躁

神话故事中最躁动的人物形象,莫过于孙悟空了,但他永远逃不出如来佛祖的手掌心,摆脱不了紧箍咒的束缚。这寓意着我们的心灵和宇宙大道的距离,静能制动,这是一种恒定的法则。

在老子看来，轻率就失去了立身处世的根基，躁动就必然丧失思想行为的主宰。人应该牢牢抓住最根本的东西，不要被表面的现象迷惑了头脑，应该用稳重、宁静来克制轻率、躁动的干扰。

老子讨厌那些只会甜言蜜语、耽于吃喝玩乐的人。他认为，功业是生命的烈性毒药，享乐是生命的慢性毒药。五官是精神的门窗，如果听力和视力全花在声色上，精神尽耗在外貌上，那么内心就没有主宰。内心没有主宰，祸福即使像山丘那么明显，人们也无从认识它。

老子追求的不是胜利，不是喜乐，不是生存，而是安宁。每个人的内心都会有无形的小宇宙。对老子而言，生命的历程就是内心智慧不断积累的过程。与外向的人不同，他内心所积累的不是处理具体事务的能力，而是知觉的洞察力和思维的穿透力。因此，他看似反智，其实尚思；看似反言，其实擅文。这样的人适合做思想家，无论他在多么喧嚣的地方，最终都会忘记所有的挫折和历练，不会留下任何琐屑的世故和技巧，而只保留内心的一分清醒。

躁之君

静者躁之君。静对于个人而言，是没有突发的病患或灾难；对于国家而言，最重要的是没有连绵不休的战争。没有突发的病患或灾难，人们便拥有健康和平安，得以安享天年；没有战争，老百姓休养生息，繁衍子嗣，国家也就会随之兴旺发达。

然滔滔俗世，不但老百姓会在风潮的旋涡中迷失方向，就连大国的君主，也往往以轻率躁动的行为来治理天下。骏马奔驰，驿路上黄尘四起，这似乎是天子权威的体现。但在老子的设想里并不是这样：送信的马匹去运送肥料，战马在郊外产下幼驹，人们平静安稳地生活，这就是以"道"来统治百姓的理想图景。

然而，这种理想图景却很难实现。不进则退的忧虑感促使我们不断透支生命来追逐权势、地位与财富，于是喧嚣充斥在我们的生活中。如果按照老子所设想的那样，人人都熟悉事物和事件运行的规律，舒适自在地工作和生活，没有烦琐的公文和政令，没有不必要的情绪冲突，这才是和谐的社会。

想要做到这种"静"，需要莫大的定力。这种定力，不依赖于外界给予的压力，而取决于人们内心的坚持，从而消除各种概念的分别，摆脱对欲望的追逐之心。

《韩非子》中有这样一个故事：翟国人把珍贵的狐、豹之皮献给晋文公，晋文公对着皮毛感叹道："活生生的狐狸、豹子，因为漂亮的皮毛惹来了杀身之祸啊！"要改变这种情况，就要消除概念的分别。在老子看来，美的凸显本身就激起了人们对美的争夺，人们对善的标榜本身就负担着对善的维护。这样就会出现纷争和动乱。一个概念引起两方的争辩，最终的结果往往不是双赢而是双败。

文化发展到今天，概念异常繁复，人们内心的交战异常激烈，生活得并不快乐，反而更痛苦了。各种概念的分别，使得人们的欲望极大地膨胀了。人们的生活其实是可以非常简单、朴素的，然而对良田华服、名利地位的追逐却是无尽的。对于个人或者国家来说，拥有被人垂涎的东西，才是冒着最大的危险；而想要得到不属于自己的东西，则是犯着最大的罪恶。同理，战争也源自欲望。诸侯纷争，给个人和国家都带来了深重的灾难。

躁之寄

说到底，哲学诞生于静。物质的繁荣从各个方面丰富着人们的感官体验，然而我们却越来越难以得到内心的平静。

当然，极致的静，可能也只有隐士才做得到。所谓的"躁动"，还是因为我们的内心不够强大，有道家所不屑考虑的情感和欲望，但有节制的情感和欲望的活动，也是合理的。那么这种生命的外在活动，要有一种"寄"的心态。

虽然外在事物没有什么本质上值得我们信仰之处，但我们需要找一些事物来寄托自己的生命，这是个正确的意识。

袁宏道有篇文章中说道："人情必有所寄，然后能乐。"（《锦帆集·卷三·尺牍》）有人将情怀寄托在某种技艺上，也有人将情怀寄托在文章著述上。古代的文人雅士，或者奇人能士，无外乎在这一点上思想境界高过仅仅关注物质生活的常人。心灵无所寄托之人，终日忙忙碌碌，心里总有一种缺失感，身边的一些事物、风景也都无心体验观览。这样的人，做什么事情都无法投入。

我们所说的"专注的人最美丽"正是这个道理，很多时候不要太追究所专注的事情本身的意义，因为在用心做事时，我们可以获得一份宁静，就像陶渊明说的："勤靡余劳，心有常闲。"（《自祭文》）把多余的体力释放到工作上去，获得一份心灵上的宁静，这就够了。

安静是有力量的，它可以让心灵得以滋养。

慈

温和的爱

"慈",上"兹"下"心"。"兹"本义指草木茂盛。"兹"和"心"放在一起,就是"有心让草木茂盛,有心让人茁壮成长"的意思。从这个意义上来讲,"慈"是一种爱,是一种上对下、长对幼的爱。

老子说:"我有三宝,持而保之:一曰慈,二曰俭,三曰不敢为天下先。"(《老子·六十七章》)概括而言,就是"慈""俭"和"谦"。这就是道之爱,以慈爱为首。

常言道:"人非草木,孰能无情。"但在天地自然看来,草木也未必无情。正如龚自珍说:"落红不是无情物,化作春泥更护花。"(《己亥杂诗·其五》)所谓"上天有好生之德",自然,若没有好生之德、厚生之意,万物也不会繁衍生息。只不过,这种爱是"随风潜入夜,润物细无声"(《春夜喜雨》)的,是不张扬的,是不居功的,是不求回报的,这就是慈爱,是无言的大爱,是爱的深层境界体现。

老子常把道和万物比拟成母子关系。慈,正是道和万物相联系的母子式的"关怀",正是如徐志摩《再别康桥》里所描述的那样:"悄悄的我走了,正如我悄悄的来。我挥一挥衣袖,不带走一片云彩。"

老子提出了"慈",也提出了"俭"和"谦",我们也可以从三者关系来看慈之爱的境界。

慈爱和俭爱

老子把生命看作一条笔直的线,他反对波澜与复杂,反对动荡与文饰。爱有时看似是一种施予,其实是一种索取。比如我们对孩子"恨铁不成钢",可是我们并没有注意到这块"生铁"的煎熬,而只是热衷于对"纯钢"的幻想。那种耀眼的光鲜使命,让我们盲目地驱使着孩子。很多家长致力于把孩子打造成一个成功人士,可是今天来看,他们却成了一个不断沉沦的阶层。

还有一种隐蔽的错爱,就是溺爱。溺爱终究是一种私爱,是让父母产生立刻满足的爱,它让人时而甜蜜,时而痛苦。施予爱的人,无非为了自己的快乐和幸福感。所以,用老子的思想来看,越是亲爱之人,就越要让他远离自己,别让自己的依赖伤害到对方。

"强爱"或是"溺爱",要么是父母主观的附加,要么是孩子主动的贪求,都会使简单的亲子之爱成为沉重的负担,这是老子思想在强调慈爱的同时启示我们防范的。唤起亲子之间简单的生命完善之心,就是老子思想对亲情问题的核心观点。

慈爱和谦爱

谦,就是"不敢为天下先",这本来是老子的圣王之道,他要求统治者效法天地自然之道,不能有傲慢、自专之心。对于父母来说,也是如此。纪伯伦的一首小诗里说:"你的儿女,其实不是你的儿女。他们是生命对于自身渴望而诞生的孩子。他们借助你来这世界,却非因你而来,他们在你身旁,却并不属于你。"(《你的儿女,其实不是你的儿女》)父母一旦有了这样的认识,就会对子女多一分理解和尊重。

　　与孩子相处，我们得放下自己的权威，要俯下身来，好好观察孩子的表现，好好倾听孩子的心声，想办法让孩子找到他自己感到激情、感到自信、感到安适的领域，并在那里建立自我。否则，长期的包办代替、粗暴武断，最终会蒙蔽孩子的天性，让他们丧失自我，找不到未来。

　　与慈关联起来看谦，那就是家长要尊重孩子。对于孩子的未来，我们是看不清楚的，只有孩子自己才能用直觉真正感知他们的未来。

柔弱

如何"示弱"才能更强

柔弱,"柔"与"刚"相对,"弱"与"强"相对。

老子说:"柔弱胜刚强。"(《老子·三十六章》)谙熟了这一道理的皮毛的人,已经属于通晓混世哲学的人了。

正如老子所预言:"坚强者死之徒,柔弱者生之徒。"(《老子·七十六章》)人活着时身体无论多么柔软,死后都会变得僵硬。草木也是如此。所以,"强大处下,柔弱处上"(《老子·七十六章》)。强大者居于下位,而柔软者居于上位。这就是生存的哲学。

这种混世哲学,放在春秋战国那个乱世,是有一定道理的。

魏晋易代之际的阮籍,是竹林七贤的代表人物。他是"建安七子"之一阮瑀的儿子。阮瑀和司马懿是老交情,因此司马昭父子很想拉拢阮籍。司马昭曾经派使者向阮籍提亲,希望成为儿女亲家。阮籍不敢得罪司马昭,又不愿与他们同流合污,就假装醉酒六十余天,使得使者没机会提亲。最终,这件事不了了之。

阮籍的混世哲学,是多种多样的,比如口不臧否人物,坚决不评论时人的是非;对不喜欢的人,就用白眼表示蔑视而已,让攻击他的人抓不到把柄;被叫去做官,他就凭着一副无可无不可的姿态去找风土人情好的地方,或者去做可以方便喝酒的步兵校尉。司马氏让阮籍写文章,把篡夺曹魏政权之事写成是皇帝禅让、百官劝进的结果,阮籍固守名节坚定拒绝。

社会也不总处于乱世，也有太平之时。遇到一个好的时代，不去有所作为，那不就是"端居耻圣明"了吗？说这句话的孟浩然也是个隐士，可他却是因为"欲济无舟楫"而隐，是因为"当路谁相假，知音世所稀"而隐，不得已才隐居。在盛唐时代，更多的是"宁为百夫长，胜作一书生"的杨炯式的豪情之人。藏拙守愚，不是那个时代的雄音。

由此可见，我们惯常对"柔弱"的理解是肤浅的。自居柔弱，不能出于自私的目的；甘居柔弱，也不能不顺应时代的高歌猛进。柔弱，只是为了不去触碰无谓的牺牲，不去迷恋虚妄的风头，只是为了集中精力放在最有价值的事情上。

司马懿是最长于隐忍的。当年诸葛亮向他挑战，甚至送去妇女用的衣服首饰来侮辱他，但他就是坚守不出，这就是懂得示弱，懂得保全自己。魏明帝曹叡死后，大将军曹爽辅政，位高权重的司马懿已经成为曹魏政权忌惮的对象。这时候，司马懿装作重病将死，使得曹爽放松了警惕。等到魏齐王曹芳离开洛阳祭扫魏明帝之墓时，曹爽兄弟均跟从。司马懿趁机上奏永宁太后，并率军屯司马门，控制了曹魏政权。

当然，这段历史公案孰是孰非，无从评定。当敌对势力锋芒不可触犯的时候，柔弱，是终极的取胜者之道。苏轼在《留侯论》中评价楚汉相争时说："观夫高祖之所以胜，而项籍之所以败者，在能忍与不能忍之间而已矣。项籍唯不能忍，是以百战百胜，而轻用其锋。高祖忍之，养其全锋而待其敝，此子房教之也。"一个"忍"字，使刘邦获得了胜利。

成大事者不怕暂时的示弱。处在弱小地位而能注重自行谦卑克制,这就是"弱能胜强"的道理。

弱水之力

真正的柔弱,像水。老子看重水,因为水是智慧的喻体,是道的喻体。水是无端无续的、无止无休的,水的温度变化是小的。大水浩浩汤汤,淹没一切的龃龉;细雨连绵不断,滋润万物悄无声息。这正是道之力,是无法战胜的,我们对这种力量,应该有一种终极的信任。

如水一般的温柔,最终会融化一切的烦躁、对抗与背叛。"天下莫柔弱于水,而攻坚强者莫之能胜,以其无以易之。弱之胜强,柔之胜刚,天下莫不知,莫能行。"(《老子·七十八章》)世界上的事物没有比水更柔弱的了,但是攻击坚硬的东西没有什么能胜过水的,没有任何东西能够代替水。弱胜过强,柔胜过刚,天下没有人不知,却没有人能够实行。就像滴水穿石一样,柔弱,只是一种方式,一种斗争的策略,其最终的目的,是战胜坚强、主宰世界。

厚生之德

老子说:"人之生也柔弱,其死也坚强;草木之生也柔脆,其死也枯槁。"(《老子·七十六章》)人类的生命与自然万物一样,都是道的一个载体,始于柔弱,终于僵直。这种僵直,或许正是道已经开始撤离我们身体的表征。

因为,"弱者,道之用"(《老子·四十章》)。道是创生的、柔软的、周遍的、灵活的,它必然以隐秘、柔和的方式参与万物孕育。我们生命体的每一点变化,都是道的作用。

可是,人的欲望和行为必定将脱离大道,于是,道最终一定以刚猛的方式告知你生命的极限、宇宙的规律。此时的道是绝情的、冷漠的,它不会理睬你的留恋和呼喊,只留给你冷冰冰的自然法则。

柔弱,放在面对自己的角度看,就是不要在欲望和力量的层面上与人逞强斗狠。要充分感知到生命本身的脆弱,像爱护婴儿一样爱护自己的身体,延长自己的生命。凡事刚强不忍,就是自取灭亡之道。任何一个人都不可能把每个角色做到完美,把每件事情做得面面俱到,对每个人呵护备至,时时刻刻保持着一种优势状态。他总会有能力上的弱点、担当上的极限。只有认识到这一点,才能感知生命的奥秘,才能得到道的暗中护佑。

放在面对天下的角度看,就是要求统治者与民休息,让这个柔弱而又广大的群体保持生生不息,要顺应而不是挑战这股终极的力量,统治者也因此获得安宁与尊荣。

"儒""释""道"在总体思想上大多是崇尚柔弱的,这也是这种文化长寿久生的哲理所在。

知足

知足的三重益处

知足,并不是一个深奥的道理,但谁又能真正做到呢?

知足的三重意蕴

老子说:"名与身孰亲?身与货孰多?得与亡孰病?甚爱必大费,多藏必厚亡。故知足不辱,知止不殆,可以长久。"(《老子·四十四章》)

"名与身孰亲?"这是说给那些从政的人听的。名声与身体,哪一个更重要?

"身与货孰多?"这是说给那些经商的人听的。生命与财产,哪一个更贵重?

"得与亡孰病?"这是说给那些贪婪的人听的。得到与失去,哪一个更有负担?

合在一起就是:名利都是身外之物,应淡泊处之。这是第一层意思。

"甚爱必大费",这是说给常人听的。过分爱名,必然付出更大的代价。

"多藏必厚亡",这是说给富人听的。过分贪婪,必然遭到更大的损失。

合在一起就是:不为外物所累,顺其自然。这是第二层意思。

"知足不辱"，这是核心，是说给所有人听的。懂得知足，就不会受辱。

"知止不殆"，这是落实，是说给知足者听的。适可而止，就可以远离危难。

"可以长久"，这是延伸，是处常之道，也是一个人可以长久地保全自己之道。

知足常乐，这是第三层意思。

如何更好地理解这三层意思？我们不妨结合一些故事来看。

第一层意思：淡泊名利。

唐代的柳宗元写过一篇名为《蝜蝂传》的文章，讲的是一则关于蝜蝂的寓言。

蝜蝂，只是《尔雅》中的一种小虫子，没人见过，但柳宗元用它批评了那些热衷名利的人。他说，蝜蝂啊，是习惯于背负东西的小虫子，走在路上，不管遇到什么，就抓起来背着。它的背很粗糙，所以背上的东西不会轻易滑落，因此背上的东西不断累积，最终被压在路上起不来身。路过的人可怜它，替它把背上的东西取下来。可是它刚上路，又贪求如故了。这种小虫子还喜欢往高处爬，用尽了它的力气也不停止，直到跌到地上摔死。

这则寓言讽刺的就是那些执着于追求财物和权力的人。这些人虽名为人，但智慧和小虫子没有差别。

第二层意思：不为物累。

想要勘破外物，其实也不容易。大多数人往往过于看重外物，最后却身败名裂、一无所有。中晚唐时有三位宰相，他们都权倾朝野，位极人臣，但最后为外物所累。

第一位宰相，李德裕（牛李党争的代表人物之一）。他筑平泉庄,甚爱平泉之地的林木,作《平泉山居戒子孙记》:"鬻平泉者,非吾子孙也;以平泉一树一石与人者,非佳子弟也。吾百年后为权势所夺也,则以先人所命泣而告之,此吾志也。"后世子孙都得守着平泉这个山庄的一木一石,谁都不可以将其卖掉或者送人,如果有人依靠权势来夺取,就用我的遗言来恳求他,除非沧海变为桑田、高山夷为平地为止。

李德裕对山水爱得太执着了。北宋欧阳修对此评价用了两个字:庸愚。至死也不能割舍对庄园山水的爱惜,实在太不通达了。

第二位宰相,王涯。他非常喜欢收藏典籍、书画,且重金求购它们,甚至以出卖官职来交换。所以,他在京任相的时候收藏了数万卷藏书,甚至可以与皇家藏书相比。他的书画印章有"永存珍秘"的字样。可惜好景不长,他因罪受诛后,收藏的图籍被大家哄抢,没文化的盗贼只是把那些金玉制成的盒子、镶嵌、锦缎留下,而真正珍贵的书法、文字却被丢在道边,任人践踏。

第三位宰相,元载。他在败势被抄家的时候,竟然从他家抄出八百石胡椒,还有五百两叫作钟乳的中药,其他物品更是不可胜数。

从结局看开头,苦心经营的这些私藏,最终又有什么用处呢?除了作为罪证,什么也没有留下。

第三层意思,也是结论,知足不辱、知止不殆、知足知止的常乐之道。

"足"是"贪"与"廉"之间的一种选择。人不能过贪,过贪是利欲熏心;也不能过廉,过廉是在意虚名。足,就是达到物质和精神上的适度,既不过多,也不贫乏,不为利昏头,也不为名亏待自己。

知足未必有荣,但不知足,必定受辱。凡事贪求,稍进一步,就成了一个笑柄。

知足是内在的功夫,知止却是外在的表现。危机四伏,祸端显现,还不知收敛,那就等着身败名裂吧。正如老子所说:"祸莫大于不知足,咎莫大于欲得。"(《老子·四十六章》)总是不知足,总是想要得到更多,这就是最大的祸患。

知足的两个维度

"足",是一种内在的满足感,知足的关键不仅在于"足",还在于"知",即知道满足,知道预警。

老子说:"知足之足,常足矣。"(《老子·四十六章》)

"足",有两个维度,一是事实的足,一是心理的足。事实的足是实的,物质条件摆在那里,有人富有,有人匮乏。可是满足感就不一定了,富有的人也可能更有匮乏感,这就是不知足;贫乏的人也可能更有满足感,这就是知足。这种满足感是稳定的、恒久的,不受外物的变化影响。这就是知足的要义。

只要我们身体健康、衣食无忧、家庭和睦,还有什么不满足的呢?再去追求别的,只是锦上添花,因而不必志在必得,患得患失。

在努力追求的道路上,知足的心态必不可少。等到身体上或者心理上的某种病患或焦虑发出警告的时候,一定要停下来避免危险,这就是"知止不殆"。

这里,我想用柳宗元的另一篇文章《哀溺文序》来讲知足知止之道。

这是柳宗元被贬官至永州时写的。讲的是永州的百姓善于游泳,有一天一群人要乘船横渡湘江,到江中时,船翻了,大家纷纷游水逃生。其中一个最擅长游泳的人却落在了后面。这个人游得很慢,尽全力也游不了多远。大家奇怪地问他怎么回事，他回答说："我腰上有一千钱，太重了，游不动。"其他人已经游到了对岸，上岸的伙伴见他越来越疲乏，痛心疾首地呼喊他，让他赶紧把那钱解开，命都要没了，还要那些钱干什么呢？这个人只是摇头，还是不肯放弃金钱，最终溺死在江中。柳宗元慨叹道，一千钱就可以溺死一个老百姓，那么更多的钱财岂不是也会害死更大的人物吗？纵观古今中外的历史，这样的悲剧是很常见的。

把握知足要明白"知足"其实是知"道"之"足"，懂得盛衰盈亏、往来代谢的道理和规律，就不会贪求不已。珍惜那些所拥有的东西，而放怀那些得不到的东西，不要为不应有的欲求去浪费自己的生命。

上德

标榜功德的浅薄

老子认为,"德"是有高下之分的。他说:"上德不德,是以有德;下德不失德,是以无德。上德无为而无以为;下德无为而有以为。"(《老子·三十八章》)陈鼓应先生如是解释道:"上德的人不自恃有德,所以实是有德;下德的人刻意求德,所以没有达到德的境界。"(《老子今注今译》)

因此,具有上德的人不表现为外在形式的"德",但实际有"德";下德的人死守着形式上的"德",但实际无"德"。上德的人顺其自然而无心作为,下德的人为了在形式上表现"德"而有心做作。

有德与无德

德分上下,重点在"有"和"无"这对概念的介入。有德就是无德,无德才是有德。有意识地运用自己的品德,心存自己的功德,提醒着对方自己的恩德,那就会失去这份美德;只有无心地发挥自己的品德,忘怀自己的功德,回避自己的恩德,才会拥有这份美德,才会真正有利于他人,让人心存感恩。

《史记·魏公子列传》中的一个故事很好地诠释了这则原理。

秦国攻打赵国,赵国都城邯郸告急。赵、魏两国唇齿相依,但魏王惧怕秦国,不肯出兵救赵,信陵君不得已"窃符救赵"。信陵君偷了兵符,在前线夺了魏将晋鄙的兵权,逼退了秦国。信陵君的做法得罪了魏王，他只好打算客居在赵国。

信陵君解救了邯郸的危难，保存了赵国社稷，这样大的恩德，放在谁的心里都难免有些飘飘然。加之赵王又打算将五座城池送给信陵君，这未免使信陵君有些骄矜自得之意。

有门客（一说是唐雎）提醒信陵君说："夫人有德于公子，公子不可忘也；公子有德于人，愿公子忘之也。"别人的恩情绝对不可以忘记，但自己对别人的恩情却要尽可能地忘记。

这一提醒很及时，也很重要。

门客继续说："况且您现在对赵国有功，可却是魏国的叛臣，如果有自得之意，那不是自毁美名吗？您对赵国有德，于魏国却是失德，怎可自骄？"

信陵君恍然大悟，惭愧得无地自容。

赵王清宫除道，亲自来迎接信陵君，以仆从之礼敬奉他。信陵君始终恪守宾礼，不断地自我检讨，自责对不起魏国，对赵国也没有实际的功劳。这场宴会从白天持续到晚上，因为信陵君的谦虚退让，赵王赠送五座城池的想法始终无法开口表达。最终，信陵君安稳地留在了赵国。

而信陵君的这次克制行为也得到了魏王的谅解，魏国也保留着他在信陵的封地。信陵君在赵国礼贤下士，招纳门客，终于在魏国受到秦国围困的时候，回到魏国，号令诸侯，打败了秦军，保护了魏国，以实际行动为自己正名。

"德"的根基

老子的"德"不是凭空而来的，而是建立在"道"的基础之上的。"上德"，是对人的根本性的保护与帮助。根源于"道"而造福于人，这是"上德"，是真正的"德"，不被感知和标榜，接近于道。"下德"实质上是一种伪善，是时时刻刻去展现、维护的东西，这种"美德"只能给别人增添麻烦，给自己增加负累，实质上不会给人带来进步。

诸葛亮、魏徵之类，都是古代的名相、贤相，辅佐君王成就大业，在老百姓中也备受爱戴，是我们平常说的"有德之人"。但是在老子的思想体系里，真正有德的人是顺应自然的，他们帮助国君治理天下，让老百姓安居乐业，但老百姓并不知道这是他们的功劳，而是以为社会本该如此地协调安定。

老子说：迷失了"道"而后才有"德"，迷失了"德"而后才有"仁"，迷失了"仁"而后才有"义"，迷失了"义"而后才有"礼"。人欲不断深重，使得"道"的隐秘无法维护，于是只能以"德"来感召人，而后以"爱"来感化人，而后以"义"来组织人，而后以繁文缛节来维持表面的统治，甚至气急败坏地强迫人去遵守。正如老子所说："夫礼者，忠信之薄，而乱之首。"（《老子·三十八章》）

韩愈在《原道》篇所说的：老子所批评的仁义，未必是儒家仁义的真意，恰恰是儒家也反对的那些虚伪吃人的仁义礼教。与其说虚伪的礼教狠毒，不如说执行这些礼教的人愚蠢。"道、德、仁、义、礼"究竟是怎样的序列关系？它们是内外关系、里表关系，还是古今关系？都是，但都不是最重要的序列真相。真相则是一种智愚关系。真正聪明的人，会把这种道德做得体面、温和，而不是让他人感到不舒服。如老子所说："先知"已经是愚蠢的开始，那么"后效"肯定是愚蠢的极致了。

孔子把道德看作内心的支配，而老子却强调客观规律对道德的驾驭。两者殊途同归。

"孔德、常德、玄德"其实都是上德另外的形式。

《老子·二十一章》中说:"孔德之容,唯道是从。"孔德,即大德。大德由道而来,对道唯命是从。

《老子·二十八章》中说:"常德不离,复归于婴儿","常德不忒,复归于无极"。这是天下效法之道。常德,复归于道,如婴儿般纯真,如无极般永久。

《老子·十章》中说:"生而不有,为而不恃,长而不宰,是谓'玄德'。"玄德,就是化育、陪伴的深久之德。

"生而不有",就是做创生的事,但又无拥有的心。已经创造的事物,就不要索取回报。高明的父母都应该深谙这一点,对于孩子,就是付出而没有回报的考量。

"为而不恃",就是干成了事儿,却不居功自傲。月亮反射太阳的光芒,在暗夜也会给人带来光明,但归根结底不是月亮在发光,月亮只是利用了一个平台和机遇实现了自己的价值。

"长而不宰",就是化育了万物,但又不自居为领袖。好的领导就如同阳光普照,春风化雨,他并不需要下级去膜拜他,也不决定下级的发展,他只是给下级提供其需要的条件和帮助。这样每个人自然会得到成长。这份欣欣向荣的景象是自发的,不是谁都能营造的。

老子说:"'玄德'深矣,远矣,与物反矣,然后乃至大顺。"(《老子·六十五章》)"玄德",就是要警惕社会流行的惯性思维和经验定式,找到那些有利于生命发展的正确方向。

总之,"上德"提醒我们对自己的美德保持谦虚、克制,体验由此产生的潜在的、真实的、永久的信赖和感恩,抑或是内心的成就感,而不是急急忙忙地去消费自己的恩惠,让人厌弃。

自然

自然而然的境界

在老子的哲学概念体系中,"道"处于核心的位置。但《老子·二十五章》说:"道法自然。"虽然"自然"不是老子常用的一个词,但其地位更重要。自然,是"道"的取法对象,是天地万物更深层的本体属性。

自然的力量

我们常听到两句话:无招胜有招,无声胜有声。规则、程序、工具,都体现道,但没有体现自然。因为自然是不讲道理的。

以人生病为例。生病总是有原因的,是身体规律决定的。绝大部分绝症患者都会按照程序痛苦地进行治疗。可是,我们也发现很多自然痊愈、自然康复的病例,甚至自己都不知道患过病就痊愈了。这应该就是自然疗法。它有什么普遍的原理吗?只能笼统地符合饮食、睡眠、运动、心态等日常保健的一般要求,具体到每个人、每种病症,都各有体会,没有定规。吃好、睡好、心情好,劳逸结合,免疫系统就能和疾病相持下去,就有可能"打败"疾病,但怎么"打败",什么时候"打败",甚至能不能"打败",并不好预测和总结。这就是自然。

很多时候我们要信任自己的身体,因为在身体中的那些看不到的角落里,总有一份生命本能在保护着我们。

自然，就是人生、社会、宇宙的本能力量。它没有什么道理，就是一直不停地创造、发展、抛弃。天下大势，分久必合，合久必分，是实力在支配吗？还是道德在支配？抑或是英雄在支配？这都是表象，其内在的动因，就是自然。命运轨迹要是真的能够被预知，历史规律要是真的能够被破解，那人还怎么生活？历史还怎么发展？

自然的洒脱

按照老子的逻辑，将"道"分为上下，下道近德，上道近乎自然。如果说德是提纯的糖粉，那么道就是可以化掉糖粉的清水。自然是甜味寡淡到你无法觉察，却可以中和一切杂味。

《老子·二十三章》说："希言自然。"疾风骤雨总不会是常态，晨午昏晚，春夏秋冬，年复一年，这是常态，是天地间最美的轮回。

自然，自有一份淡泊和清新。按照老子的理解，洒脱就是让人完全看不出某个人所附带的文化属性。你离开了岗位，能像水一样汇入这个社会中，不表现出任何附加的东西，才是真正的洒脱。

自然才是真正的洒脱。老子就是这么洒脱的一个人。

老子如此描述自己："众人熙熙，如享太牢，如春登台；我独泊兮，其未兆。沌沌兮，如婴儿之未孩；傫傫兮，若无所归。"（《老子·二十章》）意思是众人都无忧无虑，兴高采烈，好像参加盛大的筵席，又像春天登高远望。我独自恬然淡泊而无动于衷；混混沌沌的样子，好像一个还不懂事的婴儿；疲乏慵散的样子，好像无家可归。

他接着说："众人皆有余，而我独若遗，我愚人之心也哉！俗人昭昭，我独昏昏；俗人察察，我独闷闷。"（《老子·二十章》）意思是，众人都是一片志得意满的样子，唯独我却好像遗失了什么。

真是个愚人的心肠！世人是那么清醒精明，唯有我如此糊里糊涂；世人是那么严格苛刻，唯有我如此淳厚质朴。

老子又说："澹兮其若海，飂兮若无止。众人皆有以，而我独顽且鄙。我独异于人，而贵食母。"（《老子·二十章》）意思是，辽阔深广，我的心胸像大海一样无边无际；自由奔放，我的心灵像随意吹荡的疾风永不停息。众人都有一套本领，有所作为，唯独我愚笨鄙陋。我偏偏与众人不同，而重视用"道"来滋养自己。

这是老子对理想的圣人形象的诗意赞美，其实写的就是他自己。"俗人昭昭，我独昏昏；俗人察察，我独闷闷。"这个世界充满了精明人和明白人，其实他们精通的不过是世间之通识，真正的智慧不是这样，是只有你自己才能了解的，是不可言说与传达的。

"功成事遂，百姓皆谓：'我自然。'"（《老子·十七章》）"是以万物莫不尊道而贵德。道之尊，德之贵，夫莫之命而常自然。"（《老子·五十一章》）按照规律办事，把事情做了，责任尽到了，且让人人觉得自然而然，那才是至高的境界。老子是一个对他人怀有至善的人。他之所以不爱说话、不爱行动，不帮别人做任何决断，是因为他害怕任何一点张扬的作为都会损害到对方。他总是以客居的身份栖居在一旁，小心翼翼，像是生怕惊动了邻居；轻手轻脚，像是担心踏碎了冰面。他极度尊重他人的自然生命，不敢有半点干扰，只是希望人人都能像自己一样，在宇宙规律的支配下获得自由的人生。

哲学家冯友兰曾经提出"人生四境界"的理论。他说第一层境界是"自然境界"，一种自然的、生物学意义上的境界，这种生活是浑浑噩噩、不明所以的。第二层境界是"功利境界"，以"为自己谋利"为主要行为特征。我们常说"精致的利己主义者"，形容的就是这类人，而大多数人往往就停留在这层境界里，一生也难以突破。第三层境界是"道德境界"，能够做到尽伦尽职，行义，为公。乐于助人、舍生取义、精忠报国的人便处于这层境界，他们已经是很难得的楷模了。第四层境界是"天地境界"，也就是"事天"。这样的人已经完全了解了宇宙人生，具有最高的人生价值。这个境界，才真正接近老子所说的"自然"。

无为
极简生活的法则

一提到老子，大家便想起"无为"，仿佛就是老子要告诉大家，什么作为都不能有。其实，这是对"无为"的一种误解。老子说的"无为"，不是什么也不作为，而是不要胡作非为，破坏了自然之道。这种"无为"，就是无利己性、无功利性、无政治性，就是无私之为，好比水的化育，好比母亲的养育，顺其自然。

从"无"开始说起

老子对"无"是情有独钟的。"无为而无不为""无为则无不治"是他面对乱世的解脱之道。这一切的前提是，老子认为天下万物都是按照自身固有的规律去运转的，最好的治理方法就是保持"无"的心态来顺应它，而不是用"有"的方法来改变它。

"无"是一种态度。越王称霸，他并未因为曾担任贱役而苦恼；武王称王，他并未因为曾被人辱骂而苦恼。在老子看来，圣人之所以不苦恼，是因为他心里不认为苦恼，因此就不苦恼了。对于君子而言，"无"则体现了一种坦荡的胸怀，不以物喜，不以己悲，反而更容易接受生活的新变化。

"无"是一种悟性。老子说：我的道，实际上是最好理解、最好执行的，可惜没什么人知晓，没什么人运用。但物以稀为贵，以我的道理处世，必将成为圣王。人们能够在多大程度上做到"无欲""无私",这决定了其对于"道"的知晓和运用能力。"无"是一种观念。宋国有个乡下人得到一块宝玉,就把它当作宝贝进献给子罕,子罕却不接受。乡下人说:"这是宝玉,应该作为您的器物,不应被小人使用。"子罕说:"你把玉看成宝,我把不接受你的玉看成宝。"这也是因为这个乡下人想要玉,而子罕不想要玉。一个真正的君子,应该把没有欲望当作欲望,不要把难得的财物看得贵重。

"无"是一种功用。老子说:"三十辐共一毂,当其无,有车之用。埏埴以为器,当其无,有器之用。凿户牖以为室,当其无,有室之用。故有之以为利,无之以为用。"(《老子·十一章》)三十根辐条汇集到一个毂上,有了车毂的中空,才能具有车的作用。把陶土放进模具做成器皿,有了器皿的中空,才能具有器皿的作用。开凿门窗建造房舍,有了门窗的中空,才能具有房舍的作用。所以,有了器物可以带来便利,器物中空才能发挥作用。

想做到"无"也并非易事。老子的解决方式很简单,就是尽可能地断绝信息的来源。他认为:"不出户,知天下;不窥牖,见天道。其出弥远,其知弥少。是以圣人不行而知,不见而明,不为而成。"(《老子·四十七章》)一个真正的统治者,即便足不出户,也能知道天下世事,也能了解天地运行的规律。有时候,人们往往是走得越远,知道的事情反而越少了。这是因为太多纷乱的事物扰乱了人们的视听。因此,圣人就算是不了解、看不见一切,或者不做什么,也能够成就自己的品行、名声和功业。在老子看来,"道"是独立而又深奥莫测的,掌握它的人,可以轻松地判断下属的想法和行动,可以推知社会的变化,这就是统治者的立身所在。

对于统治者而言,信息是一把双刃剑。一方面他们不敢离开信息源，另一方面他们又容易被信息淹没。信息通道一旦打开，虚浮的、伪装的、曲意的信息就都来到面前，这也是让统治者最为头疼的。重要的不是海量信息的搜集整理，而是对道的体悟的不断进阶。"王"并不是一个根据民意来做事情的人，只是一个跟随着道的方向引领人群和历史的人，这是管理者和统治者之间最大的差别。

作为统治者，尤其不应该有意识地去推崇一方。对一方的推崇，就意味着对另一方的贬损。尽可能公平公正地处理人际关系，小尺度地进行奖惩，才能打造一支团结的队伍。领导在内务上越有作为，越是喜欢品评是非，越是想得到美名，反而越是会得到背后的非议。

无为的根源

无为的根源在于人心的不可约束。《庄子·在宥》中借老子之口的一段话，写得触目惊心。其核心议题是：千万不要触动人心。人心，遭受摧抑就低迷消沉，得到推崇就飘飘然；有时像泥巴般柔弱，有时又像钢铁般坚硬；热时猛于火，冷时寒过冰；人心变化之快，俯仰之间已达四海之外；平静时如临深渊，急切时像升腾的飓风。世间最不可约束的，恐怕就是人心了。每个人看似机务鞅掌，实际上只是在治理自己的内心罢了。内心越是虚空，世界越是太平；内心越是多欲，世界越是动乱。这个世界是什么样子，取决于你的心是什么样子。宓子贱治理单父，有若会见他说："您为什么瘦了？"宓子贱说："君王不知道我没有德才，派我治理单父，政务紧急，心里忧愁，所以瘦了。"有若说："从前舜弹奏着五弦琴，歌唱着《南风》诗，天下就太平了。现在单父这么一个小地方，你治理起来却要发愁，那么治理天下该怎么办呢？所以，有了办法来统治国家，就是安闲地坐在朝廷里，脸上有少女般红润的气色，对治理国家也没有什么妨害；没有办法去统治国家，身体即便又累又瘦，对治理国家也没有好处。"

如果让老子去治理国家，他宁愿做一个无事天子：恰当地安排好手下的职责，搭建起合理的团队，制定出公平的制度，让它自己运转就好了。团队中最完美的境界是无法评定团队每个成员的优劣，因为看不出谁的贡献更大。但是要知道，团队是和谐的，成绩是坚实的；反过来，如果在哪项任务中，某个人起到了力挽狂澜的作用，那只能证明团队出了问题。遵循"道"的原则，会将一切喧嚣的牢骚、抱怨顷刻轧成齑粉。这就是真正的统治力。

"治大国，若烹小鲜。"（《老子·六十章》）小鲜，即小鱼。烹调小鱼，最重要的是忌讳折腾，一折腾就全"碎"了。治理家庭、单位和国家也是这样，有时候，不折腾是最好的管理方法。

天下
老子笔下的诗意世界

老子的天下观，在他的字里行间体现。那是关于原始牧歌式的描述，也是一种世外桃源的想象。

我们读《老子》，读到的通常是"无为而治""绝圣弃智"，甚至是"小国寡民……鸡犬之声相闻，民至老死，不相往来"（《老子·八十章》），似乎与统治、权力等"有为"思想毫不相关。然而，当我们回顾历史的本来面目，追寻老子掩藏在"道"的冷漠下的赤诚情怀，就会惊奇地发现，《老子》中蕴藏着一种刚猛而又睿智的统治力量，是对生民无言的大爱。这种爱，寄托在他对统治者的深刻教训和谆谆告诫之中。老子正是希望通过改变统治者的素质，使百姓获得安生。

老子的"统治力"

老子的思想中蕴含着统治力，这并非作者的一己之见。早在东汉时期，史学家班固就曾经评价《老子》讲述的是"君人南面之术也"，即帝王学。穿过老子论述宇宙天道的迷雾，正视老子"无为"方能"无不为"的理念，会发现，《老子》实际上就是一部"圣人王道"的教科书。

老子思想的统治力，源于"道"的本质性颠覆力量。他不屑于政治、经济、军事和道德等层面上的各种概念建构，而是从根本上指出这些概念体系相应的负面作用。

老子的"君术"、孙子的"兵术"与韩非子的"霸术"等,都诞生于同一片历史文化土壤之中。《老子》的统治力不同于兵家的征服力和法家的管理力,它并不表现为明显的战术、技术、暴力或是法令,只是一系列无形的原则。在老子看来,有形的往往都是可以破解的,无形的才会无往而不利。无招能胜有招,才是至高的境界。

"其安易持,其未兆易谋;其脆易泮,其微易散。为之于未有,治之于未乱。合抱之木,生于毫末;九层之台,起于累土;千里之行,始于足下。"(《老子·六十四章》)

意思是说,哪里形势安定,就容易把握;哪里事故尚无征兆,就攘夷谋划;哪里力量脆弱,就容易消解;哪里问题细微,就容易分散。处理在矛盾尚未出现的时候,治理在混乱尚未发生的时候。合抱粗的大树,生长于细微的萌芽;九层高的楼台,起始于积累的泥土;千里的远行,开始于自己的脚下。百姓做起事情,经常在接近于成功的时候却失败了。如果像慎重对待开始一样对待结束,就没有失败的事情。

《韩非子·喻老》中有这样一个故事:从前晋公子重耳出外流亡,路过郑国,郑国君主不以礼相待,轻慢他。叔瞻劝说道:"这是贤明的公子,您好好待他,可以积德。"郑君不听从。叔瞻又劝说道:"不好好待他,还不如杀了他,不要让他日后给我们带来祸患。"郑君又不听从。等到重耳返回晋国,起兵伐郑,大败郑国,夺取了郑国的八座城池。这时的郑君悔之晚矣。

还有一个故事与之异曲同工。晋献公用垂棘之地产的宝玉相赠,来向虞国借路去攻打虢国。大夫宫之奇劝说道:"不可借路。唇亡而齿寒,虞、虢互相救援,并不是在互相施恩。今天晋灭虢,明天虞必定会跟着灭亡。"虞君不听，贪图小利，没有接受宫之奇的劝谏，而是接受晋国宝玉，借给晋军道路。晋攻取虢，回国后，又出兵灭了虞。

这两位臣子都在祸害刚露苗头时就想出了办法，两位君主却不采纳，郑国因此战败了，虞国因此灭亡了。倘若他们能够明白"天下之道"，见微知著，结局可能会改写吧！

商纣王制作了象牙筷子，箕子非常担忧，认为象牙筷子一定不会配合着陶制器皿使用，一定会配合使用犀牛角杯或玉杯；象牙箸玉杯一定不会用于吃豆类叶子熬的浓汤，一定要去吃牦牛、大象、豹子的胎儿；吃牦牛、大象、豹子的胎儿就一定不会穿粗布短衣，不会在茅屋下面食用，就一定要穿多层的织锦衣服，住上宽敞房屋和在高台上游乐。箕子害怕后果严重，所以深为这样的开端担忧。过了五年，商纣王摆设肉林，建炮烙之刑，登上酒糟山，俯临美酒池，因而丧身。箕子看见象牙筷子，就预感到了天下的祸害。

从统治者到被统治者的转向

唐代的帝王出于对道教的尊崇而礼敬老子，唐玄宗把这种风气推到了极致。他下令各州设玄元皇帝庙，把玄元皇帝列为上圣，朝献太清宫，并大唱关于老子的赞歌。这种对老子的美饰，其实是让人们远离了老子学说的本意。唐玄宗正是这样走上了穷奢极欲的道路，最终失去了天下。

老子学说是乱世之中的良方。老子不和人直接对话，他的作品里看不到听众，但他其实是有对话者的。他的对话者就是诸侯王。老子自居为道与人的沟通者，他看到春秋末叶社会大动荡，生灵涂炭，他知道解决问题的关键在于减淡统治者的名利欲望，所以他把不得已的著述当作和诸侯王对话的教科书来写，本质上也是为了解救那个时代的苦痛者。

值得注意的是，《老子》这部书中的对话者，是诸侯王，是那些主宰者。但后世，尤其是从唐代开始，帝王们通过注解传播等方式，开始有心地将老子的对话者转换为老百姓，这当然就使帝王们解脱了束缚，而强化了老百姓要柔顺的政策，是愚民之术。所以，我们普通读者是不能无条件地接受老子的思想的，只有在我们拥有主导权的情况下，才需要参考老子给我们的提醒和教训。

老子的天下，不是一家一国的天下，而是一个和平安宁、持续发展的世界。

庄子

心灵自由的追寻者

我国古代哲学，从某种角度上来说，是一种数字哲学。0、1、2、3、4、5……以上数字可以辐射到我国古代哲学的核心概念。

0是无极，是没有质量和重量、没有时间和空间的状态，是酝酿。

1是太极，是混沌初形的状态，是孕育。

2是两仪，是阴阳辩证，是对立统一。

3是三材，是天、地、人，是时、位、势。

4是四象，是四方，是四季，是两仪的错综。

5是五行，金、木、水、火、土；是五脏，心、肝、脾、肺、肾。

……

每一个数字都是一门具体的学问。道家讲的主要是数字2，即朴素的辩证思维。

老子讲的是阴阳之说，庄子讲的是进退之道。老子讲的是政治智慧，庄子讲的是人生哲学，是超脱于各种戕害的学问。庄子的法宝是"齐物论"，理想是"逍遥游"，最珍视的是天性和自由。

中国人的精神世界本身就像太极，是进与退的辩证统一。中国人生活态度里的洒脱和天真，都渗透着庄子的影响；中国人日常消解问题的方式，几乎都能被庄子的思想囊括，并不断地受他启发。

但庄子本人，却像谜一样。我们大致只能根据《庄子》原文及司马迁的《史记》中透露的信息整合出一个庄子的形象。

庄子，名周，宋国蒙人。他生活在战国前期，大致与梁惠王、齐宣王同时代。庄子大约生活在公元前369年至公元前286年，比孟子还要小几岁。

庄子大概出身比较好，因此读了很多书。司马迁说他"其学无所不窥"，肯定了他的知识很渊博。庄子成年后，可能家道中落，因为在《庄子》一书中，出现了不少"庄周家贫"之类的记载。他曾经做过"漆园吏",但也没做多久。之后,尽管有人请他出来做官,他都一概拒绝了。

庄子的思想,最接近老子,也是在谈"道"。老子谈"道",主要是哲学意味上的道;庄子谈"道",更多的是心灵之道与审美之道。老子从"道"出发,面对现实的政治社会问题;而庄子对社会现实则是厌弃的,他不愿意"与人为徒",即不愿意和其他人生活在一起。在庄子看来,"相濡以沫,不如相忘于江湖",人与人最好的相处方式,不是彼此依存,而是各自去寻找人道合一的境界。现实世界的生死荣辱都不重要,都可以抛却。庄子追求的是一种精神上的自由和愉悦。

古代文人有这样一个传统:仕途通达顺利则学习孔孟之道,遭遇坎坷失落则转向老庄哲学。从这个意义上说,老庄哲学也算是古代文人对抗现实的一种精神武器。

当前,在物质文明和商业文明迅猛发展的时代大潮中,普通人根本做不到优雅拒绝。有些人自己没什么实力,不得不被动地去拒绝一些东西,却也说自己修的是老庄之道,冒充豁达之态。这是一种伪庄子做法,是一种弱者的妥协行为,并不是强者的放弃之道。

庄子的思想是用来运用无能的,而不是用来解释无能的。要做乐观自信、睿智清醒、自由活泼的真庄子,不做抱残守缺、欺世盗名、满嘴借口的伪庄子,这值得我们特别注意。

"浑沌"

为何朦胧的感觉最美妙

司马迁说,庄子著书十余万字,但我们现在能够看到的《庄子》只有六万多字。古本《庄子》五十二篇,部分已经散佚不见。现在的《庄子》共三十三篇,其中"内篇"七篇,一般认为是庄子本人所写;"外篇"十五篇和"杂篇"十一篇,一般认为是庄子的门人和后学所写。

从"浑沌"之死说起

"内七篇"的最后一篇是《应帝王》。《应帝王》篇的最后有一个以"浑沌"为主角的寓言:"南海之帝为倏,北海之帝为忽,中央之帝为浑沌。倏与忽时相遇于浑沌之地,浑沌待之甚善。倏与忽谋报浑沌之德,曰:'人皆有七窍以视听食息,此独无有,尝试凿之。'日凿一窍,七日而浑沌死。"

"浑沌"是一个虽无七窍却待人甚善的形象。可这位可爱的中央之帝,竟被两个知恩图报的好心客人——南海之帝倏和北海之帝忽害死了。

这个故事有点类似《至乐》篇的一个寓言:鲁侯养鸟。

曾经有一只海鸟飞到了鲁国都城郊外栖息,鲁侯为了欢迎它,在宗庙里摆酒款待,演奏舜帝时的《九韶》作为宴会音乐,准备了古代帝王祭祀时才使用的牛、羊、猪作为宴会的食品。但海鸟目眩心悲，不敢吃一片肉，不敢喝一口酒，三天后就死了。

这是用自己的方式去养鸟啊！鲁侯用那些自己喜欢的东西去对待一只鸟，只能害了那只鸟。

人有耳、目、口、鼻七窍，可以听、看、饮食和呼吸，这是南海之帝儵和北海之帝忽所向往的，他们就把这个美好的愿望回报给中央之帝浑沌。他们从未想过，这根本不是浑沌想要的，而恰恰是浑沌所恐惧的。浑沌没有耳、目、口、鼻，天真无邪，与人为善；有了耳、目、口、鼻感官的浑沌，却丧失了自我。从这个角度看，我们去体会那个"凿"字，"日凿一窍"，真实得令人惊心动魄。一个天真无邪的帝王，七天的时光，就被凿死了，我们仿佛体会到了浑沌的无奈与痛苦。

复归浑沌

对于倡导无为而治的老庄来说，人类无法避免脱离"浑沌"，走向文明。怎么找回天真和浑沌呢？《庄子·外篇·天地》里的一则寓言可以给我们启发。黄帝在赤水之北游玩，登上昆仑山南望。返回的途中，遗失了玄珠（象征大道），他依次派"知"（代表智慧）、"离朱"（代表感官）、"吃诟"（代表言辩）去寻找，均无结果，最后派出"象罔"（代表无心）去寻找，"象罔"找到了，这令黄帝大为感慨。

在很多情况下，智慧、感官、言辩反倒会影响我们对大道的认知。

今天的我们，不仅完全开启了五官，还用尽五官去接收资讯。我们对这个物质世界已经有了太多的认知，我们总是认为，充分掌握资讯会更加贴近事实的真相。真的是这样吗？

《庄子·外篇·天道》又记载了这样一个故事：有一天，桓公在堂上读书，轮扁在堂下砍制车轮。轮扁放下凿子，走到桓公跟前问道："大王读的书是什么人的言论？"

桓公说："是圣人之言！"

"那圣人还活着吗？"

"当然已经死了。"

"那您读的不过是古人的糟粕罢了！"

桓公一听，大为恼怒，命令轮扁说出个道理来，否则就得去死。

轮扁说："我是用我从事的工作来观察的。就说砍造车轮吧，做工太慢太细了就会因为甘滑而不牢固；做工太快太粗了就会因为苦涩而榫头难入。只有做工不缓不急，得心应手，才能恰到好处。其中的门道，口里说不出来，却有难言的心术存在其中。这心术，我无法明示给我的儿子，我的儿子也不能从我那里获得传授，因此我都七十岁了还在制造车轮。古时的人和他不可言传的东西都已经消失了，那么你所读到的，不过是古人留下的糟粕罢了！"

桓公无言以对。

轮扁的逻辑就是：人最精微的东西莫过于道术，但精微的道术只能暗运于心间，不仅无从口说，更谈不上笔录。通过文字去认识古人之道，这样是得不到古人之道的精髓的，其精髓只能靠自己去发现和体验。

近几十年，从纸质媒体到数字媒体，人们获取了多样自由的阅读渠道，每天从各种各样的渠道接收着各种信息，却不知自己正在被信息泡沫所淹没。如果不能在信息的浪潮中保持冷静，做好减法，人们只能沦为一个信息储存场。做不到对信息进行处理，那么距离智慧和思想的生成就越来越远，与接近自然则更是背道而驰了。

《庄子·内篇·养生主》中说："吾生也有涯，而知也无涯，以有涯随无涯，殆已！已而为知者，殆而已矣！"生命本就短暂，把短暂的生命时光消耗在繁杂的信息中，让人无限疲惫。而此时若还以为是自己掌握的信息不够所致，一味地拼命认知，只会被信息泡沫淹没。

浑沌是一个关于空间、时间上的起始性概念，也是文化上的一种"天真"的阶段，但这一切都经不起哪怕只是倏、忽的造访。这暗喻了一个道理：随着时间的推移，一切美好的东西都会改变。

初恋是最美好的，因为彼此不那么了解，所以有一种朦胧的美感，这是感情浑沌的状态。可是随着时间的推移，信息必然以增益情感的姿态干破坏原初印象的事，这也是浑沌与倏、忽之间的辩证。但真正让情感得到增益的，不是细致入微地了解，而是无时无刻不尊重。

死生

置之死地而后生的心灵

《庄子》中有很多篇幅都涉及生死的问题。从哲学层面上说，庄子将生命归结为气。他说："人之生，气之聚也，聚则为生，散则为死。"（《庄子·外篇·知北游》）既然生为气之聚，死为气之散，就没有必要为了聚、散这两种不同的变化状态而或喜或悲了。《庄子·外篇·至乐》中甚至认为气也是本无的，是"杂乎芒芴之间"的宇宙精神化而为有气，然后有形体和生命的。

芒芴，意与"恍惚"相似，形容一种不可辨认、不可捉摸的状态。这是生命的起点，也是生命复归的终点。人的生死就像春夏秋冬的交替一样平常，只不过凡人的一生如春生秋死的昆虫一样，感受不到大道的循环。所以，庄子建立起"不知悦生，不知恶死"（《庄子·内篇·大宗师》）的生死观，期望人们一出生就从不断加重的死亡阴影中解脱出来，从时间的焦灼中解放自我。

因此，庄子对生命并不执着。庄子的妻子去世，惠子到庄子的家里去吊唁，发现庄子正在那里敲着瓦盆唱歌。惠子说："妻子同你生活了这么多年，为你生儿育女，现在妻子死去了，你不哭也就罢了，还在那里唱歌，这样做也太过分了吧？"庄子说："我妻子刚去世的时候，我怎么能无动于衷呢？可是后来我就想通了。妻子的生命本来就是没有的，不仅没有生命，连形体、气也没有。恍惚之中凝聚成气，气又凝结成形体，然后有了生命。现在生命消失了，这不过像四季轮回一样是一个变化流程而已，人家现在安息在天堂之上，而我在这里为了这个变化流程痛哭，难道不是对生命看得太不通达了吗？"

庄子对自己的生命也看得非常淡然。庄子临死时，他的弟子们打算给他厚葬，但庄子说："我以天地日月为陪葬，我的葬礼已经够丰厚了，何必再人为地增加微不足道的棺椁之类呢？"弟子们说："我们怕老师的身体被鸟雀啄食。"庄子说："扔到荒郊野外会被野鸟啄食，但是埋到地下也难免会被蝼蚁吃掉，一定要把我这口粮食从野鸟口中夺去喂食蝼蚁，你们也太偏心了吧！"

《庄子·外篇·至乐》中记载了庄子的死亡观："死生为昼夜。"即死生只不过是一种自然轮替的现象。人附着于一个什么样的形体上，有什么样的形貌、举止、职业、身份、地位，都是无所谓的，这些都是生命的外壳而已。生老病死、喜怒悲欢、衣食住行、荣辱沉浮，都是逐层向外的附着物，越是外层的附着物，越不值得挂累。

一般人以为庄子的养生仅仅是为了求生，但其实庄子的一切学说都在于生命的解脱，而求生是仍在死亡的恐惧下生存，这不是庄子的境界。

庄子认为首先应该勘破生死，这是根本，然后才可以勘破变化与名利。

如何面对疾病

人们除了面对死亡的焦虑，还不得不面对疾病的困扰。如何面对疾病带来的痛苦？庄子讲了这样一件事情。

子祀、子舆、子犁、子来四人，是默契于心的好朋友。他们都把死生存亡看成是一体的，对死亡、疾病都采取了一种接纳的态度。

子舆得病,子祀去问候他。

子舆的身体都病得变形了,但他赞美自己说:"伟大啊!造物者把我变成这样拘挛的人!"只见他驼背而脊骨外露,五脏的血管向上,面颊缩在肚脐之下,双肩高出头顶,发髻朝天。

此时的子舆已经被疾病折磨得不成人形了,但他的心胸十分开阔,他若无其事、一瘸一拐地走到井边,对着自己的倒影说:"哎呀,造物者又把我变成这样一个曲背拘挛的人啊!"

子祀说:"你厌恶这种变化吗?"子舆说:"不,我怎么会厌恶呢?造物者假使把我的左臂化为公鸡,我就用它司晨报晓;假使把我的右臂化为弹丸,我就用它获取鸮鸟烤肉吃……况且,我得到生命是适时的,失去生命也是顺应自然变化。安于时运而生,顺应自然而死,悲哀和欢乐的情绪就不会侵入胸中了。这就是古语所说的彻底地解脱了。我为什么要厌恶呢?"

不久,子来生病,子犁去探望他。子来呼吸急促,将要死了,他的妻子儿女围绕着他哭泣。子犁对子来的老婆说:"去吧!走开!不要惊动变化的人!"子犁倚着门户对子来说:"伟大的造物者啊,它将把你变成什么呢?将把你送到什么地方去呢?它要把你变成鼠肝吗?还是要把你变成虫臂?"

子来说:"儿子对父母要顺从,不管让你去哪里,你只有唯命是从。人对阴阳交替的自然顺从,何止于儿子对父母。它要我死而我不听,要违逆不顺,它有什么罪过呢?大自然给我形体,用生使我操劳,用老使我安逸,用死使我安息!"

这几个人,可以说合唱了一首顺应生命自然的礼赞之歌。

《庄子·内篇·大宗师》中还有一个类似的情节,假托了孔门师徒的看法来阐述庄子观点的故事。

子桑户、孟子反、子琴张三人以看穿生死为共同的理念结成好友。

子桑户死去，还未安葬。孔子听说了这件事，让子贡前去帮助办丧事。

子贡去了后惊奇地发现，孟子反和子琴张两人一个唱挽歌，一个弹琴，二人相和唱着："哎呀！桑户啊！哎呀！桑户啊！你已经返归本真了，而我们还寄寓在人间啊！"

子贡申斥他们说："你们对着尸体唱歌，合乎礼仪吗？"回去后又把这件事告诉给孔子，并抱怨说："他们到底是什么人啊？不修德行，置之度外，面对死尸而唱歌，脸上全无哀色，真是没法说清。他们到底是什么人呢？"

孔子说："他们是生活在礼教世俗之外（方外）的人，而我是生活在礼教世俗之内的人。尘世外与尘世内是彼此不相干的两个世界，而我让你去吊唁他，我实在太固执浅陋了！他们茫茫然徘徊在尘世之外，自由自在地生活在自然无为的境地，又怎会不厌其烦地遵守世俗的礼仪，让众人观看呢？"

超越世俗礼仪的束缚，《庄子》中还有其他事例。老聃死，友人秦失前往吊唁，只哭了三声就出来了，别人看不惯，他说："指穷于为薪，火传也，不知其尽也。"（《庄子·内篇·养生主》）生命之火是超越形体不断传续的，又何必不能安时而处顺，以应大化呢？这样的人，庄子给了他们一个特定的称谓，叫作"真人"。"古之真人，不知说生，不知恶死。"（《庄子·内篇·大宗师》）真人不执着于生死，顺其自然，生来死往，不喜不悲，只是顺其自然，顺从变化。疾病、死亡也许会改变一个人外在的形骸，但是一个人的内心不会因为这些不同而发生变化。总之，与其忧虑不能免死,不如在短短的现实人生中,求一个善生,即合于道、出于德、顺乎自然的生。庄子一再地"齐一生死",究其本意,不是说要人们觉得生不如死,主动求死,庄子最主要的目的,还是希望人们从生死的恐惧下解脱出来,过一种自由的人生。

齐物

人生烦恼的根源在哪里

齐一物我、齐一物论、齐一万物,是对"齐物"一词的不同解释,关系到概念的分别。

从破位到破执

从某种角度来说,人的痛苦来自对概念的认知和分别。没有概念的混沌状态,是在天真的儿童阶段。随着概念的繁复发展,随着文化自身不可逆转的建构进程,人会越来越深地置身于计较的泥潭之中,难以自拔。孔子是很注重为这些概念"正名"的,他认为一切仁心都依赖于一定的社会关系下的情感表达:是父子,就要求慈、孝;是朋友,就要求信、义。但是,正如李源澄《古典·哲学时代——诸子概论》中所说:"至善之德,必缘于位而后起也。""庄周之破执,即以破位为始。"这是道家和儒家的分野,也是摆脱烦恼的关键所在。所谓的"位",就是关系,是儒家对关系的命名,而在庄子这里,该概念体系必须要被打破、超越。

老人们喜欢念旧,过去的日子尽管物资匮乏,但总是令他们感到快慰,因为概念简单。衣服颜色可供选择的不多,冬储菜也就白菜、萝卜、土豆这几样,出门没有出租车等交通工具可乘坐。当时的人们不需要花费太多的心思去选择、计算和比较,因此也能乐得天真。

现在就不一样了，任何一个小问题，都让人绞尽脑汁。比如，你去商场买一双鞋，首先考虑品牌和价位，什么牌子性价比高？其次是购买地点的选择，去专卖店还是去商场？去哪家商场？再次是时间的选择，能不能赶上商场的打折促销活动？打折促销的积分和返券怎么用才能获益最大化？具体挑选的时候，各种颜色、款式、质地令人无法取舍，还要考虑到服装的搭配和他人的评价。眼花缭乱的商品，让人们深陷其中难以自拔，而这还只是都市人生中种种烦恼的沧海一粟。

《庄子·内篇·齐物论》中讲述了一个"狙公赋芧"的故事。养猴子的老头儿跟猴子们说："早上给你们三升橡子，晚上给四升橡子，怎么样？"猴子们听了大怒。老汉说："那这样吧，早上给四升橡子，晚上给三升橡子。"猴子们听了欢呼雀跃。实际上，一天中给猴子们的橡子的总量并没有变化，只是形式变化了，带来的却是完全不同的反应。

"是亦彼也，彼亦是也。彼亦一是非，此亦一是非。果且有彼是乎哉？果且无彼是乎哉？彼是莫得其偶，谓之道枢。枢始得其环中，以应无穷。是亦一无穷，非亦一无穷也。故曰：莫若以明。"（《庄子·内篇·齐物论》）意思是说，此也是彼，彼也是此。彼有一是一非，此也有一是一非，果真有彼此之分吗？果真无彼此之分吗？彼此都没有它的对立面，这就是物通为一的规律。符合道的规律才能得到它运转的原理，以顺应无有穷尽的发展变化。是的发展变化是无穷尽的，非的发展变化也是无穷尽的，所以说不如以空明的心境去观照事物的实情。这种空，是一种接纳的状态，是对生命中任何事情的无条件接纳。

所有世情中的烦恼，大多是由人的执着造成的。概念之间的差别并没有那么大。"庄周梦蝶"的故事诠释了这层"物我齐一"的思想。庄子说自己梦中变成一只翩翩飞动的蝴蝶，醒来后就糊涂了，不知道哪一个是真正的自我。这就叫作泯灭物我之间的界限，物我合化为一。其实，庄子是在启示我们：物我之间、梦醒之间、现象和本真之间在更加宏阔的时空观念之下，其差别根本不值得介意。因此，世间的荣辱短长又何必耿耿于怀呢？

戴晋人对梁惠王说："您知道有一种名叫蜗牛的小动物吗？"

梁惠王回答："知道。"

戴晋人又说："蜗牛的角上有两个国家，左角上的叫触国，右角上的叫蛮国。这两个国家经常为争夺地盘而发生战争。每次战争发生后，尸横遍野，死亡好几万人；取胜的国家追赶败军，常常要十多天才能回来。"

梁惠王说："呀！这是你胡编的吧？"

戴晋人说："请允许我来为您证明。您的想象在无限广阔的宇宙中有边界吗？"

梁惠王说："没有。"

戴晋人说："您的想象在宇宙中任意驰骋，而一回到现实中，您能够到达的地方却只限于四海九州之内。拿现实的有限与想象的无穷相比，岂不是若有若无、微不足道吗？"

梁惠王说："你说得对。"

戴晋人说："在我们所能够到达的领域里有一个魏国，魏国迁都大梁后才有梁国，有梁国才有梁王。梁王与蛮氏，有什么不同吗？"

梁惠王想了想说："好像没有什么不同。"

戴晋人走了以后，梁惠王情绪低落，有一种惘然若失的感觉。

的确，看似轰轰烈烈的追求，不过是蝇头蜗角罢了。

万物皆一

"自其异者视之，肝胆楚越也；自其同者视之，万物皆一也。"（《庄子·内篇·德充符》）这句话道出了在对世界的认识上"小我"与"大我"的差别。俗情的烦恼，多是执着于小我的视线之中，无法超脱自己的局限造成的。只要我们站在稍微高一点的层面上，就会发现之前的所有忧患与陷溺都不足道了。苏轼在《前赤壁赋》中说："客亦知夫水与月乎？逝者如斯，而未尝往也；盈虚者如彼，而卒莫消长也。盖将自其变者而观之，则天地曾不能以一瞬；自其不变者而观之，则物与我皆无尽也，而又何羡乎！"从变化的角度讲，河水每时每刻都在发生变化，但不变的是它亘古奔流一去不返的一维性。月圆月缺，牵动着人们的情绪，但月亮最终并没有实质的增减。按照庄子对生命的解释，人也只是大化中的一个参与者而已，没有开始，没有终结，只有形态外观的变化而已，正如那流水与明月。人的贫富荣辱、宦海浮沉，正如水的涟波浪潮、月的阴晴圆缺，何足介怀？外物不一定必在身体之外。那些你无法控制而又迫切想要得到的东西，即便存于你的心中，也是消耗你精神的外物。人不能过于执着某个目标，以至于生出种种烦恼。苏轼年少的时候第一次读《庄子》后慨叹道："我过去心中有些想法，但口里表达不出来，现在读到的这本书，实在是写到我的心坎儿上了。"苏轼的一生中，无论遇上何种挫折，他都把庄子的思想作为精神源泉。在他的散文名篇《记游松风亭》中，他用爬山的故事诠释了庄子的思想。有一天，苏轼要到山上的松风亭去。他爬了半天，累得气喘吁吁，看那亭子仿佛还在树尖上一般。他心中思量：这得什么时候才能走到啊？可是他转念一想：为什么不能就在这里停脚休息一下呢？念及于此，心下大为解脱。他又想到：战鼓咚咚，两军对垒，向前则被敌人杀死,退后则被军法处置,在这个时候,何不就在战场上大睡一觉呢?

苏轼被贬官到广东惠州,最初也想不开,但后来转念想到:倘若我本身就是个广东秀才,又从未中第,不就是现在这个状态吗?于是烦恼也就解除了。

因此,现代人也应该读《庄子》,学苏轼,做一个洒脱自在的人。

坐忘

回归生命的原点

"坐忘"是庄子在《庄子·内篇·大宗师》中假借孔子和颜回之间的师徒对话提出来的。

颜回来找孔子汇报学习心得,说:"回益矣。"("我这几天有进步。")

仲尼曰:"何谓也?"("具体说说!")

颜回说:"回忘仁义矣。"("我已经可以忘掉仁义了。")

孔子曰:"可矣,犹未也。"("可以了,但是程度还达不到。")

孔子是很会教学的,懂得循序渐进地启发、鼓励学生。

果然,颜回过了几天又向孔子汇报自己进步了。

孔子问他详情,颜回说:"回忘礼乐矣!"("我已经可以忘掉礼乐了。")

孔子还是说:"可矣,犹未也。"("可以了,但是程度还达不到。")

过了几天,颜回又来了,说自己已经可以"坐忘"了!

这个概念一提出,连孔子都吃了一惊,好奇地问:"何谓坐忘?"

颜回说:"堕肢体,黜聪明,离形去知,同于大通,此谓坐忘。"颜回已经从抛弃仁义礼乐推进到遗忘肢体智慧了,这让孔子大为赞赏,甚至要追随他修炼。

孔子说:"同则无好也,化则无常也。而果其贤乎!丘也请从而后也。"意思是说，同于大通，就是同于大道，就没有偏好了；同于大化，也就不受常情的困扰了，抛开了个人的偏好和常情的干扰，那确实是个得道的高人啊！我请求你允许我拜你为师吧！这则故事显然是庄子改编的，礼乐教化是儒家的根基，孔子和颜回是绝对不会忘记的。不过，这种"改造"是可以找到一些蛛丝马迹的。在孔门弟子中，淡泊的颜回在性格上和思想上是最接近道家的，而孔子也曾经表示过对老子的礼敬。在《庄子》一书中，这就是借寓于一个故事的言说——重言，即借重于思想名流的言说进行的一种道家化、庄子化的改造，将儒家人物拿来参悟修道。

"坐忘"一说就出自这里。坐忘，主要指"离形"（堕肢体）、"去知"（黜聪明），精神不受感受和知识的困扰。坐忘是忘记形体、忘记自我的功夫，是庄子求得心灵解脱的一大法宝。

忘仁、义、礼、乐

坐忘的第一步，是忘仁、义、礼、乐。

"相濡以沫，不如相忘于江湖。"泉水干涸了，鱼儿们被困在陆地上。面对死亡，它们互相用嘴中的泡沫濡湿对方的身体，这是多么令人感动的画面。但在庄子看来，比这样令人感动的画面更宝贵的，是它们在江海中自由游动的场景。也许在那个时候，它们已互相忘记，但它们的生命是自由的。

关于"忘"字，庄子还有一段重要的论述："以敬孝易，以爱孝难；以爱孝易，以忘亲难；忘亲易，使亲忘我难；使亲忘我易，兼忘天下难；兼忘天下易，使天下兼忘我难。"（《庄子·外篇·天运》）

用礼敬来尽孝容易，但用仁爱来行孝就难了；用仁爱来行孝容易，但让父母没有可挂念之处就难了；安置好父母容易，但让父母不牵挂我就难了；让父母不牵挂我容易，但使天下安适就难了；使天下安适容易，让天下最终再忘掉自己就更难了。

是啊，尊重父母的表面功夫肯定要比心疼父母这一内心涵养容易，做好自己的事情让父母不牵挂自己肯定要比牵挂父母困难，做成一件有益于社会的事本不容易，还不留下自己的个人印记，这样高的境界肯定要更难。

这便跟颜回说的忘仁、义、礼、乐异曲同工。

而忘记仁、义、礼、乐，只是处在第一层次，第二层次就是忘记身体和思维。

如果说第一层次是教人遗世独立，那么第二层次就是教人忘我归真。

忘肢体、思维

忘我归真的状态，正如《庄子·内篇·齐物论》中所描述的那样，是吾丧我，是形如槁木、心如死灰，是超越了地籁和人籁，从而听到了天籁之音。

坐忘，正如西晋郭象所注："内不觉其一身，外不识有天地，然后旷然与变化为体而无不通也。"还如东晋陶渊明所说："纵浪大化中，不喜亦不惧。"坐忘的最终目的，是同于大通、归于大化，把自己全身心地投入到道的体验中去。道，才是真正的"大宗师"。坐忘最终也真的成了道教的修炼术。

坐忘，很自然地让人联想到"坐禅"。禅是什么？禅是"思维修"，即禅定，通过打坐实现的精神修炼。坐禅与坐忘的指向是不一样的。禅宗认为，人人皆有自性真如，人人皆可见性成佛，因此坐禅所见的不是客观之天道,而是主观之真我。坐禅应该体会到的是有无双遣之空,而坐忘体会到的是道法自然。

庄子的理想人格,可以概括为"至人无己,神人无功,圣人无名"(《庄子·内篇·逍遥游》)。

反过来讲,"无名"是不要为虚名所累。在庄子看来,历代的"忠贤",比如夏朝的关龙逢、商朝的比干等,都是"好名者也"。尧想把天下让给许由,但许由认为天下可以无为而治,又何必去要天子的虚名呢?所以他拒绝了尧。

"无功",就是无为而治,指不要为了利禄的目的而戕害自己的生命。比如尧、禹这些儒家所谓的圣人,都曾经进攻别国,"用兵不止,其求实无已"(《庄子·内篇·人间世》),庄子主张"无为谋府,无为事任"(《庄子·内篇·应帝王》),破除一切功利观念,不要为概念性的东西伤害到自己个人在文化中的自我保护问题。

如何在现实人生中摆脱心灵的桎梏,"坐忘"是庄子苦苦寻觅的答案。

心斋

怎样扫除心中的杂念

"心斋"是一个和"坐忘"经常放在一起而提的概念,他们都是道家修炼的功夫,是庄子在《庄子·内篇·人间世》中假借孔子与颜回的对话提出来的。

有一段时间,颜回感到自己的学习没有进步,便去请教孔子。孔子给他的建议是"斋"。颜回说,我家里穷,已经很久不吃肉了。孔子说,这种是身斋,即祭祀之斋;我们要做的是"心斋",即心灵之斋。

颜回没有听懂,便向孔子继续请教:"敢问心斋?"

孔子回答说:"若一志,无听之以耳,而听之以心;无听之以心,而听之以气。听止于耳,心止于符。气也者,虚而待物者也。唯道集虚。虚者,心斋也。"虚之所以是心斋,是因为虚是道的集合点:唯道集虚。

各种无形之道,充盈于虚空之中,而虚空对外物的召唤力,就是气。气是一种宇宙能量。气"虚而待物",是万物的集结号。

要想把自己接入这一宇宙能量,就要打破心灵的束缚。"无听之以心,而听之以气",要打破心灵的束缚,首先就要建立心灵的活动,要摒弃感官信息的接受。所谓"听",即体察、感知,不仅关闭视觉和听觉,还要关闭触觉、嗅觉,要聚精会神(就是心斋的起点,即"一志")地去感知,去感受一种心理能量,直到这种心理能量与宇宙能量完全接通，自己与天地自然融为一体。这是心灵的功夫，过程是"虚"，目的是"斋"，就是戒除人世间的喧嚣，进入一种内心空灵的状态，但这种空灵又有一种可以容纳万有的饱满之感。

如何做到"心斋"

宋朝胡仲弓有首《一志》诗："念头才起处，此一常分明。其中有主帅，谈笑驱五兵。""志"意为思想、意念。要找并树立起"志"这个主帅，并且坚定地秉持它，才能拒绝五官受到的干扰，走上体"道"的路径。

当我们进行精神修炼的时候，首先会感知到外在的压力，如亲朋的呼唤、责任的要求、不同的意见、自我经验的内在反驳等。我们平时用行动不断去缓解外部的压力，但若是行动中止了，压力肯定随之而来。若是屈服于压力，我们就会立刻去回应那些问题，这其实是还没有进入自己的内心，就先叛逃了，重新回到一种忙忙碌碌而又浑浑噩噩的状态了。

所以，必须要超越感官，听之以心，去听听你的心要的是什么。

你想要什么，不是别人规定的，而是你生来决定的。正如苏轼在《临江仙·夜饮东坡醒复醉》里所写的："长恨此身非我有，何时忘却营营。夜阑风静縠纹平。小舟从此逝，江海寄余生。"我们内心想要的是自由、天性的解放，但是，外在的环境已经把这些要求牢牢地尘封了起来。因为我们需要方方面面被认可，我们要考虑太多不同的声音，而就是这个被认可的追求，毁掉了我们内心的要求。

然而，我们的内心真的有最终的凭依吗？

庄子不认为能找到，他说："心止于符。"（《庄子·内篇·人间世》）符，就是符记，即有形之物。心的功能止于对有形之物的整合与归类。心，就是思维。

对物的划分，是自心之道，虽然它能化解很多内心集聚的负担，但不产生任何能量。而气则不同，气虽在虚处，是道之所集，不可道说，不可命名，却给人生机和活力。

这就是心斋的结果。进入了这一境界，时光既不会在后面推着你，也不会在前面拉着你，全凭你的感受。

常人之情，于其所恋之事，不是留恋于以往，就是盼望于未来。这实际上关乎时间，并不关乎对象。过去永不再来，未来也不可设计。离开了时间，将所恋之事孤立起来，那就既无失去也无获得，就是一种恒定的存在。

常人之情，于其所恋之人，不是忘怀于已经拥有，就是耿耿于永远失去，这实际上也是关乎空间，非关乎对象。当身边之人离去，你就会发狂想念；若是伊人到来，你可能又会心生厌倦。离开空间，那就既无选择也不放弃，所恋之人就是与你同行的一个生命。

常人之情，本身也是一种生命的能量，不顺应宇宙时空的自然，就会被宇宙时空抛弃。

我们的人生，大体是消耗在情感、情绪与时空压力相对冲的能量场中了，如果不通达于大道，个人的那点能量很快就会被耗散。只有在自我和自然之间不断交换立场去思考一些问题，才能获得长久的平和与快乐。

心斋，就是这样一个交换的过程。它不是人与人之间的换位思考，也不是人与物之间的换位思考，甚至不是心与道之间的换位思考，而是自我与自然之间的换位思考。在时空运作的宏大叙事中，找到个人传奇的有限可能。

无用

无用之用为大用

无用,有三重含义:一是没用,二是不用,三是大用。

没用

所谓没用,是你见闻不到之处的用处。

道,正是在你关注不到的地方持续起作用。充分地调动意识去连接外物,体会到感官的局限,明白无用之用,这是庄子提醒我们的"人皆知有用之用,而莫知无用之无用也"(《庄子·内篇·人间世》)。

"无用"和"有用"是相对而言的。《庄子·杂篇·外物》中,惠子跟庄子说"子言无用"。庄子说:"知无用而始可与言用矣。"(要明白什么是无用,才能搞清楚真正的用)庄子说:"天地非不广且大也,人之所用容足耳,然则厕足而垫之致黄泉,人尚有用乎?"惠子曰:"无用。"庄子曰:"然则无用之为用也亦明矣。"大地是广大的,但对于人来说,只需要一方立足之地就足够了。但是如果把你站脚以外的地方全部挖空,直至黄泉,你这个人完全不能行动,你就成了无用之人!无用的作用,就表现在这里。

无用就是无形之用,你看不到它,可是那些有用的空间、形状,都需要它的填补才能发挥作用。比如,我们进入一间教室,可能只意识到讲台和座位是有用的,但要是没有大门和过道,那些讲台和座位又有什么用处呢?

对于我们的人生而言,最好是处于"无用之用"的身份,你看不到我的用处,但又离不开我,那就是最安全的状态了。

不用

所谓"不用",就是不为名利所用。

庄子在濮水边钓鱼,楚王派人用高官厚禄来聘请庄子,庄子拒绝了。庄子说:"我听说你们楚国有一只神龟,死了三千年了,龟壳被楚王供奉在庙堂。站在这只龟的角度,它是愿意这样死了被尊奉,还是愿意一直在水中快活地摇头摆尾?"使者当然肯定后者。庄子说:"我也不想做名利的牺牲品啊,我宁肯做一个快活的穷汉!"

同样的故事在《史记》中则有另一个说法。庄子的回应更有趣。他说:"你没看到那头被牵到郊外用作祭祀的牛吗?虽然给它披红挂彩,可是它的生命马上就要完结了啊。那头牛肯定想:我宁肯不要这些豢养和虚荣,我只想做一头可以疯跑的牛。"

庄子"无用"思想的形成,起源于战国时期征战不休、民不聊生的时局。在庄子生活的时代,有两件事足以令他动心:一件是他的国家宋国的破败和灭亡,这使得他对功业的建立不再抱有信心;另一件是孙膑被废掉双脚,这是令当时整个士人阶层寒心的惨烈事件,其有力地支撑了庄子隐逸保身的主张。尽管他面黄肌瘦身着破衣烂鞋,朝不谋夕,但毕竟在乱世中觅得了一份坦然和天真。然而,庄子又能如何呢?没有圣王可以期望,没有道德可以秉持,没有公道可以维护,整个社会,无法、无天、无道,做得越多,对生人和自己的危害就越大,不退避又能如何?

无用，是针对乱世的良方。但若治世，无用就不合适了。其实庄子也并非执着于无用，而是倡导"游刃有余"，在夹缝中求生存，与各种关节巧妙周旋。

大用

其实，不管是无用还是有用，庄子都不是从墨子的天下、儒家的天子，甚或是老子的天道来考虑的，而只是从珍爱生命本身的角度来考虑的，提醒人们去思考自己的行为究竟值不值得。

大用，即发现无用之物的潜在价值，而且是巨大的潜在价值。

庄子对惠子讲过一个怎样运用大用的故事。庄子说宋国有一户世世代代以漂洗丝絮为业的人家，善于调制一种不冻手药物（可以理解为一种冻疮膏）。这个传有秘方的家庭却只将药物发挥它维系职业的作用。有个游客听说了这件事情，愿意出百金的高价买断这家的秘方。于是这一户人家开了一次家庭会议，他们算了一笔账：我们家世世代代在这条河水里漂洗丝絮，所得不过数金，现在一下子就可以卖到百金！于是他们把药方卖给了这个游客。

游客得到药方，就去游说吴王。这时越国出兵攻打吴国，于是吴王就派这个游客统率部队前去迎战。又碰巧是在冬天，吴军与越军在水上交战，结果大败越军。虽然庄子没有明言，但防治冻疮的百金药方显然发挥了作用。战争胜利后，吴王割土地来封赏这位游客。庄子的结论是：能使手不皲裂的药方是同样的，有的人只能靠它漂洗丝絮，有的人却用它立下大功，获得了封地。使用的方法不同，结果也不同，宋人就是不懂无用之大用，拙于用大啊！

逍遥

如何自在地行走于世间

　　逍遥，指人的精神的绝对自由。庄子认为只有达到无所依赖，才能实现自由。庄子，就是一个接近自由的人。正如钱穆先生在《庄老通辨》中所说："庄子论人生修养，开宗明义，已见于其内篇首篇之《逍遥游》。悬举二字，曰大曰游。彼盖刻意求大其心胸，以遨游于尘俗之外。是亦有意于求其内心之无限自由伸舒，而不受任何之屈抑与转移也。"要了解庄子终极的心灵境界追求，《庄子·内篇·逍遥游》需要反复品味。

　　庄子聪明睿智，才华横溢，却又衣衫褴褛，衣食无着。他盘着腿坐在家门口的门槛上，他拉着车奔走在乡间的驿路上，他滔滔雄辩于哲人和诸侯之间。

　　庄子家境贫寒，所以向监河侯借贷粮食。监河侯说："好吧。等我收到封地的赋税，就借给你三百金，可以吗？"庄子气得脸色都变了，说："我昨天来时，半路上听到呼叫声，我回头看了看车辙沟，里面有只鲫鱼。我向它问道：'小鲫鱼啊，你在这里做什么？'它回答说：'我是东海水族的一个臣子，你能用斗升之水来救我吗？'我说：'好的。等我去南方游说吴、越两国的国王，再引出西江的水流来迎接你，可以吗？'鲫鱼气得脸色大变，生气地说：'我丧失了时常伴随我的水，已经无处存身。我只要有斗升多的水就可以存活，你却如此说话，还不如早点到干鱼市场里找我。'"

庄子穷得很有骨气。一次，他穿着带补丁的衣服，拖着一双草鞋去见魏王。魏王说："何先生之惫邪？""惫"，疲惫中带着点儿狼狈。但庄子纠正说："我是贫穷，但并不疲惫。"贫穷是物质层面上的概念，庄子必须承认，但在精神上，庄子是活泼而富足的，所以他并不疲惫。

庄子的行为信条一直是坚定的。庄子生活的时代，诸侯用所占有的统治权吸引人们去争权夺利，儒家以所占有的话语权引导人们去遵循仁道。如果庄子肯依附他们，就有太多的机会直达卿相之位。但在庄子看来，这些都是戕害人的自然生命的东西。

庄子有一个经常与之辩论的对手，叫惠子。惠子是名家的代表人物，庄子说惠子"学富五车"。一次，庄子拜访身处相位的惠子，结果弄得对方惊恐万状，在境内搜捕了他三天三夜。庄子突然自己出现了，他用寓言的方式告诉惠子，高洁的鹓鶵根本就不会去吃地上的腐肉，地上的猫头鹰却在那里紧张地发出"吓"的声音，其实根本没有必要。意思是说，自己根本没把惠子的相位当回事儿，只是惠子自己太看重那些东西罢了。

庄子的性格豁达通透，他看透了地位和金钱给人带来的危险和束缚。庄子认为富贵者劳神累心，财富不得尽用，徒然伤害自己的身体。"生人之累"（《庄子·外篇·至乐》）是人们苦闷的主要根由。庄子倡导"物物而不物于物"（《庄子·外篇·山木》），就是说要利用外物，而不应被名利所奴役和控制。

从前有个人拜见宋王，得到宋王赏赐的十辆车子，他用这十辆车子向庄子夸耀。庄子说："河边有户贫穷的人家，依靠编织芦苇来生活。他的儿子潜入深渊中，得到一颗价值千金的珍珠。他的父亲对这个儿子说：拿石头来锤破它！这价值千金的珍珠，一定在九重深渊骊龙的颔下，你能得到珍珠，必定是遇到骊龙在睡觉。假使骊龙醒着，你还能得到什么呢？现在宋国危机深重，不止如九重的深渊；宋王的凶猛，不止于骊龙。你能得到车子，一定遇到宋王在睡觉；假使宋王醒着，你就要粉身碎骨了！"人们常常只见物之好，而不见物之祸，从庄子这个寓言中我们应当有所领悟。

摆脱了名利，还要摆脱形相的干扰。

怎样可以忘却"形"之"相"，而达到"神"之脱？

明代徐渭在《坐卧房记》中认为，足不出户，全凭神游，这才是最大、最迅捷的"动"。所以身居斗室，也能超越时空限制，得到大道的讯息。

随遇而安，处之泰然，就是庄子的人生状态。庄子说："知其不可奈何而安之若命，德之至也。"（《庄子·内篇·人间世》）要做到这一点，就要"安时处顺"，不违背天道，不对抗人意。

从本质上来讲，这是一种"游世"的艺术。庄子认为："人能虚己以游世，其孰能害之？"（《庄子·外篇·山木》）庄子的生活，总是与现实之间有所间隔，他不愿沉溺在任何一种被人为建构起来的文化体系中，不是生活在任何一个具体的时代，这使他的生命有了一种恒久的存在，他不仅活在战国时期，也活在老子所讲的"小国寡民"的上古时期，更活在五色喧嚣的当下。

庄子描绘了"神人"的境界："藐姑射之山，有神人居焉。肌肤若冰雪，绰约若处子；不食五谷，吸风饮露；乘云气，御飞龙，而游乎四海之外；其神凝，使物不疵疠而年谷熟。"（《庄子·内篇·逍遥游》）神人的居所是虚无缥缈的，肌肤是晶莹洁白的，身形是曼妙婀娜的；他不吃五谷，吸风饮露；他驾着飞龙遨游于四海之外，神力可以让万物自化于大道。这就是庄子所追求的人生啊！

庄子认为来世不可期待，往世不必追怀，今世的快乐，就在于达到"心斋"与"坐忘"的境界，做到"无待"的自由。《庄子·内篇·逍遥游》中说："若夫乘天地之正，而御六气之辩，以游无穷者，彼且恶乎待哉！""待"是条件，是依凭。"有待"，就是像列子一样仍需要御风飞行；而"无待"，就是像鲲鹏一样翱翔万里却不凭借云气。

人也是一样，能够拥有强大的智慧和自制力，不依凭任何人和任何环境，才是一种精神自由的人生。

庄子认为人类早就迷失了本性，离开了原来的至道的境界。因此，所谓修行，就是返回原始境界，返回无为的状态。无为不是消极地放弃，而是积极地排斥，这样便可以进入理想人格的境界。诚然，极致的自由只是一种想象，但能够少些投机钻营，少些阿谀奉承，少些苟且逢迎，就已经是超脱了。

养生
寻找最适合的生活方式

我们经常说养生,主要是为了调养身心,以求健康长寿。庄子的养生观,则是以避祸存身为前提的。庄子在生死观上,秉持着一种顺随自然的态度,他并不像普通人那样悦生恶死。死是不可避免的,但生的执着和企望应该是什么呢?庄子的回答和其他诸子并不相同。在庄子看来,儒家追求的名、墨家推崇的义、法家崇尚的权和纵横家追逐的利,都是伤害本性的毒药,是赘生的负担。

那么,庄子的基本生活目标是什么呢?

"可以保身,可以全生,可以养亲,可以尽年。"(《庄子·内篇·养生主》)保护身体,保全天性,奉养双亲,然后享尽天年,这就是答案。

庄子人生观的核心,就是启发人们去发现桎梏、戕害我们的政治和学说,希望人们可以通过庄子式的嘲谑而获得从精神上到肉体上的解脱,获得最终的自由。可这并不容易。总体说来,我们面临的挑战有三个方面:财富、功名和情感。

财富的贪求

从"王"到"天子",这一概念差别,造成了庄子所生活的战国中期残酷的社会现实。诸侯王之间的征战,导致了民不聊生。无耻者暴富,訾骂者尊显。这个社会燃起的熊熊物欲,激发着人们去亡命奔逐。

庄子知道，这一切都是由人本性中的贪欲导致的。他认为，这种贪欲是不可能从根本上改变的。他没有像其他哲学家那样，尝试用感染、教育、惩戒等手段来改变他人，他只改变自己。

庄子思想提供给我们的，固然包括对弱者、失败者的心理慰藉，更主要的是对强者欲望的约束。面对唾手可得的名利，能够约束住自己的贪欲，从而减少对生命本体和本真的污损，这是难乎其难的。

人人都明白贪欲的害处，但最难以解脱的又恰恰是贪欲。庄子讲了一个"'无足'与'知和'议富贵"的寓言故事，用以表述他的观点。故事中的"无足"，代表贪财无厌之人；"知和"，代表明晓和谐之人。二人各抒己见，讨论如何看待富贵的问题。

首先由"无足"提出问题。他看见"知和"不求富，不逐贵，一切都顺其自然，凡事皆能和谐共处，感到不可理解。因为在他看来，人们都是追求名利富贵的，一个人富有了，别人就会归附他、尊敬他，在他面前低三下四，而他自己得到这样的待遇，就会快乐、健康和长寿。"无足"以小人之心度君子之腹，以为"知和"与自己的观点不同，不是因为智力不足，就是由于能力不足，却没想到"知和"讲出了另外一番大道理。

"知和"说，当今一些人，知名富人与自己同年而生、同乡而居，就引以为豪；而当自己也富起来时，就更加忘乎所以了，误认为自己真的是超世绝伦。他们哪里晓得，这正是不明正道、不通古今、不辨是非的庸俗之见。他们把最珍贵的东西忘掉了，把最尊敬的东西抛弃了。只从他们自己的感受出发来谈论快乐、健康和长寿，这离真正的快乐、健康和长寿不是很远吗？只有将悲惨与困穷、悠闲与安适置于身外，将惊慌与恐惧、欢欣与快乐置于心外，才谈得上真正的快乐、健康和长寿。上述那些人只知道自己在做什么，而不知道自己为什么这样做，就是贵为天子，富有天下，也难以免除自己的祸患。

"知和"的一席话只是一个引子，还没有做出具体论述，所以"无足"难以领会。然后"无足"提出了两个反对的观点：其一是富有对人是很有益处的，其二是追求富贵是人的本性。"无足"认为，节衣缩食是在残害身体，这样的生活就像人病危之际但却未死，这不是正常的生活。

"知和"认为，"无足"之所以以贫为病、以穷为危，关键在于没有弄清楚什么是"福"，什么是"害"，不懂得超出自然需求之外的财富对人的危害，于是他着重讲述"福"与"害"的区别，并且系统地罗列了余财对人的危害。

最后"知和"说，需要什么就索取什么，所取的东西与所需的东西相适应，这就是福；不需要的东西也去追求，求得的东西大大超过了自己的需要，这就是害。不管是什么，多余了都是有害的，财富多余了更是这样。人们每日沉溺于名利的欲望之中而不能自拔，不是太糊涂吗？

实际上，个人能享有的财富是有限的，执着的财富追求只有建立在不断扩大享有群体的基础上，才能无伤于自己的身体。

功名的桎梏

如果说在财富的辩证上我们强调的是有限和适度，那么在功名上强调的则是看好治乱兴衰的大局势。庄子的思想是针对乱世的"负负得正"。着眼于乱世，庄子对功名的极端反对是有一定道理的。

事实上，在基本的生活目标之外，功名的牵累更令人疲惫，无所适从。

功名有两重动机，一是主动的欲求，二是被动的保有。

"春秋无义战"，在那个时代，越深入参与社会，对苍生和对自己的伤害就越深。所以，在那样一个动乱的时代，主动地追求功名是不可取的。

庄子说："彼窃钩者诛，窃国者为诸侯。诸侯之门而仁义存焉，则是非窃仁义圣知邪？"（《庄子·外篇·胠箧》）最可怕的不是权力本身带来的政治压迫性，而是权力本身拥有的道德裁定权。这是人生存在这个世界上的双重困境。在一个混乱的时代，被动地保有声名也是徒劳的。

解决之道是什么？就是连这点功名之心也放弃掉。对于权力、财富和名声，采取不向往、不介意的态度。为了这些荒谬的话语搭上一生不值得。

养生之道

在当今社会中生存，虽物资丰富，但资讯纷扰，我们往往被各种欲望裹挟着，身心俱疲地奔跑着。如何应对现状呢？庄子说："水静则明烛须眉，平中准，大匠取法焉。水静犹明，而况精神！"（《庄子·外篇·天道》）水面只有在平静的时候，才能清晰地映照出我们的眉目面容，才能作为工匠取平的准则。人们的精神世界也是如此，只有清静下来，才能明晰洞察。

但是，我们在许多时候都无法做到心神宁静。《庄子·外篇·达生》中讲了一个齐桓公见鬼的故事。有一次齐桓公出门打猎，看见一个怪物，以为是鬼，回来后心神不宁，不久就生病了。当时齐国有一个贤人叫皇子告敖，他对齐桓公说："您这是自己伤害自己，鬼怎么能伤害您呢？"我们现在很容易理解这个故事，鬼是虚无的，真正让齐桓公生病的，是他生出的种种恐惧和忧虑。但我们又何尝不是像齐桓公一样，常常会陷入各种虚妄中进行自我戕害？我们对知识过度焦虑，对财富过分贪求，就如同齐桓公见到"鬼"一样，心神不宁，精神上陷入一种病态。

这时候，我们就需要凝神静气，重新思考：生的执着和企望究竟是什么？说到根本，全生、养亲、尽年，不只是庄子的目标，也是所有人的基本目标。在这个目标体系中，出发点和核心肯定是全生，全生才能养亲、尽年。所谓全生，就是保全天性。

庄子说：鸭子的腿虽然短，但如果给它接上一段它就会忧愁；仙鹤的腿虽长，但如果给它砍去一段它就会悲伤。全生，就是要保全万物的自然本性。

在这个标准化的时代，人的个性正在承受着极大的挑战。大工业生产时代的最大特征就是大规模地复制和标准化作业，最不利的就是人的个性发展。但失去了个性的人，能算在这个世界上活过吗？丢失了个性，也就迷失了本性、遮蔽了天性，这是违背养生之道的。

庄子的养生之道总结起来就是：充分地认可和尊重个体的差异，适度地吸收生活所需，在环境和条件许可的情况下，尽力满足亲人乃至天下人的需求。

贵真
保持内心的天真

从本质上来说，真，是对个体生命的关注，是对生命意义的张扬。

贵真，就是以真为贵，不崇尚世俗的、虚伪的美或者善，而是以真为大美、至善。

贵真，就是要打破一般人眼中的美和善的观念。因为有了审美、崇善的标准，就会带来审丑、扬恶的眼光。

丑的价值

人人所厌弃的丑，在庄子眼中有何价值呢？我们可以从他刻画的那些丑人来探讨。

丑人，在庄子笔下可以称为畸形的人，他们大多数是不同流俗的人。庄子喜好并擅长刻画畸人形象。《庄子》一书中累计有十一个这样的人物，仅是《庄子·内篇·德充符》一篇就集中塑造了六个；《庄子·内篇·养生主》《庄子·内篇·人间世》《庄子·内篇·大宗师》《庄子·外篇·达生》《庄子·外篇·至乐》五篇中各一个，分别是右师、支离疏、子舆、佝偻丈人和滑介叔。

畸人的外形是丑陋的，但是真正的有道之士不应该对人的外貌存在分别之心。申徒嘉与子产同在伯昏无人门下。子产是郑国的执政大臣，而申徒嘉只是一个断了脚的人。子产不屑与他为伍，主动找碴儿，告诉申徒嘉要自觉地回避他。申徒嘉说："吾与夫子游十九年矣,而未尝知吾兀者也。今子与我游于形骸之内,而子索我于形骸之外,不亦过乎!"(《庄子·内篇·德充符》)伯昏无人之门是一道讲求内心修为的道德之门,这是脱离形骸的境界。在老师伯昏无人的门下,十九年师生之间都没有分别之心,然而子产还在斤斤计较于地位和形貌,借此讨厌跛足的申徒嘉,可以说"登堂也,未入室也"。听了申徒嘉的教训后,子产大为惭愧。这种境界,是每个文明人都应该心向往之的。

有些畸人,虽然外表丑陋,但具备高尚的品德。哀骀它是卫国有名的丑人,丑得令人惊骇,又没有什么惊天动地的功业或言行。但是男人们都愿与他为友,女人们宁肯放弃给他人做妻子,也要给他当妾。这引起了鲁哀公的兴趣。于是鲁哀公把哀骀它请来。他们交往不到一年,鲁哀公竟然把国家政务全部委托给他。这令鲁哀公自己都感到诧异,于是便去向孔子请教。孔子说,他是一个"未言而信,无功而亲""才全而德不形"的人。"才全",指不为外界变化所动的内心平和;"德不形",是不着形迹的纯美修养。大抵生来不完美的人反而会少了一些求全责备的负担,少了一些事事要强的执着。《庄子·内篇·人间世》中还写到了一个奇丑的支离疏。他是个佝偻病人,他的面颊缩在肚脐下,肩膀高过头顶,颈后的发髻朝天,背脊间五脏的穴位朝上,两条大腿和胸旁肋骨相并。他靠给别人做零工生活,却养活了一家十口。不论政府征发兵役还是徭役,都不会想到他,但发放柴米的时候他却都可以领到。最终他竟然能够全生、养亲,尽享天年。

这让人联想到屈原。《离骚》开头屈原写自己是古帝高阳氏(颛顼)的子孙,出身好,名字也好,先天的素质占全了;"纷吾既有此内美兮,又重之以修能"(《离骚》),后天的才华也完备了。

他出仕，完全不抱有边实践边学习的态度，只是唯恐草木零落、美人迟暮，在时间飞逝的焦灼下要对楚王"导夫先路"。这种对自己完美的叙写，正和那些"畸人"相反，而他在人际关系中所遭受的冷落和内心不断的煎熬，和哀骀它在鲁国所得到的待遇及其心境完全相反。

民心看似无形，却"无用"中有"大用"，忽视了它，你什么事情也做不成。而往往是无用，能得到无心的民意，成就自己的"大用"。

对内在德行的完美要求令人如此疲惫，对外形的完美追求亦是同理。

于普通人而言，对身体的介意和忧怀也大大增多，很多人为此耗费了大量的时间和精力，更有甚者还对皮肤和健康造成了不可逆转的伤害。其实，你的外形越是完美，期待你出场的理由就越会增多，倾注在身上的关注就越会是一种负累。

庄子在《庄子·内篇·齐物论》中说："毛嫱丽姬，人之所美也；鱼见之深入，鸟见之高飞，麋鹿见之决骤，四者孰知天下之正色哉？"美是相对的，在人群中觉得已经是绝色的美女，在鸟兽的眼中，她和别人没什么差别，对立的概念之间都可以在更高的层级上相互转化。

恶的力量

《庄子·杂篇·盗跖》中有这样一个故事：孔子的好朋友柳下季有个弟弟叫盗跖（那时候的普通人一般用职业加名字来称呼），是个穷凶极恶的江洋大盗。孔子觉得，柳下季作为哥哥怎么可能管不了亲弟弟呢？于是自告奋勇说去帮他说服盗跖！柳下季极力劝阻，孔子就是不听，仗着自己一向成功的经历上路了。

相遇时，盗跖正好在山坡上休息，炒着人的心肝吃。孔子称呼盗跖为将军，装模作样地要求见盗跖，以大礼参拜他。盗跖一听是孔子来了，怒发冲冠，眼睛瞪圆说："这不就是鲁国的天下首骗吗？他摇唇鼓舌，搬弄是非，迷惑世人，罪大恶极，让他赶紧走，不然我把他的心肝也挖来炒了下酒！"

孔子知难而进，再次求见。盗跖也算给足了面子，允许他来见。

孔子迈着小步做出一套礼节来参拜盗跖。盗跖大大咧咧地叉开两脚坐着说道："你有什么话就说吧，你的话听得我不高兴了，你就会没命！"

孔子毫无惧色地说：我听说人有三德，长得健壮美好，谁都喜欢，是上德，智力强是中德，有领导才能是下德，现在你一身兼有三德，人中龙凤，怎么不干点正经事呢？我很为你不值啊。你应该建功立业、光宗耀祖才是！

盗跖骂道："你过来！凡是能被人以利益诱惑、以言语怂恿的，都是一些蠢货罢了！我长得好那是我父母给的，你不说我还不知道吗？我听说喜欢当面说服人的人，一定也喜欢背后诽谤人。现在你告诉我建功立业，那只不过是用利益诱惑我罢了。至于光宗耀祖，尧舜禹汤武的后代谁富贵了？甚至都断后了！况且那些人做的事情也不光彩，弄得人心大坏，天下大乱，不过是欺世盗名罢了。你看似为我好，其实是在害我，别在那里忽悠我了，赶快走！"

孔子狼狈地出门，上车后鞭子掉下去好多次，目光呆滞，面如死灰，大气都不敢出。

孔子在鲁国东门外遇到柳下季，慨叹道："我真是没病给自己扎银针，白讨苦吃；跑到老虎脑袋上给它梳小辫子，差点落于虎口！"

这当然也是庄子对孔子的调侃。庄子不像墨子那样对孔子进行激烈的批判和揭露，他只是善意地揶揄和调侃。因为入世与出世之间，他们的选择截然相反，但对于那个乱世的判定却是一致的。乱世之中，美、善濒近自戕与伪诈，那么退而保真，也不失为一种合理的选择。

"法天贵真，不拘于俗"（《庄子·杂篇·渔父》）是庄子向往的人生境界。所谓"贵真"，就是复归自然，超越现实人生，追求生命的本真境界。

守一

聚精会神的妙处

守一，源于老子的"载营魄抱一，能无离乎"(《老子·十章》)。精神要和形体"抱一"，即神形合一。"一"，就是道。人的魂魄和身体统一于道，须臾不可分离，这是老子的意思。

《庄子·外篇·在宥》中说："我守其一，以处其和。""一"，是阴阳二气和合之处。"守一"，是说心固守在一处，而身体处在阴阳二气的和谐之中。阴阳二气是冲突的，相摩擦产生能量，但这里强调的却是本源上的一体，是混沌状态下的"一"。

蒲松龄在《聊斋志异》中讲过一个故事：孙子楚在路上遇见一个美人阿宝，魂魄便随之而去，家里只剩下一具病恹恹的躯壳。巫师从阿宝家把孙子楚的魂魄带回来后，使其复活，可是孙子楚的魂魄又附身已死的鹦鹉身上，飞到阿宝身边，直至阿宝许婚。这个故事恰好描绘了人的一种形神分离的状况。

其实我们只有在自己痴迷的事情上形神是合一的，在其他大多数情况下，我们都是魂不守舍的。倘使我们一无所痴，肯定也就一无所成，因为我们不能把全身的力量统一在一处。倘使我们痴迷的是我们自己的身体，灵魂就会坐守躯壳，自然也就会得到养生。

守一处和，这是养生的境界论。要达到这个境界，还要有方法论。《庄子·外篇·在宥》载广成子说："目无所见，耳无所闻，心无所知，女神将守形，形乃长生。"拒绝感官和思维，什么也看不到，什么也听不到，什么也想不到，神就不会散，就会守住形体，就能长生。我们常说"魂不守舍"，就是庄子批判的情形。

因此，养生的方法就是内心淡泊。没有想看的，自然就没有什么入眼的；没有想听的，自然就没有什么入耳的；没有什么想知道的，自然也就没有什么要思考的。这样，魂就没处可去，自然就安安静静地躺在身体里休养了。

道教对"守一"是非常重视的。《太平经》说："故头之一者，顶也；七正之一者，目也；腹之一者，脐也；五脏之一者，心也；四肢之一者，手足心也；骨之一者，脊也；肉之一者，肠胃也。"意思是说，身体的各个部位都是有君长、首领的，例如头顶、眼睛、肚脐、心、手心脚心、脊柱、肠胃等，它们都是各自器官群的核心。养生，就是抓住整个身体体系的各级核心，让它们不受外在的干扰。葛洪在《抱朴子·内篇·地真》中认为这个"一"就是丹田。所以，意守丹田，就是道家修炼的功夫。

那么，境界清楚了，方法知晓了，还需要功夫。"守一"的功夫论，可以看《庄子·外篇·刻意》中的一句话："纯素之道，唯神是守；守而勿失，与神为一。"专心致志地修炼，就是以形体守住精神，牢牢看守不让精神遗失。

"守一"的敌人

庄子的"守一"理论，就是聚精会神、专心致志，固守本质。不仅对修炼和养生，在其他方面，"守一"对我们也是有启发的。深受庄子思想影响的苏轼，在少年时就写出过这样的话："人能碎千金之璧而不能无失声于破釜；能搏猛虎，不能无变色于蜂虿，此不一之患也。"（《黠鼠赋》）意思是人能够在打碎价值千金的美玉时不动声色，却在打破一口锅时失声尖叫；人能够战胜猛虎，可见到蜂蝎时又不免变色恐慌：这都是精神不能专守于形体的结果，所以才会被突如其来的信息干扰自己的判断。

苏轼专门写了一篇《黠鼠赋》来记述自己的感悟。

苏子在夜里坐着，有只老鼠在咬（东西）。苏子拍击床板，声音就停止了，停止了又响起一次。（苏子）命令童子拿蜡烛照床下，有一个空的袋子，老鼠咬东西的声音从里面发出。童子说："啊，这只老鼠被关住就不能离开了。"（童子）打开袋子来看里面，里面静悄悄的什么声音也没有。（童子）举起蜡烛来搜索，发现袋子中有一只死老鼠，童子惊讶地说："老鼠刚才是在叫的，怎么会突然死了呢？那刚才是什么声音，难道是鬼吗？"（童子）把袋子翻过来倒出老鼠，老鼠一落地就逃走了，就是再敏捷的人也措手不及。

苏子叹了口气说："真是奇怪啊，这是老鼠的狡猾！（老鼠）被关在袋子里，袋子很坚固，老鼠不能够咬破。所以（老鼠）是在不能咬的时候咬袋子，用咬袋子的声音招致人来；在没有死的时候装死，凭借装死的外表求得逃脱。我听说生物中没有比人更有智慧的了。（人）能驯服神龙、刺杀蛟龙、捉取神龟、狩猎麒麟，役使世界上所有的东西然后主宰它们，最终却被一只老鼠利用，陷入这只老鼠的计谋中，吃惊于老鼠从极静到极动的变化中，人的智慧在哪里呢？"

于是苏轼坐下来，闭眼打盹，在心里反复琢磨这件事。最终，苏轼认识到，这都是不能专守于一的过错啊！去捉一只完全无路可逃的老鼠，本来是瓮中捉鳖的一件事，结果被老鼠制造的各种假象蒙蔽欺骗，让它逃脱。所以，守住初衷，不受影响，才是最重要的。

明朝的时候，有一个叫陆庐峰的人，在京城等待朝廷任用。他曾经在集市闲逛时遇到一方上好的砚台，由于价格有争议，没有当场成交。等到了居所之后，陆庐峰心下不舍，于是让仆人前往集市，用一两银子去把砚台买了回来。等到仆人拿着砚台回来，陆庐峰反复端详，都觉得它不像原来的砚台。但仆人坚持说就是原来的砚台。陆庐峰疑惑地问："先前看到的砚台有个'八哥眼'，为什么现在没有了？"仆人回答说："我本来嫌弃它有一点凸，路上正好遇见个石工，幸亏有剩余的银两，叫他打磨一下，使它平整了。"陆庐峰十分惋惜，感慨地说："这方砚台的价值就在于这个'八哥眼'啊！"

你看，仆人在带回砚台的过程中，一个"嫌弃"，加进了主观的成分；一个"正好"，加进了偶然因素；一个"幸亏"，做成了这件蠢事。

这样的错误，我们每天都在犯，只不过常常怨天尤人，不知自责而已。我们常说，这个社会诱惑太多，这个时代变化太快。其实，社会、时代再怎么变，如同道家所言，自然的生命总是根本；如同儒家所言，基本的人伦总是根本。让诱惑和变化去戕害这些生命根本，那就是不能"守一"的表现。

"守一"是一个重要的养生理念，也是一种重要的思维方式。它可以帮助我们以最简捷的方式保护人生，获取人生的核心目标，而不是轻易地被一些不重要的事情转移注意力。

至仁

爱的理想境界

"至仁"思想集中表述在《庄子·外篇·天运》和《庄子·杂篇·庚桑楚》中。庄子说的"至仁",就是极致的善、极致的爱、极致的关怀。对于这种极致的情感,庄子是从推翻儒家的情感入手来论述的。

从儒家的"仁"走向道家的"至仁"

《庄子·外篇·天运》中记载了这样一段对话,讲的是商太宰荡向庄子请教对于"仁"的看法。

庄子说:"虎狼,仁也。"虎狼也有仁爱之性。虎狼可以说是暴力、狠毒、自私的动物的代表,庄子把原本作为人与动物之分别的仁爱看成是生物体公有的本性,虽然没有否定仁爱,但肯定蕴含着和对儒家仁爱的不同看法。

商太宰说:"何谓也?"

庄子说:"虎狼也是'父子相亲',为什么说它们不仁呢?"是啊,虎毒不食子,虎狼也有孝慈,孝慈不正是仁爱的核心吗?

当然,这都是极有限的仁爱。所以商太宰要追问:"请问至仁。"

庄子说:"至仁无亲。"

极致的仁爱,是不讲亲缘和恩情的,它源于情感而又超越情感。生老病死,在所难免。也许是在兵荒马乱中见到了太多无常的生死，庄子希望人们能够从世俗的情感中获得解脱。

在庄子的理念中，亲人之间最重要的不是相互之间的联结，不是繁文缛节，不是缠绕纠结，而是个体生命个自的完整。只要我知道你过得舒适，没有疾病和烦恼就好了。"孝"并不在于亲人完美的生活里有几分是我的贡献，只要不完美的生活里没有我的罪责就好了。

庄子的人际相处之道

与父母亲情相比，亲子之情更为今天的年轻人所重视。很多父母会为了孩子的教育而放弃很多宝贵的东西。

一位事业有成的同事对我说："一个男人成为父亲，他就被社会'绑架'了；如果他不肯被'绑架'，他的孩子就会被'绑架'。"刚听到这句话的时候，我觉得非常励志，但仔细想想，又觉得非常无奈。一个人去赚钱，首要的目的应该是减轻亲人们的负担，其次是能够尽可能地回报养育和帮助过他的人。可是在现在的文化氛围中，孩子的教育已经消耗掉所有年轻人的精力和收入了，哪里还谈得到其他呢？在这个人情社会里，每个家长都使出浑身解数想要帮孩子获得更好的教育资源和成长环境。这样的情况，庄子怎么看待呢？

庄子说："泉涸，鱼相与处于陆，相呴以湿，相濡以沫，不如相忘于江湖。"（《庄子·内篇·大宗师》）这就是庄子在情感层面的超越。

如果说亲情意味着责任和牵累，那么爱情往往意味着短暂的甜蜜和长久的痛苦。怎样面对生命中那些无法把握的爱情？

爱情是很多人心中解不开的死结，然而人的情感是不可能在一次爱情经历中全部实现的。在人的一生之中，总会发生一段或几段爱情经历，而你真正能够把握和拥有的，其实只是其中的一段、其中的一人。对于其他，那就真的要有"相忘于江湖"的胸怀了。在一种注定离弃的宿命中，隐没掉自己的存在，才是最好的爱。

一路走来，我们失散了无数的同学，慢慢地在心中凝结成回忆的疙瘩，总是觉得亏欠着他们的友情，可又无从回报，与他们见面的时候也只能无语尴尬。其实我们真的想念和惦念那些要好的同学吗？事实却是，除了在一个领域工作的几个同学、朋友，其他大多数都只能留在记忆里仅供想念。与其强求见面，以检验那份纯真，倒不如不见。

至仁无亲

庄子曾经说："有人之形，无人之情。有人之形，故群于人；无人之情，故是非不得于身。"（《庄子·内篇·德充符》）保养作为"人"的形体，但要消除作为"人"的情感，这样便可以居于人群，又不受是非的折磨。惠子问他："既然称之为人，又怎么可能做到无情？"庄子解释说："我所说的'无情'，不因好恶的俗情伤害身体，依循自然而不妄加增饰。"正如童书业先生所言，在庄子学派看来，"无情"就是不动感情、不懂感情，就是一切因循自然，不加作为，看开得失。这样，可长生。

"至仁无亲"，"至仁"就是没有偏私，以道的大爱来对待感情。

其实，至仁思想所代表的朝向光大、深远的思考方向，可以供我们去拓展对儒家更多概念体系的认识。

所以，庄子的结论是："至礼有不人。"最极致的礼，是不把人当外人。对亲人客套，有的时候反而显得生分。而庄子推导出的结论是:"至义不物,至知不谋,至仁无亲,至信辟金。"最极致的道义,不是站在不适当的言行的对立面,而是与对方一起选择最合宜的解决办法;最极致的智慧,不是用谋算改变什么,而是超越谋算顺应结果;最极致的仁,是超越道德的表象善待对方;最极致的信任,是不需要押金借据来作为保障的。

极致的"仁""义""礼""智""信",是随意的、自然的,是合乎"道"的。在道的眼中,没有那么多繁文缛节、吹毛求疵、钩心斗角、亲疏远近和斤斤计较,这些都是道德沦落后才有的表象。

至乐

超越感官的人生

至乐，就是极致的快乐。要明白什么是极致的快乐，首先要弄明白什么是真正的快乐。真正的快乐是没有快乐。无乐到了极致，就是至乐。用庄子的话说，就是"至乐无乐"。

至乐无乐

庄子认为，世人对苦和乐的看法都是颠倒的。世俗的快乐，不是真正的快乐，而是一些虚假的快乐。而拒绝这些快乐的苦楚，也不是真正的苦楚。无乐恰恰是至乐的开端。极致的快乐，是无苦无乐、顺应自然的快乐。

庄子说："夫天下之所尊者，富贵寿善也；所乐者，身安厚味美服好色音声也。"（《庄子·外篇·至乐》）

天下人所崇尚的，简单来说是四个关键词：富有、尊贵、长寿、美名。这些都是外在的表象。

天下人所喜欢的，简单来说是五个关键词：安逸、美味、华丽、好看、动听。这些无非是感官的享受，都是一时的表面快乐。

然而，这些是真正的快乐吗？庄子用一个字批评了这种观念：蠢！

概括而言，上面说的快乐主要有两种：一种主要从属于外在环境，一种主要从属于身体感官。这些快乐，如果得不到，就会忧思恐惧，徒增烦恼；如果得到了，就会想要拥有更多，那么烦恼也就更多了。

世俗的快乐，都是虚浮的假乐，有害于身心。

所以庄子说："至乐无乐。"极致的快乐，是超越这些世俗之乐的。真正的快乐，是没有这些所谓快乐的。

这肯定也是身处一个颠倒的时代做出的否定的姿态。在一个黑白颠倒、是非混淆的时代，这些大的生命刺激和奖励，需要付出巨大的身心代价。

至乐的追寻

《庄子·外篇·至乐》中举了一个极端的例子来证明只有死亡才能摆脱人生的种种不自由。庄子到楚国去，途中见到一具髑髅。庄子用马鞭从侧旁敲了敲，问道：先生是贪求生命、失却真理，因而成了这样？或是遇上了亡国的大事，遭受到刀斧的砍杀，因而成了这样？或是有了不好的行为，担心给父母、妻子儿女留下耻辱，羞愧而死成了这样？或是遭受寒冷与饥饿的灾祸而成了这样？或是享尽天年而死去成了这样？庄子说罢，拿过髑髅，当作枕头便睡去了。

到了半夜，髑髅给庄子显梦说："你先前谈话的情况真像一个善于辩论的人。看你所说的那些话，全属于活人的拘束和负累，人死了就没有上述的忧患了。你愿意听听人死后的有关情况和道理吗？"

庄子说："我愿意。"

髑髅说："人一旦死了，在上没有国君的统治，在下没有官吏的管辖；没有四季的操劳，从容安逸地把天地的长久看作是时令的流逝，即使南面称王的快乐，也不可能超过。"

庄子不相信地说道："我让主管生命的神来恢复你的形体，让你重新长出骨肉肌肤，让你返回到你的父母、妻子儿女、左右邻里和朋友故交中去，你希望这样做吗？"

髑髅皱眉蹙额，深感忧虑地说："我怎么能抛弃南面称王的快乐而再次经历人世的劳苦呢？"

庄子说："至乐活身，唯无为几存。"最大的快乐是使自身存活，唯有无为算是最接近于使自身存活了。所以，乐更不可求。

《庄子·内篇·应帝王》中说："无为名尸，无为谋府；无为事任，无为知主。"不要做名声的躯壳，不要做谋策的机关；不要承担任何事情，不要做智巧的主宰。这样才可以享受到"南面王"的快乐。

可是，要做到无乐，需要极大的勇气和智慧。很多事情在过去还会有时空阻隔，延迟你的消费欲望，减淡你的心火，但在今天这个时代，诱惑几乎遍及各个角落。

以朴素的个人生活，维系完备的自然生命，没有意外的疾病，内心充满平静的快乐，这就是至乐。至乐，就在我们的身边。它真切而又质朴，就在一茶一饭、一器一具之间，就在我们安然淡泊、宁静自守的心里。

列子

罕为人知的通达之士

从贵虚开始,到力命,再到无极无尽,我会用三篇来讲列子的思想。

在第一篇中,我先简单介绍一下列子,这个哲学史上的道家人物。列子,名列御寇,是一位隐者。郑国人,生活于战国时代,早于庄子。《庄子》一书中,共二十二次提到了列子,有些寓言与《列子》一书在题材上还有交叉。战国末期的《吕氏春秋》这样描写列子:"穷,容貌有饥色"。在这一点上,也与庄子相似。《列子》一书,现传有《天瑞》《黄帝》《周穆王》《仲尼》《汤问》《力命》《杨朱》《说符》八篇,体例不一。像我们熟知的愚公移山、两小儿辩日、九方皋相马等知名寓言,都是出自《列子》。

贵虚

从虚静中寻找真实

《列子》全书贯穿着"贵虚"思想。吕不韦的《吕氏春秋》、尸佼的《尸子》等古籍中,都提到了"列子贵虚"。《列子》一书的整理者晋人张湛在序言中说,其书"以至虚为宗"。道教甚至将《列子》称为《冲虚经》。

列子说:"静也虚也,得其居矣;取也与也,失其所矣。事之破鸫而后有舞仁义者,弗能复也。"虚静是最宝贵的、最根本的,追求得失予取,就丧失了人的本性。这里有三层意思:一是尊虚静,二是轻取与,三是小仁义。

尊虚静

尊虚静,自老子思想而来。老子说:"致虚极,守静笃。万物并作,吾以观复。夫物芸芸,各归其根。"《老子·十六章》从万物众生的盛衰生死中,老子体会到了静的本质,所以要"致虚极",也就是投身极致的虚空之中,抛开盛衰生死的挂怀。

有人问列子:"你为什么贵虚?"列子说:"虚者无贵也。"(《列子·天瑞》)既然说虚,虚中又有什么贵贱之分呢?只不过静和虚是让人的身心安顿的,是本质、核心。

宋国的阳里华子中年的时候得了健忘症。他早上拿了什么东西晚上就给忘了,晚上给了他什么东西第二天早上就忘了;在路上会忘记行走,在屋里会忘记坐下;记不起从前,也记不住现在。全家都被他这一病症折磨。无论占卜还是祈祷都不管用,医生也都没办法。

这时,鲁国有个儒生自告奋勇,说有办法治好华子的病。华子的妻子儿女非常兴奋,情愿拿出一半的家产来求取他的方术。

儒生的办法果然奏效。这是一个"野外生存"式的疗法。他把华子放到室外,华子冷了就想起要衣服;不给华子送饭,华子饿了就要饭菜;把华子关到暗处,他受不了就要求光亮。这个儒生陪了华子七天,华子多年的健忘症治好了。

没想到的是,清醒之后的华子,却痛责妻子儿女,拿起戈来驱逐为他治病的儒生。为什么呢?华子有一段精彩的内心独白:"在那些健忘的日子里,我每天渺渺茫茫,甚至不觉得天地的有无。可是现在,几十年存亡得失、哀乐好恶我全都记起来了,而且以后也不会遗忘,哪怕想要再忘记短短一刻也不可得了啊!"

"忘"是庄子思想的一个关键词,对于纷纭的社会生活,没有点儿健忘的功夫,还真是装不下那些苦辣酸甜。

因外物诱惑导致的精神流失,使人对自己的事情健忘,基于自身保护的精神自守,人也会对外在事情健忘。如果宁有一偏,不如选择道家,把外物适当地放一放,关注一下自己的身心,在虚处求静、求安。为什么现代人仿佛都得了"健忘症"?那是因为信息爆炸,热点太多,人们的记忆机制自动开启了健忘模式。

轻取与

春秋时期,楚国有个叫孙叔敖的人,他在病重的时候交代孩子说:"楚王几次要封赏我,都被我拒绝了。我死了,楚王一定会封赏你，你没有权利完全拒绝，但一定不要接受好的土地。楚国和越国交界地带有一片叫作寝丘的地方，这倒可以长久拥有。"事后证明孙叔敖的预言都落实了，子孙长久地保有了这块土地。选择肥田美地，是大取。大取惹人注目，大取必有大失，往往最后可能连一寸土地都保护不了。所以，选择最接近虚静的取、与，祸患就小得多了。

"取""与"之间的拿捏是特别需要智慧的。越国范蠡功成身退，不要越王勾践的封赏，得以泛舟五湖之上；秦国大将王翦出兵打仗，却不断向秦王要官要钱，他深知唯有如此，才能让秦王相信他是一个贪得无厌的小人，从而保全自己的性命。

小仁义

同样是在春秋时期，秦国有一户姓逄（音同"旁"）的人家，儿子小时候很聪明，成年后却精神失常了：以歌为哭、以白为黑、闻香为臭、尝甜为苦，意识完全错乱了。他的父亲感到很苦恼。有一个姓杨的人对他说："鲁国的儒生都很有才能，你不如去找他们给你的儿子治病吧！"于是这个父亲前往鲁国去给儿子求医。

这个父亲路过陈国的时候，遇上了老子。老子听说了事情的经过后，拦住了他。

老子说："你怎么确定你的儿子是精神失常呢？现在天下人都不分是非、不明利害，没有一个清醒的。假使天下人的心神都像你儿子一般，那你反而是那个精神失常的人。我不敢肯定我的观点是不是另一种迷狂，但现在鲁国的君子一定是这种迷狂中最为迷乱的人，又怎么能解开你儿子的心结呢？"

在老子看来，如果说逄家儿子的病是精神失常，那么儒家的仁义就是道德陷阱，用道德陷阱来摆脱精神失常，他认为这是白费路费。

我们在与人交谈时可能出现不愉快的情况，甚至有的时候会得到一句"有病"或者"神经病"这样的回话。而我们一旦被认为"有病"或者是"神经病"，也就意味着对话关系的破裂，他人以"健全人"的姿态拒绝了与你的交流。天下所有的行动，大体笼罩在儒家的话语之下；天下所有的虚静，也大体笼罩在道家的话语之下。从行动到虚静，中间必然经历一架桥梁，那就是打碎行动的乱动，也就是一种所谓的行为错乱的状况。乱动虽然还不是虚静，却是进入虚静的前提，魏晋士人藐视礼法，就是这一环节的展现。胡思乱想是思想自由的开始，胡作非为也包含着行动自由的因子。我们欣赏观点另类的学者，容忍调皮淘气的孩子，也正是这个原因。

最终，与老子、庄子的思想一样，列子的贵虚思想，要求人们从经验的、现实的认识和行动中抽身回来，以静安躁，向虚空处求变化、求长久。基于虚，可以变外游为内观，可以重幻梦而轻实感，更自由地丰富精神上的生活。

力命
命定论下的人生态度

力命,即力量与命运。

我们先根据一系列问题来反思一下这对概念。

第一个问题:命运由什么决定?

列子说:天。

第二个问题:哪个天?

列子说:不是天帝的天,而是天道的天。

第三个问题:人定胜天吗?

列子说:不能,人必须顺应天道。

第四个问题:那么,人力没用吗?

列子说:有用,人力要去抓住天时。抓住天时,你就看到了你未看到的命运。

结论是:命运虽由天定,但是有多样的可能;顺势适时,就能改变命运的景观。

说完了吗?

说完了。

说透了吗?

远没有,这只是段开场白。

从"天"开始

第一个要展开讲的字是"天"。

中国老百姓精神上包裹着三个层面的朴素信仰。

个人层面：信良心。

交往层面：信面子。

命运层面：信老天。

这三重信仰，普遍但不周到。我们历来不信鬼神、不信地狱，信的往往只是表面文章。

可是今天你告诉我，有鬼神，有地狱。

我该信吗？很难。

这叫什么？信仰危机。

但是你若告诉我，一切决定于客观的物质和精神规律。

我信吗？我信。

这叫什么？

列子说：天道。

死生有命，富贵在天，是天道吗？

是。

乐天知命，是天道吗？

是。

善有善报，恶有恶报，是天道吗？

是。

是列子的天道吗？

不是。

列子的天道是什么？

"当死不惧，在穷不戚，知命安时也。"（《列子·力命》）

再谈"命"

第二个要展开讲的字是"命"。

列子说:"生生死死,非物非我,皆命也。"(《列子·力命》)意思是人的寿夭生死不取决于外物,也不取决于自己,都是命运在主宰!

列子还说:"穷圣而达逆,贱贤而贵愚,贫善而富恶邪?"(《列子·力命》)

强调道德和命运之间的正向联系,这是儒家、佛家所建构起来的逻辑。列子认为它们不一定是正相关,甚至可能是负相关。命运可以让圣人困顿,也可以让逆乱之人显达;可以让贤能之人卑贱,也可以让愚笨之人尊贵;可以让好人受穷,也可以让恶人致富。这些都是不一定的事儿。

颜回比普通人有才能,可是还没活到中年;孔子比诸侯有道德,但困厄于途中;桀纣没有善行,却得到君位。这些都是命定的。

归根结底,在这个世界里,强者、适者生存。

北宫子对西门子说:"我和你的辈分、家族、年龄、容貌、言行等都是一样的,可是你却显贵、富有、傲慢,而我恰好全部相反,难道你真的觉得自己的道德比我高尚吗?"西门子说:"恐怕是吧!你却说自己与我一样,真是不知反省、不知羞耻啊!"

北宫子跟东郭先生讲了刚刚发生的事情。东郭先生找到西门子,教训他说:"你的显达,完全是出于命运;北宫子的穷困,也完全是出于命运。这都是自然而然的,然而你却以此自负,侮辱北宫子的德行,真是不懂自然的道理啊!"西门子无话可说,虚心受教!

成功的人、富有的人,喜欢将自己粉饰成有德行的人,历来如此。然而,道德、能力要是真有一条通往成功、富有的必然途径,我们就得重新书写历史了。道德、能力，除了让自己感到愉悦，并不必然会获得回报。

我们真的该责备那些忘恩负义或者恩将仇报的人吗？

也不一定。

世人皆称许鲍叔牙和管仲的友情，以及齐桓公的用人之明。然而在列子看来，这都是时机导致的，没什么道德和情感色彩。当年管仲穷困潦倒又站错队伍，都是时运所致，他后来因鲍叔牙举荐而被齐桓公重用，也都是时运所致。当管仲病危时，他并不举荐鲍叔牙代替自己的相位而选择隰朋，也是因为在这样的时刻、这样的位置上，道德清高的鲍叔牙不如顺应民心而又没有声名欲望的隰朋。

所谓"内举不避亲，外举不避仇"，不是因为美德，而是着眼时运。

再谈谈"时"

人在命运面前是被动的吗？列子说："死生自命也，贫穷自时也。怨夭折者，不知命者也；怨贫穷者，不知时者也。"（《列子·力命》）

死生都是命。那"怨贫穷者，不知时者也"又该怎样解释呢？

列子说："农赴时，商趣利，工追术，仕逐势，势使然也。"（《列子·力命》）客观的物质世界和精神世界无时无刻不在组合着各种条件和氛围，这个集合就是势，对个人来说，这就是时，抓住这些时，体验的就是不同的命运。至于成败，那就是命。

春种、夏长、秋收、冬藏，这是农夫之时，错过了，就不会丰收；贱买贵卖、奇货可居，这是商人之利，错过了，就不会发财。这都是最直接的命运逻辑。

何时、何地、何物、何人，构成了一个势的焦点，那么改变命运的机会就在那里。

最好，这个焦点就在下一刻，就在你身边、就在你手上，最好就是你自己。

最后说"力"

那么，列子是主张"有枣没枣，打一竿子"吗？

不是的。这涉及最后一个字——"力"。

"有枣没枣，打一竿子"，非常勤勉，忙忙碌碌，难免会碰上只死兔子，遇到天上掉下的小馅饼，但这都是虚假繁荣。跟无所事事甚或矢志不渝没差别。而矢志不渝，和四处出击，就单次的机遇概率来说，还是一样。

问题在哪儿？

这都是主观上给外在事物提供了多元的可能性，根本没有睁眼看世界。

世界哪一时、哪一刻，哪一事、哪一物，哪一地、哪一人不在发生着变化？

苏东坡说："自其变者而观之，则天地曾不能以一瞬。"（《前赤壁赋》）天地之间，瞬息万变，顷刻之间天翻地覆，眨眼之间沧海桑田。

只不过，人局限于中观，不能从宏观和微观来看世界而已。

即便从表面平和的中观来说，在周围的环境里，能量在进行着怎样的运动和集结，客观世界给了多少多元的可能，沉溺于主观设计的你，看得到吗？

看不到也得看，看准了，一击中的；看不准，徒耗心血。

总之，理想的力命关系，就是要有选择地运用自己的力量，针对每一种追求的核心，适时顺势而动，适时顺势而止，逼迫着命运尽快地向你道出真相，把它能给你的所有好运气都用到，也就可以了。

列子告诉我们，再好的方略，过了适宜的时机就没有效果了；最大的机遇，就是偷得天时。互联网产业探索了很多年提出的一句"坐在风口上，猪都会飞起来"，其实早在两千多年以前列子已经告诉我们了。

无极无尽

宏观世界与微观世界的终极法则

"无极无尽"出自《列子·汤问》中商汤和夏革的一段对话。

商汤问夏革:"然则上下八方有极尽乎?"

夏革说:"不知道。"

商汤说:"我一定要问。"

夏革回答:"从无的角度说就是无极,从有的角度说就是无尽。我怎么知道呢?"

想想无极之外还有无极,无尽之内还有无尽,无极无尽,没有极尽。

这告诉了我们什么?

早在两千多年以前,列子已经在用有限的空间经验,以哲学的方法来认识宇宙了,其结论是:宇宙是无穷的。

商汤又问:"四海之外是什么?"

夏革说:"像四海之内一样。"

商汤追问道:"你用什么来证明呢?"

夏革回答:"我向东走到过营州,见那里的人民像这里的一样,我问营州以东的情况,他们说也像营州一样。我朝西走到豳州,见那里的人民像这里的一样。我问豳州以西的情况,他们说也像豳州一样。我以此知道四海之外、西方蛮荒、四方大地极地都没有什么差别。所以事物大小互相包含,没有穷尽和极限。"

话题又扯到"大小"上来了。

极大与极小

大小，有极致吗？有极大和极小吗？显然没有。

夏革向商汤描绘了一个大人国和一个小人国。

在渤海以东不知几亿万里的地方，有一片叫作"归墟"的深海，八方、九天、天河的水流都灌注在这里。这片深海上漂浮着五座大山，分别是岱舆、员峤、方壶、瀛洲、蓬莱，后两者就是后世经常提及的仙山。这些山有多大呢？每一座上下方圆都有三万里，山顶平地九千里。这五座山的根却不同海底相连，天帝唯恐它们漂往西极，于是命神灵派出巨大的海龟顶住大山不让它们移动。海龟共有十五只，分为三班，六万年轮岗一次。

"龙伯之国"有个巨人，提起脚板不用几步就来到这五座山前，投下钓钩，一钓就钓出六只海龟，全都扛在肩上走了。岱舆和员峤两山因此就漂到北极去了。

"龙伯之国"这样的巨人，天帝怎能容忍，便慢慢地缩短巨人们的身材，使之矮小。到了伏羲、神农时代，那个国家的人身还有数十丈。

这就是极大了吗？肯定不是，但是已经突破了你的经验甚至是想象的边界了。

那么极小呢？

从中州向东四十万里有一个僬侥国，那里的人民身长只有一尺五寸。东北极地有一种人叫作诤人，身长九寸。这极小，也突破了我们的想象。

更有甚者，长江的水滨之间生长着一种细小的昆虫，它们的名字叫作焦螟，成群地聚集在蚊子的眼睫毛上，连蚊子都觉察不到。它们小到视力超群的神明也看不到它们的形体，听不到它们的声音。只有传说中的黄帝和容成子心斋坐忘三个月之后，才能慢慢地以精神和元气觉察出它们。然而，在意识的世界里，它们高耸如山，声如雷霆。

无极与无尽

除了大小，长短同理，没有最长，没有最短。

长的生命，上古时代有一种大椿树，以八千年为春、八千年为秋。短的生命，也有逢雨而生、日出而死的。

这又说回无极无尽所包含的认识视野上，除了空间和物质上，显然还有时间这一维度。

时间的无极无尽，也就是无始无终，没有真正的刹那，也没有真正的永恒。

商汤问夏革说："上古之初有物的存在吗？"

夏革说："要是当初没有物，今天的物从哪里来的？后人说我们今天什么东西都没有，可以吗？"

商汤说："那么物没有先后吗？"

夏革说："万物的终始，最初也是无极的，起点就是终点，终点就是起点，怎么统计和划分，没办法穷尽，之前的情况谁也不知道。"

正如《列子·天瑞》中伯昏瞀人说："常生常化者，无时不生，无时不化。"万物都是在不断地变化。用庄子的话说，就是"方生方死，方死方生"，不变的只是产生这些变化的道。

列子是如何划分道与万物的化生过程的呢？

他说,过去,圣人以阴阳二气来统合天地,"有太易,有太初,有太始,有太素"四分法。

"太易",还不见气从混沌状态中分离出来;"太初",元气出现;"太始",气开始有了形状;"太素",有形之气又有了性质。这些变化,无时无刻不发生在当下的事物中。

空间、时间、物质统合在无极无尽之下,就会产生一种极尽的相对主义立场,尽管也有局限,但对于消解绝对主义带来的争端和压力,还是大有裨益的。明白了这些,也就真正弄懂了列子讲的"杞人忧天"的含义了。

杞国,是夏朝的遗民国,正如宋国是商代的遗民国一样,在新朝里它都是一种落后、愚蠢的形象。杞国有一个人就是这样,他整天担忧天崩地陷,自己无处安身,因而愁得无心饮食,无法安眠。有人来开导他,说:"天不过是气的积聚体,日月星辰是这个积聚体中的发光体,这些是不会掉下来的,掉下来的话也不会有什么伤害的;地不过是土块累积起来的,没有一处没有土块,所以不会陷落。"杞国人听了以后,疑团消失,非常高兴。

他们的对话受到了长庐子的嘲笑。长庐子说:"既然知道天地分别是由气体和土块构成的,那就总是要坏的,说它们不会坏,岂不是没道理!"

列子听了之后笑道:"说天地不会坏,是错误的;说天地会坏,也是错误的。坏与不坏,不是我们所能预料的啊!因此,坏与不坏,又何必挂怀于心呢!"

从无极无尽的时空观念上来看,物质就是不生不灭的,只是形态在发生着无所不在的变化。这种变化,却不是人类所能洞悉的。因此,安处于这个时空和物质的变化流程,也是我们应持有的一种心态。

我们读《老子》《庄子》，看到的更多是哲学上静的一面，可是列子却向我们全面揭开了静中之"动"，刷新了我们对道家思想的认识。

在列子看来，宇宙是由道和物相互连接的一个存在，道是无形的、不变的。道聚集起气，气凝聚出形，形分别为质，这就出现了万物。按照列子的描述，有形的物质，也无时无刻不在发生变化。没有范围，没有结局，没有极致。

在物质的形和质的起点，列子使用了一个"机"字。"机"同"几"，几微之物的意思。

列子说：物种的变化有多少啊？青蛙可以变成鹌鹑，得水时变成泽泻，生于水土之际变成青苔，长在高冈上，变成车前草。车前草生在粪土中，又变成乌足草。乌足草的根可以变为蛴螬，叶子可以变成蝴蝶。蝴蝶可以化为昆虫……青宁虫生豹，豹生马，马生人。人死了便散为细微物。万物都产生于这种细微物，又返回于这种细微物。

当然，如果将细微之物再向气的关联上推究，那就困难了。这种气和形之间的跨越，究竟是怎样的一个边界？是历时的，还是共时的？那就是哲学史和科学史都在致力解决的终极问题了。列子回答不了，我们也回答不了。抑或是，我们的整体思路本身就错了。

道家的思想讲到最后，我们还是留下了一个未解的问题。我想这不是遗憾，而是无极无尽的哲学视野下应有的态度。

墨子

实践中的理想主义者

墨子之姓，或许由于其"色墨"，就是脸长得黑；或许由于他干的是用墨线来帮助切削木材的木匠活儿；或许是因为他是刑墨之人的后代；等等。这些说法大都无从确认。不管从墨子姓氏的哪种来源看，他的社会地位都不会很高。不过，就是这一介平民，却开创了一个伟大的学派。

先秦时代的"显学"是儒家和墨家，这是韩非子在《韩非子·五蠹》中说的。孔子和墨子都没有什么功爵或者利禄分给别人，但是分别凭借各自的学说与德行吸引天下的士人，较早地形成了自己的学派。

墨子的祖先是宋国人，他自己常年活动在鲁国、齐国等地。大约在孔子去世十年到二十年之间，墨子出生，儒学兴盛的局面已经形成。墨子想要求学，自然地就进入了儒家的苑囿。但最终，墨子走出了儒学的藩篱。他以"兼爱"学说成为挑战儒学世界的第一人，也以"非攻"学说成为挑战王的天下之第一人。儒家重视"礼乐"，但代言手工业者的墨子知道，老百姓哪有那么多财物和时间弄那些礼乐的事情！因此他离开了儒家，以更有力量的口号去帮助人数更多的下层劳动者。他所设计的一切都符合下层百姓的利益，因此号召来一大批能为他出生入死的子弟，这在当时形成了与儒家分庭抗礼的局面。

孔子用周文，墨子则尊夏政。《淮南子·要略》："墨子学儒者之业，受孔子之术，以为其礼烦扰而不说，厚葬靡财而贫民，久服伤生而害事，故背周道而用夏政。"意思是，墨子认为儒家礼乐过于烦琐，厚葬制度劳民伤财，守丧过久妨害农事，于是他背弃了周礼，改用夏政。夏政出于大禹。孔子称述大禹的功劳："菲饮食，而致孝乎鬼神；恶衣服，而致美乎黻冕；卑宫室，而尽力乎沟洫。"

（《论语·泰伯》）大禹吃得很差，穿得不好，住的房子也很破烂，但工作起来全心全力。这里描述的大禹的生活状态与墨子的生活状态是非常相似的。大禹为了治水，整个人面目黧黑，骨瘦如柴，甚至腿上落下病根，自此跛行。他以勤苦获得百姓崇拜，是墨子的偶像。墨子称赞大禹："禹担当着治水的使命，亲自带头拿着木铲和筐子去挖土，以疏通天下的河道，腿毛都被水浸泡得脱落了。栉风沐雨，以安定万国。禹，真是大圣人啊，能够这样不辞劳苦地为天下人民奔波！"从精神上来说，墨子是大禹最好的继承人。大禹治水，是在平定天灾；墨子"非攻"，是在止息人祸。

墨子目睹春秋末期战祸连绵、民生凋敝的局面，慨然有志于止战、息兵、安民的正义事业，并身体力行，"摩顶放踵利天下，为之"（《孟子·尽心上》）。墨子主张兼爱，哪怕从头顶到脚跟都擦伤了，也不放弃，只要是对天下有利的，他什么都愿意做。在先秦诸子中，墨子是最具有实践精神者之一。相比而言，孔子是理想派，墨子是实践派。如果说孔子是以语言来教化弟子以塑造新人，那么墨子就是以行动来感发弟子从而保护弱者。

墨子和他的门徒是具有大天下观念的自由知识分子。他们具有博爱、和平的信念，并形成了严密的组织，周游于各国，不接受实际的官职，在奔波中推行自己的主张。在这一点上，墨家为我们的文化传播弥补了很多缺憾。墨家是我国古代自由知识分子的绝响。

《韩非子·五蠹》中还说："儒以文乱法，侠以武犯禁。"这里的"侠"指的正是墨家。为了和平，他们也不惜动用武力来达到目的。先秦时期，国家机器尚不完善，儒家所倡导的道德对恶势力的约束力太微弱，墨家作为追求正义与和平的民间团体就显得尤其可贵，这种民间裁决的力量也是对统治者和恶势力的一种威慑。

经过了秦朝的专制暴政，到了汉武帝"独尊儒术"的时候，墨家公开的团队就"断绝"了。毕竟儒家的"大一统"思想比较迎合统一的局面，而墨家独立的思想和行动有违于国家机器的利益。于是，墨家的文化变为以地下暗流的方式绵延后世。民间的结义、结社、绿林、江湖之中无不贯穿着墨家的一些思想。

墨家强调实践，主要是为了"非攻"。"非攻"不是不战争，而是主张积极地防御。

《墨子·鲁问》载，墨子曰："凡入国，必择务而从事焉。国家昏乱，则语之尚贤、尚同；国家贫，则语之节用、节葬；国家憙音湛湎，则语之非乐、非命；国家淫僻无礼，则语之尊天、事鬼；国家务夺侵凌，即语之兼爱、非攻。"也就是说，公义之士进入一个国家，会对昏乱、贫弱、苟安、落后、战伐等不同的政治情况给予不同的治国建议，核心主张就是"兼爱""非攻""天志""明鬼""尚同""尚贤""节用""节葬""非乐""非命"十大纲领。接下来就围绕这些关键词展开，同时再谈谈墨子高超的逻辑论辩技巧。

贵义
最初的江湖

在墨子身上，君子的阳刚之气主要体现在他的反抗力。他反抗的思想根源在于"义"。墨子说："万事莫贵于义。"（《墨子·贵义》）万事没有比义更珍贵的了。

实践的理论

"义"，根本上是正义、道义。在理想的政治图景中，统治阶级应该担负起这种"义"，给老百姓创造一种安定的生活，让他们拥有方向正确的人生。但历史的情形往往相反，于是除暴安良、惩恶扬善的责任落到了知识分子身上，落到了绿林豪杰身上，"义"变成了一种民间的道德裁决力。

道义并不抽象。墨子解释说："一切言论和行动，有利于上天、鬼神和百姓的，就去做；一切言论和行动，有害于上天、鬼神和百姓的，就舍弃；一切言论和行动，合乎尧、舜、禹、商汤王、周文王、周武王之道的，就去做；合乎暴君夏桀、商纣、周幽王、周厉王之道的，就舍弃。"从"义"不从君，正是墨家的行动准则。其实追求正义在先秦诸子那里就有体现，但墨子不同于其他人的地方，在于他没有停留在理论探索的范畴内，而是付诸实践。

墨子说："言论足以付之行动的，就推崇它；不足以付之行动的，就不要推崇它。言论不足以付之行动，而又推崇它，就是空言妄语了。"

墨家规定：杀人偿命，伤人服刑。墨家有门徒杀人，秦惠王已经赦免他了，但是墨家还是把他处死了。如果实在没办法实行，还有清除出门的做法。鲁国有位家长听了墨子的言论，把自己的儿子送到墨子那里求学，结果儿子战死了。这位家长指责墨子，但墨子说："这正表明他学成了，你还有什么生气的呢？好比你想要卖掉东西，卖掉后却生气，哪有这样的道理？"那个孩子虽说也算是"求仁得仁"，但墨子这样不近人情也难免有点冷酷。墨子的大弟子禽滑厘就被训练成了一个没有欲望的"死士"，他只以墨子之志为志，一心实现社会理想。

忠诚的义士

墨家的门徒被派往外国，主要有两种方法完成门派交付的使命，一种是靠辩论完成使命，一种是靠武力完成使命。这都关乎生死存亡，墨家门徒背后自然少不了严格的操练。因而墨家的逻辑论辩技巧很发达，其门徒的武力值也很高，个人能力都很强。但门徒在外所获得的官职和钱财都是公有的，不得存有私心。

墨子举荐耕柱子到楚国去做官。有几个同门去探访耕柱子，耕柱子请他们吃饭，每餐仅供食三升米，没有优待同门。这几个人回来告诉墨子说："耕柱子在楚国没有什么收益！我们几个去探访他，他每餐只供给我们三升米，招待不优厚。"墨子答道："这还未可知。"没过多久，耕柱子送给墨子十镒黄金，说："弟子不敢贪图财利、违章犯法以送死，这十镒黄金，请老师使用。"墨子说："果然是未可知啊！"

墨子以严格的自我约束赢得了门下弟子的爱戴，向他们灌输了自己的理念。他门下有几百人，组织严密，纪律严明，大都通晓文武,且视死如归,是一批完全追随墨子的勇士。

墨子说:"我的言论值得采用!如果舍弃我的学说、主张而另外思虑,就像放弃收获而去拾别人遗留的谷穗一样。用别人的言论来否定我的言论,就像用鸡蛋去碰石头一样,用尽天下的鸡蛋,石头还是原来的样子,是无法毁坏的。"

墨子又说:"一定要去喜、去怒、去乐、去悲、去爱,以仁义作为一切言行的准则。"这样的教育使得门徒们成为缺乏独立人格和情感意识的"墨义"工具。

"贵义"的悲歌

孔子和孟子都是鲜明地提出自己的论点来进行思想传播的,可惜孔子只有论点没有什么论证的技巧,孟子则用论证过程的快感抵消了自己的论点。而墨子就不一样了,他心中怀着和平、正义的理想,又能用合理的事实和逻辑在论证过程中打倒对手,从而收到实效。

墨子始终是一个孤独的行者。墨子从鲁国到齐国拜访老朋友。老朋友对墨子说:"现在天下没有人追求行义,只有你独自苦苦地行义,要不你还是停止了吧。"墨子回答说:"假设现在有一个人在这里,他有十个儿子,只有一个人耕种而其他九个儿子全都闲着,那么耕田的这个儿子就不能不更加努力去做。若问什么原因,那就是因为吃饭的太多而种地的人少。现在天下没有人行义,那么您应该劝勉我才对,怎么反倒阻止我呢?"这样高尚的选择起步会非常艰难,但只要坚持下去,就可能会取得个人的成功。最怕的是半途而废,反而遭到嘲笑。

人稍微有点儿实力,就会被好处诱惑。能否抵制住诱惑,就要看你的目标是什么。越王的属下对墨子非常信服,便去说服越王,使越王许以高官厚禄来迎接墨子。墨子哭笑不得："我是以艰苦朴素来引领世人的,现在我要是奔着名利去越国,不等于沽名钓誉吗?那就不是我了。"一个真正的思想者,并不为获取高官厚禄而把炒作名声当作捷径,而是出于内心对理想高层次的坚守。所以墨子能坚守本心。能力越大,拒绝的利益就越大,名气和地位也就越高,这也是思想家的命运辩证法。

墨子死后墨家分为三派:一派是游侠派,继续着维护正义的武力行动;一派是名辩派,潜心研究"墨辩"艺术;一派是游仕派,以从墨家学来的守城本领求官。

墨家的首领被称为"巨(钜)子",墨者以巨子为圣人,墨子是第一代巨子。巨子的地位实行禅让制,墨子死后,孟胜为巨子。

孟胜与楚国的阳城君交好,带领着墨家义士为阳城君守护领地。楚国内乱,有七十多个家族被株连。阳城君也是其中之一,他知闻消息后逃跑了。楚肃王要收回阳城君的封地,孟胜认为受阳城君所托,现在注定无法完成使命,要"士为知己者死"。弟子徐弱劝解孟胜,认为他的死对阳城君无任何益处,且此举将令墨家损失惨重,更有可能使墨家从此断绝于世。孟胜却认为他与阳城君关系匪浅,若不死,恐怕将来更没人会信任墨者。为了不使墨家断绝,他决定将巨子之位传给宋国的田襄子。孟胜令三个弟子将巨子之位传于田襄子,然后自己战斗至死,跟随孟胜赴死者约有一百八十人。三个弟子转告田襄子继任巨子后,也要自尽,以殉墨门死难者。田襄子接任巨子地位后命令这三人留下性命,但他们没有听从。墨门至此时,已经不再是维护抽象的"义",而是维护个体的"士"。他们的行为固然令人崇敬,但墨家作为一个流派却逐渐衰落了下去。

兼爱

无差别的爱是理想还是空想

墨子的思想，最核心的就是"兼爱"和"非攻"。在那个战乱的年代，前者适用于陌生人之间，要求人们相互友爱；后者适用于诸侯国之间，有利于百姓的安宁。

若无兼爱，陌路相逢，就不会有"兼相爱，交相利"的画面；若无兼爱，群雄逐鹿，就只剩下攻攻无已、杀人盈城的景象了。

什么叫"兼相爱，交相利"呢？即打破血缘、门户和种族之见，平等无私地交换彼此的友爱。

墨子提出兼爱的根源是因为大家都是上天的子民。这种说法有点宗教的意味。然而墨家并未成为一门宗教，甚至夭亡于秦汉之际，这受到了墨家另外一种重要思想——"天志"的制约。天从来都是为天子"撑腰"的，所以在大一统的秦汉时期，墨家这样维护平民和公义的私家武装就被取缔了。

从"仁爱"走向"兼爱"

墨子出身于儒门，由于出身底层，最终提出了与仁爱思想针锋相对的兼爱思想，建立了墨家学派。

仁爱思想本自孝亲，儒家把"孝"认为是"仁"的根本，把"孝"这一旧道德发展为"仁"这一新道德。"仁"，是为了解决以"孝"来驱使人心动力不足的问题——把人们道德行为的起点诠释为血缘亲情的自然本性。

当然，仁爱的最终目的，也是要将爱扩展至天下。这个最终的境界，就社会层面而言，正是墨家的起点。

墨子重新找回了"天志"，其"兼爱"思想本自"天志"。天志泛爱百姓，并无偏私，这是墨家之爱的起点，自然是一视同仁的平等之爱。但"兼爱"思想最终落实到个人，却对人的私情提出了严格的限制和严厉的批判。这种限制和批判，最终被法家发挥开来，着力打击私情私欲。这说明，"天志"的权威并没有显现，而天子的意志，却成为社会驱动力的有效源泉。

说到底，对于个人而言，"兼爱"思想落实起来还是有难度的。巫马子对墨子说："我与你不同，我不能做到兼爱。我爱邹人比爱越人深，爱鲁人比爱邹人深，爱我家乡的人比爱鲁人深，爱我的家人比爱我家乡的人深，爱我的双亲比爱我的家人深，爱我自己胜过爱我的双亲：这是因为更贴近我的缘故。打我，我会疼痛；打别人，不会痛在我身上。我为什么不去解除自己的疼痛，却去解除无关自己的别人的疼痛呢？所以我只会杀他人以利于我，而不会杀自己以利于他人。"

墨子问道："你的这种义，你将隐藏起来，还是告诉别人？"巫马子答道："我为什么要隐藏自己的义，我将告诉别人。"墨子说："既然这样，那么有一个人喜欢你的主张，这一个人就要杀你以利于自己；有十个人喜欢你的主张，这十个人就要杀你以利于他们自己；天下的人都喜欢你的主张，这天下的人都要杀你以利于他们自己。"

墨子所批评的，就是有差别的仁爱思想。他将这种思想背后的逻辑推至极致，遂变成了一种极端利己主义思想。墨子把差别之爱称为别爱,把持有这种思想的人称为"别士"。《墨子·兼爱》中说:"是故别士之言曰:'吾岂能为吾友之身若为吾身?为吾友之亲若为吾亲?是故退睹其友,饥即不食,寒即不衣,疾病不侍养,死丧不葬埋。别士之言若此,行若此。"概而言之,别士就是那种对他人漠不关心的人,对别人的苦难置若罔闻的人。这样的人,虽然还没有达到亏人以利己的境地,但也不值得肯定。墨子借此所推崇的,是兼爱和"兼士"。

伶牙俐齿的墨子固然可以驳倒别爱与别士,但事实上兼爱这种人道主义的理想还是很难实现。平心而论,我们还是很难做到平等地对待自己的亲人和陌生的路人。

这种平等的、无差别的泛爱观念不如儒家所倡导的"先亲情,再乡情,再友情,再人情"这一不断扩大的施爱观念。后者更合乎人性,尤其合乎百姓日常生活的正常逻辑。在最危急的时候,爱的差别性是一定会显现的,这就是人性。

"兼爱"的价值

如果聚焦在爱的情感上,我们会发现有这样几种系列的爱。第一个是亲情,乡情、家国之情也从属于这个系列,这正是仁爱所代表的。第二个是友情,尽管儒家也重视友情,也只是"乐之""信之",并不是儒家情感之根本,倒是墨家,为友情提供了思想的基础。两肋插刀时的忘我,劫富济贫时的协作,大快朵颐时的亲厚,都归于一个"义"字。第三个是爱情,它也是对血缘亲情的一种挑战,两个相爱的人如果恪守血亲的观念,必然会在家庭中形成无形的对立与隔膜。从这个角度上来说,确实也需要一种兼爱的胸襟。

如果以人为本位,以生命传承为核心来看待问题,仁爱就是理所应当的，但这并不构成社会和世界的全部，即便做到了"泛爱众，而亲仁"，那还有儒家所谓的"夷狄""禽兽"和"天地自然"。仁爱是人之本性。不管怎样，至少心中有仁、有爱。这就是兼爱的理论来源。而兼爱，是平等无私的仁爱，是人本性的升华。这个时候，必须有一个拉伸自我的崇高的维度，才能时时与生物物种那种不完善的文化基因相抗衡。

儒、墨之同尽在"爱"，然而其差别则在于"独"与"兼"，即私与公。站在天下、国家、社会层面上，兼爱一定是一个公民应有的文明素养；从立足于自身、家庭，站在基因和种族传承的角度看，一个照顾他人利益、怀有热忱的人是一定会让自己付出代价的，且很难被家人理解。遇到困境，家人可能完全不能理解他的一切言语和行为。

巫马子批评墨子的"兼爱"之说："你兼爱天下，但也未见有什么益处；我不爱天下，但也没有什么坏处。效果都没有显现，你凭什么肯定自己而否定我呢？"

墨子讲了一个具体的事例。他说："现在有人身上着火了，一个人捧着水来，一个人捧着油来，效果虽都还没有显现，但你赞同哪一个呢？"巫马子说："我肯定那个捧水过来的人，因为他一定是想灌水浇灭火，而不是火上浇油。"墨子说："我正是那个捧水来的人啊！"

儒家的等差仁爱，是人性的起点；墨家的无别兼爱，是人性的至高境界。爱是不可以放弃的文化希望，今时今日，我们还远远未达到人人互爱的墨家境界，未来的路还长。

非攻

以辩止战，以工御攻

在墨子看来，"攻"者就是"寇乱盗贼"，是破坏者。当然，墨子并不是彻头彻尾地反对所有战争，他只是反对侵略和兼并，反对不义的战争。

从"公输般造云梯"的故事说起

《墨子·公输》中记载着一个著名的故事。公输般（可能就是鲁班）给楚王造了云梯，楚王打算用它来攻打宋国。墨子听说后，从鲁国动身，赶了十天十夜的路来到郢地，去说服楚王。

墨子对楚王说："现在有这样一个人，放弃自己华丽的车子，却去偷邻居家的破车；舍弃满身的绫罗绸缎，却去偷邻居家的粗布衣服；扔掉自己家的鱼肉，却去偷邻居家的糟糠。这是哪类人呢？"楚王说："一定是个有偷病的人。"这个回答正中墨子的下怀，也是他预设中的答案。墨子说："现在楚国这么强大富庶，宋国弱小贫瘠，您去攻打他，不正是与得了偷病的人一样吗？"楚王无言以对。

利欲熏心的楚王尽管对墨子的诘难无言以对，但还是不肯放弃攻宋的计划。于是，墨子与公输般展开了一场虚拟的对决。他解下腰带，又用一些小木片围成了守城的器械，公输般的云梯怎么也不能攻破。这场虚拟的军事演习，墨子获得了全胜。虽然结果是墨子胜出，他却险遭杀身之祸。墨子巧妙地以弟子们已在宋国帮助守御为由，打消了楚王攻宋的计划，最终才得以逃归。墨子历尽艰险，为宋国带来了和平，然而宋人并不知情。

"子墨子归，过宋。天雨，庇其间中，守闾者不内也。"（《论语·公输》）令人感动的永远是那个淋雨的墨子，那个在暗中拼着性命保护宋国百姓的宋国人，从虎口逃出来的时候，却被宋国人拒之门外，独自淋雨。不能怪宋国人，因为他们不知情，也不能怪墨子，开口拿自己的功劳换取百姓爱戴，不是墨子所为。

这是最令墨家人感伤的一幅画面了。儒家对墨家的嘲弄是建立在推理基础上的，而墨家对儒家的非难则是建立在行动的基础上。墨家行为背后的动因无疑是对天下百姓无私而又博大的爱，在当时，这群有理论又有行动的人受到比儒家更广泛的关注是非常合理的。儒家和墨家的此消彼长是王朝统一进程带来的，源于政治的因素而非人格的关系。在乱世，墨子的"替天行道""为生民请命"的反抗精神显得更加宝贵。

"攻"与"诛"的差别

持有"非攻"主张的墨子反对不义的战争或攻伐。墨子听到鲁阳文君将要攻打郑国，就决定去制止。他对鲁阳文君说："假设现在你们鲁国发生内乱，大城攻击小邑，大贵族讨伐小家族，杀戮他们的人民，攫取他们的财物，你觉得如何？"鲁阳文君说："鲁国四境之内都是我的臣民，谁要是这样胡作非为，兴兵作乱，我一定会严厉地惩罚他。"墨子说："上天对天下的统治，也和您对鲁国的统治一样啊。假设您兴兵攻打郑国，难道不怕上天的惩罚到来吗？"

上天拥有天下，正如鲁阳文君拥有鲁国一样，鲁阳文君会因为境内有攻伐不义之事而惩罚当事者，上天也会因为天下有攻伐不义之事而惩罚当事者。这自然意味着鲁阳文君不应该去做侵略郑国的事了。

墨子接着说："郑国人残杀其君主，上天已经给了惩罚，使他们三年年成不好。现在你又要攻打郑国，说是顺天之意，这好比有个人，他的儿子蛮横强悍不成才，因此他的父亲鞭打他，邻居家的父亲也举起木棍来打他，说：'我打他，是顺从他父亲的意志。'这不是十分荒谬吗？"墨子的"非攻"主张曾经遭到过诸侯的反驳，他们说："你认为攻伐是不道义的，但攻伐难道没有意义吗？过去禹征讨有苗，商汤讨伐夏桀，武王伐纣，他们都被后世立为圣王，你怎么解释呢？"墨子说："你们没有了解我所指涉的范畴，因而弄不懂我的意思。你说的那些不是我所反对的非道义的'攻'，而是正义的、替天行道的'诛'。"墨子认为，禹、汤和武王的行为属于"诛"，因此三人被立为圣王；当今君主的行为属于"攻"，是不能与圣王相提并论的。这不仅有力地驳斥了反对者的理论攻击，而且进一步阐明了自己"非攻"的主张。

儒家和墨家都是反对战争的，他们都经常游说君主避免战争。从结果上看，墨家游说成功的概率比儒家高了许多。究其原因，除了逻辑能力，还因为墨子手下拥有一批死士，他的"非攻"是建立在防御能力和底气上的。

天志

后敬畏时代的"天"

天志,就是上天法则的意思。我们担忧的时候会说:"老天保佑!"我们蒙冤的时候会说:"青天大老爷!"我们衰老了会哀叹:"苍天饶过谁!"我们运气好时会说:"感谢上天!"这个"天",伴随着我们的喜怒哀乐,伴随着我们的生老病死、兴衰荣辱,这可真是"天人合一"。

墨家的"天"

在墨家学说体系中,天志,是整个体系的根本,是"兼爱"的根基,是"尚同"的依托,是"非攻""节用"等实用主义主张的基础。如果把墨子的思想体系比作人的身体器官,那么"天志"就是统领其他脏器的大脑。

在远古时代,洞察天人对话的巫师曾经拥有过话语权,而其正传嫡系就是阴阳家。儒家从阴阳之学中取出其礼乐文教的内容,而扬弃了那些玄虚的内容。到了汉代,董仲舒又在儒学的基础上找回了阴阳家的一些讲究天人感应的内容,以迎合政治权威,从而形成了儒学统治的基础。

春秋时期,墨家学说自儒家学说分出,倡导平民主义,但得不到任何权威的支持,难以生存、传播。在现实需要下,墨家找回了可以凌驾于诸侯甚至天子之上的"天",集合起一些社会边缘人的力量，形成了自己的一套理论体系。

墨子曾经对"天志"打过一个比方说："我有天志，就好像木匠有规、矩这样的工具一样，规矩可以测量方圆，天志也是一样，可以衡量天下的事物。"

墨子强调的"天志"，在当时是一个主流正宗的传统概念，倒是孔子讲的仁心是一种创见。墨子只不过在民本思想的立足点上，找回了天志作为其思想学说的强大动因。这跟荀子在儒学内部创"性恶"学说，却找回了儒学传统中的礼是一样的道理。当然，墨子也好，荀子也罢，他们必须对天和礼的内涵进行发展，才能适应自己的新问题。或是阶层，或是现状，他们都在春秋或者战国的末叶看到了社会的焦点问题。墨子说："顺天意者，兼相爱，交相利，必得赏；反天意者，别相恶，交相贼，必得罚。"（《墨子·兼爱》）不过墨子所言的"天"，实际上被他一定程度上偷换成了民的代言人，"天"不再是一种神秘莫测的权威力量。他说："今天兼天下而食焉，我以此知其兼爱天下之人也。"（《墨子·天志》）《尚书·虞书·皋陶谟》里本就有"天聪明，自我民聪明；天明畏，自我民明威"的话。墨子更是认为天兼爱天子、兼利天下，故而天志即为百姓之间的平等与关爱，他打了个比方说："如果一个人在家族中得罪了自己的长辈，他自然可以逃避到相邻的家族去。然而那个家族的父母、兄弟和相识的人们就会相互警戒，都说：'不可以不警戒呀！不可以不谨慎呀！怎么会有处在家族中可以得罪家长的呢？'"可见，人心之中，民心之中，自然有一份公义在，天志即是这份公义的展现。亚圣孟子批判、继承了墨子的民本思想，并把民心与来自性善四端的仁爱之心充分关联起来，回归孔子儒学，发展了儒家的政治学说。

赏罚来自天志，天志存于民心，民心自有褒贬，褒贬带来赏罚，赏罚来自天志……这个循环论证很有趣。这里能够坐实的，其实只有民心，不然就成了一个理论上的空套子了。

天人关系之争

在墨子看来，民心是兼爱的，这正是上天兼爱百姓的体现。然而，上天真的兼爱百姓吗？天人之间究竟是怎样的关系？这倒让我想起了唐代韩愈和柳宗元的一段争论。

韩愈愤愤不平地对柳宗元说："现在人们遇到灾难和疾病，都会乞求上天降福给他们，但现实是上天不仅不会垂怜他们，还会让人们看到更多令人气愤的现实：残害人民的人获得保佑，而保护人民的人却受到残害，这不能不让人们怨天恨地。但我认为这都是人们不了解上天的缘故。人们也不想一想，大家每天干着破坏自然的事情，上天怎么可能垂怜于他们？所以，天人关系不是相亲相爱的，而是相互仇杀的，那些代替上天残害百姓的人，正是上天施加惩罚的帮手啊！"

柳宗元说："韩愈先生一定是自己遇到不公平的待遇才有这样偏激的话，但在我看来，天人关系既不是相亲的，也不是相仇的，而是没有关系的。天并不能进行赏罚，人们命运所承受的都是人们自己行为的结果，不关乎上天的事情。所以，依赖于老天的人，不明智，怨恨于老天的人，更是愚蠢。"

柳宗元的结论是：你要相信你的仁义永存于天地之间，将生死置之度外，怎么能将存亡得失寄托于那些自然物和所谓的上天呢！

二人的争论，可以用墨子的理论来进行破解。当然，这种破解是离开了外在及偶然因素的理论上的平民生活的思考。

按照墨子的观点，赏罚福祸既然来自天志，天志又来自民心，那么人在现实生活中的运气一定是与他所生存时代的流行民意基本一致的，这就叫作"接地气"。

运气这种东西不是神秘的，不是老天给的，而是现实社会中各种错综复杂的关系的一个个爆发点。如果你不生存于现实，那就无所谓好运气和坏运气；如果你与现实联结得十分紧密，那么这个运气的问题就会频繁地发生在你的身上。所以，天人之间有关系，这种关系本质上是人与人群和时代的关系。

逻辑上说，民心民意如果与性善联系，那就关联起关于人性复杂的观点。人性问题上的争论会影响对民心的判断，或者说，民心本身就是人性复杂状况的表现。民心既然是复杂的，时代风气自然也就起伏无常。好运气只代表你顺应了流行中的民意，并不一定代表你有好的道德追求。流行中的民意有好有坏，但也顺之者昌、逆之者"亡"。

明鬼

墨子的鬼神观

按照墨子的理解，鬼有人鬼、天鬼之分。人鬼，可以用故去祖先的魂灵来代言；天鬼，就是秉持天志来施加赏罚的助理。儒家于鬼神并不讨论其有无，敬鬼神而远之，但所敬之鬼神是人鬼，也就是祖宗。但墨家所重视的却是天鬼。墨家认为神秘的天志要从人们所承受的祸福上去判断，人们的祸福，都是天鬼执行赏罚的结果。

鬼是古人善恶道德的约束力量

为了证明天鬼的存在，墨子举了很多例子。

周宣王杀了并没有罪过的臣子杜伯。杜伯说："假若君上认为死者无知，那么冤杀我也就罢了；假若君上认为死而有知，还执意杀我，那么不出三年，我必定让君上您知道后果。"果然，到了第三年，周宣王会合诸侯去打猎。太阳正中时，杜伯乘坐白马素车，穿戴着红色的衣帽，拿着红色弓箭，追赶周宣王，往车上射箭，射中周宣王的心脏，使他折断了脊骨，倒伏在弓袋之上而死。那个时候，跟从的周人无人不见，远处的人无人不闻，并被记载在周朝的史书上。甚至大家都以此相互警戒：不要杀害无罪的人，否则必定得到不祥的后果。

还有，秦穆公有一天中午正在庙里，看见有一位神进了大门后往左走，他长着人的脸面、鸟的身子，素色的衣服上有多重细细的鸟羽，脸形状方正。秦穆公见了他，因害怕而想逃走。神说："别怕！天帝赞赏你的明德，让我赐给你十九年阳寿，使你的国家繁荣昌盛，子孙兴旺，永不丧失秦国。"秦穆公拜了两拜，稽首行礼，问道："敢问尊神大名？"神回答说："我是句芒。"

墨子大量举证无外乎在证明鬼神真的是存在的，且鬼神降祸还是赐福都取决于人，尤其取决于人君的道德行为。这是墨子借以约束统治者的思想武器。

有一个在墨子门下求学的人，对墨子说："先生认为鬼神明智，能给人带来祸福，让从善的人富裕，给施暴的人祸患。现在我侍奉先生已经很久了，福却不到来。或许是先生的话有不对的地方？"墨子说："你可听说过隐藏犯人是有罪的吗？"这人回答说："没听说过。"墨子说："现在有一个人，他的贤能胜过你的十倍，你能放下自己如实地称许他吗？"这人回答说："不能。"墨子又问："现在有人的贤能胜过你百倍，你能终身称誉他的长处，而一次也不称誉自己吗？"这人回答说："不能。"墨子说："隐藏一项善行都有罪，现在你隐藏了这么多别人的善行，将有重罪，还求什么福？"

墨子生病了，一个学生进来问他说："先生认为鬼神是明智的，能给人带来祸福。从事善事的人就奖赏他，从事恶事的人就惩罚他。现在先生作为圣人，善行很多，为什么还得病呢？或许先生的言论有不精确的地方。鬼神也不是明智的？"墨子答道："即使我有病，也不能说鬼神有什么不明智的啊！人得病的原因很多，有从寒暑中得来的，有从劳苦中得来的，好像房屋有一百扇门，用善行可以关上一扇，可是盗贼从其他哪扇门不可以进来呢？"所以说，墨子还是坚持着鬼神赏罚与道德行为相关的说法。

可以说，墨子想证明鬼神存在，实质上是从实用的功利主义的立场出发，通过构建一种超脱人世的行为约束力量，以达到完善世间的政治秩序和社会秩序的目的，传达"善有善报、恶有恶报"的信仰。

墨子鬼神观的当代启示

从科学的角度来看，墨子的鬼神观存在着一些不符合科学原则的问题。首先，墨子没有提供关于鬼神存在的科学证据或理论，这使得他的观点缺乏科学的支持和验证。其次，墨子将鬼神视为决定人类命运的力量，这不符合科学的原则，因为命运应该取决于自然规律和人类自身的行动。此外，墨子在宣传鬼神时，有时会夸大鬼神的威力和作用，这也会导致迷信和盲目的信仰。

墨子鬼神观虽有局限性，但对于当代社会也有一定的启示。墨子的鬼神观提醒我们要保持对自然和超自然力量的尊重和敬畏。在当代社会，一些传统文化和信仰逐渐消失，这可能导致人们失去对自然和超自然力量的敬畏和尊重，因此墨子的鬼神观可以提醒我们重新审视并开发新的更加科学的力量。墨子的鬼神观鼓励人们追求道德和正义。在当代社会，一些人可能因为追求个人利益而忽视道德和正义，因此墨子的鬼神观可以提醒人们注重道德和正义的追求，为社会的发展和进步做出贡献。墨子的鬼神观也包含了一些道德和伦理的原则，如兼爱、非攻等，这些原则对于社会的和谐和发展也有着积极的作用。在当代社会，人们之间的矛盾和冲突不断，墨子的鬼神观可以帮助我们重新审视和处理这些问题，寻求和谐与共赢的解决方案。

尚同

为什么墨家的理想没有实现

"尚同",就是意见统一,"尚"同"上"。尚同有两个维度,一个是同一于天子,另一个是同一于天志。

通过"明鬼"我们知道,天理、公义是通过人间的祸福来展现的,对祸福的理解不同,就会对公义产生不同的解释,进而影响到对天志的判断。

同样的一件事情发生,有人认为其与道德有关,有人认为其与道德无关;有人认为其与道德正相关,有人认为其与道德负相关。众说纷纭,莫衷一是。

比如某个人中大奖了,有人会说这是积德行善的福报,也有人会说这纯属运气好;有人认为这个人德行足够好才会中大奖,有人起底说正是因为这个人游手好闲,老想着不劳而获,每天都在彩票中心兜转才会中这个大奖。

再比如某个人为工作奔劳得了重病,有人说他是积劳成疾,有人却说他是不分主次;有人说他因公忘私,有人却说他身体底子本来就不好。

同样一件事情,看法有这么多,细分下去可能还不止。

以"尚同"为核心的政治架构

墨子说:"天下之人异义"(异义就是每个人对义的看法是不

同的),"是以一人则一义,二人则二义,十人则十义,其人兹众,其所谓义者亦兹众。是以人是其义,以非人之义,故交相非是也"(《墨子·尚同上》)。也就是说,每个人一种看法,大家都坚持自己的看法,相互之间就只剩下分歧了。

这样的话,家庭也就无法和睦,甚至家庭成员相互仇害;天下的百姓也会互相侵夺,乱成一团。慢慢地,小的意见团体就开始产生了,进而左右大局。

解决办法是什么呢?选择一个"正长"。可以由三公、诸侯担任,也可以由乡长、里长担任"正长"。这样,里人的是非由乡长评定,乡人的是非由诸侯国君评定,国人的是非由天子评定。

在墨子看来,天子作为国家的行政首脑,承担的主要是"意见领袖"的职能。墨子说:"天子唯能壹同天下之义,是以天下治也。"(《墨子·尚同上》)天子只要把这个国家的理念统一在一起,天下就太平了。可见,在墨子看来,天子承担的就是统一意识形态的工作。

天子作为百姓公义的集合者,只能规避人祸,但统治的过程中也可能代表百姓犯时代性或者集体性的错误。这时候,超越天子百姓的上天就显现了。在这里墨子增加了一个自然之天的维度,他认为自然灾害就是"天志"对人力的惩戒与矫正。

墨子这个尚同的架构对我们的家庭和社会还是很有启发的。

从家庭的角度来说,传统家庭之中,往往是母亲以对子女的慈爱为要义,父亲以对亲友的孝义为要义,孩子以自己的快乐为要义,他们确实秉持着不同的价值观。在平常日子里,家庭成员各行其是,倒也无妨,一旦遇到事情,家庭成员之间的是非观念就会产生碰撞。要想大家协调一致,就得从导致这一冲突的危机问题入手。

放眼社会，有些人注重物质享受，有些人注重精神体验；有些人注重权力提升，有些人注重财富积累；还有一些人，有很强的功名之心，只想在自己承担的事情上被人认可。这都是人与人之间不同的观念、千差万别的价值取向造成的。

这些价值取向，有儒、墨、道、法等各家的根源，都被统一在我们当代的社会主义核心价值观中。这就是尚同，国家的稳定和发展，得益于这个意识形态统一的工作。

放眼历史，周公制礼作乐，是尚同；秦始皇设立郡县，是尚同；汉代独尊儒术，是尚同；隋唐以后科举取士，是尚同；宋元明清崇尚理学，是尚同。

然而，尚同之中，始终应该有个"下同"的维度。换句话说，尚同应该是以下同为基础的提升，尚同需要不断呼应百姓思潮的变化。在秉持当代社会主义核心价值观的前提下，也不能放弃实时的全球视野的动态观察。

从"尚同"看当前"佛系"文化

"佛系"一词源自日本，最先以"佛系青年"的方式传入，近年来在我国年轻一代中广为传播。

第一，佛系文化是当代文化，与佛教没有直接关系。目前，网上能找到的唯一一本讲佛系的书全是佛教的内容，与当今中国青年倡导的"佛系"生活有差别。佛系，是一个新的关于思想的词语，它和佛教、玄学、禅宗都有间接联系，是民间土壤里酝酿出来的一个新的文化态度。

第二，"佛系"是行为文化，尚无严格界定。佛系的核心主张是生活随心所欲、从容自如、自得其乐，不孜孜以求，也不危害社会，且衍生力强大。

第三，"佛系"不同于"丧"，它包含着积极因子。"佛系"一词一出，即在主流媒体和传统学术界的批判中被贴上了"消极""虚伪"的标签。实际上，以极低的物质和精神生活成本为代价，去换取个人爱好上的充分自由，这完全是应该被允许存在的正常价值观。

第四，自古以来，散淡生活就代表了更大基数的民众的精神追求，"佛系生活"正组合着"极简主义""断舍离"等流行词语成为思想界的新风尚。有人批评佛系是一种行为艺术，大部分人都是名利之徒的"伪佛系"。这种看法并不对，佛系并不一定要排斥名利，个人的兴趣爱好影响得大了，名利自然而然就来了，为什么要去拒绝呢？

所以，如果我们能好好建设"佛系"这个词，让它自发地为更多的民众服务，那么，它对于我们社会的和谐发展，对于我们实现人民幸福的奋斗目标，是有益无害的。

尚贤

能者至上的为政理念

"尚贤",就是重视人才的意思。

超越时代的人才观念

墨家十分重视意识形态的统一工作,在墨家整个体系下,自里长至天子,都在做这项思想建设的工作。墨子也提出了选贤而立的主张,这是很有突破性的。这种主张往前可以追踪到尧、舜、禹时期,往后可以展望到当代社会。

天子既然选定了,三公、诸侯、乡长、里长则都由天子从道德考核的角度予以任命,这和汉魏六朝的察举制度有点相似。

什么是察举制度呢?察举制度是官员选拔制度并不依赖于考试,主要是通过官员推荐人才。推荐人才主要的依据是道德考评,实际上就是一个人的社会名望。只不过察举制度的评价权最后落在一些名门望族手中,形成了门阀士族把持朝政的弊端。墨子理想中的人才评判权应该在王公大人手中,要避免的就是那种任人唯亲、鱼龙混杂的状况。

《墨子·尚贤》中有:"故大人之务,将在于众贤而已。"统治者应该做的最重要的事情,就是让一个时代政风和畅、人才济济。墨子把贤良之士看成是"国家之珍而社稷之佐",要求王公大人对他们"富之、贵之、敬之、誉之,然后国之良士,亦将可得而众也"。

反之，对于那些不义之徒，天子公卿不能令之富贵，不能与之亲近。

这说得很务实。统治者提拔什么样的人，打击什么样的人，无形中就会给社会带来什么样的风气。

选拔人才的标准

墨子所提倡的贤良是贤、能并举的。他的尚贤针对的是阶层固化的问题，反对贵戚专权，要求选贤任能。墨子向南出游，献书给楚惠王。楚惠王因为自己年老而推辞不见，却派穆贺去见墨子。于是墨子游说穆贺。穆贺给他解释说："您的理论很好，但这都是贫贱的人的想法，大王应该是觉得自己贵为君王而不用你的学说。"

墨子揪住"贱人"这个词反驳说："那么农夫也是贫贱的人，为什么他进献的米粮就被大王酿酒？难道智者的学说还不如无知的谷物吗？当年商汤要亲自去见伊尹的时候，姓彭的马夫反对，说伊尹是个贫贱的人。汤说：'不是你能了解的。'而且不再乘坐这个马夫驾的车子。"墨子的言外之意是，穆贺和楚惠王相比古代的名臣圣王差远了，怎么可以"贵物贱人"呢？

对于人才也是一样，墨子认为，即便这个人出身平民，无论是农民、工匠抑或是商人，只要他有能力，就可以授予其高官厚禄，令其任事出令。

地位、财富、实权，都要授予这样的贤能之人。缺少任何一个要素，这个人的才能就得不到发挥。对于贤才，不仅要能选拔出，还要会任用，更要去信任他。

尚贤，儒、墨、法三家无不提倡，但侧重各有不同。儒家尚贤，侧重道德；法家尚贤，侧重能力；而墨家尚贤，侧重德行素养与身体力行的实践能力。

就墨子本人而言，他除了是一个思想家，还是一个长于守城器械制造的专家。基于此，他在机械学、物理学、光学等领域都有建树。即便是他极度抽象化的理论领域，也强于逻辑论辩的实用技术。

但是，像墨家这样，在极高水平上的理想派兼实践派的组合，即便在其兴盛的春秋战国之际，也多被底层社会所追捧。秦汉以后，遭遇了君主专制和中央集权政治制度的沉重打击，更是一蹶不振。然而在这个过程中，墨家学派在实践层面却演化成为游侠群体，继续完成着墨子的梦想。

诸子思想中讲到墨家，算是一个重要的节点了。在此之前，讲述都是较理论化的内容，从墨家、法家开始，更加务实。从墨家、法家所包含的论辩艺术、管理艺术，走向兵家的战争艺术和纵横家的游说艺术，从头到尾整体上有一个由道到术、从理论到实践的过程。

我们对理论的需求，无外乎是一种精神上的依赖，只要你的精神足够强大，那些理论就不再重要。反过来说，实学之人，重视实践，大都天生精力旺盛，精神强大。这些人，才是生活中的贤能之人。我们不可能像古代的天子一样给他们委任什么官职，但可以借此安排朋友关系中的亲疏远近，从而让我们在现实生活中活得更从容。

节用

节约型社会的蓝本

"节用",即节制用度。在墨子的思想体系里,"节用""节葬""非乐"这一组关系比较密切,它们体现了墨子所代表的底层民众的阶级意识和行为要求。

如果从平民的角度来看,天下之间绝大多数的纷争都出于财用不足。对于老百姓来说,衣食住行的现实考验是首要的。

从"节用"到"非乐"

节用必然带来"非乐",也就是放弃以音乐为代表的娱乐享受。在墨子看来,现实人生的文艺享受是多余的。

墨子说:"仁之事者,必务求兴天下之利,除天下之害。将以为法乎天下:利人乎即为,不利人乎即止。且夫仁者之为天下度也,非为其目之所美,耳之所乐,口之所甘,身体之所安,以此亏夺民衣食之财,仁者弗为也。"(《墨子·非乐上》)

仁者之事,即兴利除害,心怀他人与天下,并非为了个人享受。"非乐",不是不懂钟鼓琴瑟之美,不是不懂美食华服之好,而是因为这些事情有害民生。墨子的"非乐"在有志之士的人生观基础上提出了崇高的要求,扭转了欲望的指向而上升到情怀的梦想。

墨子所忧怀的是这个社会整体的物资不足。他认为人们的一些损人利己的"不相爱"现象,正是出于缺乏用度,乃至于不仅"兼爱"无法施行，连"仁爱"都被破坏，父子兄弟为了争夺一点财产无所不为。他特别强调节俭的好处，认为"去其无用""足以倍之"（《墨子·节用上》）。把无用的费用节省掉，国家的财富甚至可以增长一倍！怎么理解这种"无用之费"呢？在墨子看来，不管是衣服、房屋、武器、舟车、饮食，在实用之外，一丝一毫多余的需求都应该去掉。他甚至都算计到晚婚晚育对劳动力人口增长的影响，要求按照古法，男子二十成年，女子十五成年，成年后一定要婚嫁生子，不能耽误。按照他的要求，很多礼节，肯定都是多余、浪费的行为。

在墨子的时代，葬礼是重要仪礼。墨子主张节用必须聚焦在葬礼上，或者说延伸到葬礼上。墨子所传述的上古葬埋之法是："棺材三寸厚，能使尸体腐烂就足够了；衣服有三件，能覆盖住难看的尸体就足够了。至于下葬，只要下面不掘到泉水，上面不漏出臭气，坟墓有三尺宽，就可以了。死者既已安葬，活着的人就不要长久地哭泣，而应该赶快做事，每个人都做自己能做的事，并用来使大家互相获利。"墨子的丧葬制度，以不损害生和死两方面的利益为原则。不可不说，墨子的丧葬制度改革还是很有现代性的。现在的婚丧嫁娶仪式，都要求从简、从俭。

"节用"思想的利与弊

墨子的节用思想有一个必要的前提，那就是物质财富的匮乏。在这个前提之下，分配的不均等、奢侈浪费都会导致严重的社会危机。饥荒和战争年月更应该以墨子的思想和精神来看待物资使用的问题。

若抛开这个前提，当物质财富充裕后，礼仪的必要消费也有它的意义。对此,荀子有过一段精彩的论述,核心词在于"养"和"别"。

物质生活和精神生活的作用,是"养"。耳目口鼻和身体,都需要滋养才能健康。尽管物质欲望使人产生争夺之心,但是生活物资的作用还是不能因此而废弃。财富并没有不好,只是争夺财富的乱象劳民伤财并且很不雅观。要"使欲必不穷于物,物必不屈于欲"(《荀子·礼论》),外在的享受和内心的欲求保持平衡才好,过于贫乏的物资和过于强大的欲望一样,不是什么好事情。

归结起来,墨子的节用思想是他与儒家分庭抗礼的重要依据,其主要针对的是物质享受和礼乐文饰。站在物质财富匮乏时代的角度看,或者从勤于劳作的平民阶层的角度看,"节用""节葬"和"非乐"都是维护社会生存和稳定的政治基石,但也不能忽视其理论的局限性,合理的物质享受和精神生活也有它存在的价值。

非命

超越善恶的"强"

非命，就是反对命定。在先秦时期，这是一个相对进步的观点。

墨子曾因为脸黑与算命者较过一回劲儿。墨子往北方去，算命的碰见他了，说："历史上的今天，天帝杀死了黑龙，您老脸儿长得黑，不要到北方去。"墨子不听，继续前行，结果真的因为河水上涨半途而返。算命的幸灾乐祸地说："我早把话放到这儿了，您看看！"

墨子哪能服气呢？他说："河水上涨，南北不得交通，所有人都过不了河，这里边有黑脸的，也有白脸的啊，为什么都过不去呢？再说北方也有黑脸的，也不见得他们那天都死在河对岸吧？"这个故事正是墨子"非命"思想的体现。

墨子正义感强，热诚而又执着，敢于为了维护老百姓和弱势集体的利益与强权进行抗争。抗争的方式，主要还是理论性的，辩难是他最重要的武器。在"非命"这个问题上，墨子说："言有三法。三法者何也？有本之者，有原之者，有用之者。于其本之也，考之天鬼之志，圣王之事；于其原之也，征以先王之书；用之奈何？发而为刑。此言之三法也。"（《墨子·非命中》）

简单地说，墨子在这里提出了著名的"言有三法"理论，从历史事实、百姓舆论和实践效用三个方面来评定言论的是非。这个理论主要针对的是"命定论"。

从历史事实来反对"命定论"

"本"即是已经发生的历史事实,下面我们来看"本之者"(从历史事实出发)之辩例。

墨子说:"为什么不考察圣王的行事呢?古代的圣王,举用孝子以鼓励他侍奉双亲,尊重贤良以鼓励他做善事,颁发宪令来教诲人民,明确赏罚的规定来鼓励善行而阻止作恶。如果这样做,那么混乱的情况就可以得到治理,危险的情况可以转为平安。如果认为不是这样,从前,夏桀祸乱了天下,由汤来治理;商纣祸乱了天下,由武王来治理。这个世界没有改变,人民也没有改变,君王改变了政令,人民就容易教导。同样的人民在商汤、周武王时就得到治理,在夏桀、商纣时则变得混乱。安危与治乱,在于君王所发布的政令,怎么能说是有命呢!"

这段话即是用历史经验来辩驳持"命定论"观点的学说的。

所谓命,无外乎生来的禀赋、地位和所遇的时代。命定论,自下而上地说,是一种自我安慰;然而自上而下就统治者而言,把很多事情归咎于时代的局限,却有着推卸责任、作壁上观、愚弄百姓的嫌疑。

从百姓舆论来反对"命定论"

"原之者"(从百姓舆论出发)之辩例。

"现在天下的士人君子,有的认为命是有的,有的认为命是没有的。我之所以知道命的有或没有,是根据众人所见所闻的实情。有听过它,有见过它,才叫'有';没听过它,没见过它,就叫'没有'。然而为什么不试着以百姓的实际情况来考察呢?自古至今,自有人民以来,有曾见过命的形象、听过命的声音的人吗?没有。

如果认为百姓愚蠢无能，所见所闻的实情不能当作准则，那么为什么不试着用诸侯所流传的话来考察呢？"

这段话则是从百姓舆论的角度来辩驳"命定论"说法的。

耳目所接，无人见过命运。命运既不是神鬼，也不是生人，它就是一个抽象的概念而已。命运是由数不清的条件关系构成的一种复杂的现象。佛教会把这一切解释成因果，命运是因果集合的假象。

常人之情被各种因果条件规则锁死了，不敢越雷池一步，常用各种因果关系去解释现在，去解释自己那些不如意的现实。这样的话，人的实践活动是服从、服务于理论的，人的行为都是理论的注脚而已。

但是，非常之人，一定是用非常规的做法逼迫着理论给他完美的解释。

实际上，英雄就是这样创造时代的。要突破命运，就要突破束缚。很多时候，我们安于这种束缚，因为我们潜意识里会觉得在这种束缚中我们一切的人生悲剧都会得到道德上的谅解，哪怕没有一个听众和观众，你也会觉得自己的命运一定会有人代为解释，一定是被人同情的。实际上，这都是弱者的表现。

强者的人生，是不需要解释、不依赖同情的，那不是对人性的不信任，而是对所谓命运本身的藐视。

从实践效用来反对"命定论"

"用之者"（对百姓是否有利）之辩例。

"现在要听用主张'有命'的人的话，则在上位的人不听狱治国，下面的人不劳作。在上位的人不听狱治国，则法律政事就要混乱；下面的人不劳作，则财物日用不足。对上没有粢、酒来供奉天帝鬼神，对下没有东西可以安抚贤人士子；对外没有东西可以接待诸侯的宾客，对内则不能给饥者以食，给寒者以衣，抚养老弱。所以'命'，上对天帝不利，中对鬼神不利，下对人不利。顽固坚持它，则简直是不好言论的根源、残暴人的道理。"

这段话从行政实践的角度来辩驳"命定论"的说法。法官把赏罚交给命运来执行，百姓把耕战交给命运来驱使，天下肯定会混乱而贫乏。在这里，墨子是反对道家那种无为而治的思想的。

人，毕竟有不同于其他自然物的感知系统，沉沦于自己的命运是不负责任的，用命运来解释他人的困辱也是冷漠无情的。尽管命运一定是有好有坏的，但墨子的非命，一定是面向弱者的。墨子说："志不强者智不达。"（《墨子·修身》）非命，给了我们一种狂者进取的精神，使我们具有一种强大的实践力量。很多时候，我们都会说自己力量不足、积累不够、时间精力不允许，实际上这都是委身命运的托词。"命"，是有的，它就是你盖棺定论时一生的轨迹；但"定"是没有的，你肯定会受到一些条件的限制，只要一息尚存，改变命运的机遇就始终存在。

墨子的"非命"，从后世看来，主要是针对像南唐、南宋、南明等这样国力弱小而又注重享乐的朝廷。放到今天，非命，要求我们在思维上跳出因果关系的桎梏，多在一些反常的事件上寻找变通的法则，改变命运的全部力量都存在于内心。只要我们内心的想法一变，行动跟上，一切都会重组。安于软弱和现实，其实没有变化；追求强大和梦想，才是真的变化。

当然，这种变化不是凭空生成的，而是一种事实和逻辑关系的重组。回到"言有三表"的启示，多看看那些符合你改变方向的历史事实、现实案例和社会需求，你就会找到改变的能量。

墨辩
建立在逻辑学基础上的论辩技巧

先秦诸子大都长于辩论,且各有不同特点。孟子长于气势,庄子嬉笑怒骂,而墨子则长于逻辑。

提到逻辑,我们一般会联想到哲学中的归纳、推理,或者学术思想的论证。其实,逻辑在人的日常生活中无处不在。同样的材料,用不同的方式组合表达就会得出不同的结果或者效果。对于个人来说,逻辑的能力就是一种思维与表达的底气。

我们生活在喧嚣的话语密林之中,每天都被各种各样的言论包围着。歪理邪说令人愤懑,尤其是那些占有统治地位和主导力量的言论。我们可能会感性地体会到其中的不妥,但又无力进行辩驳,或者说根本就没有进行语言抗争的勇气。

墨子教给我们的,正是一种以逻辑的力量进行话语反抗的斗志与能力。墨子是一位木匠、学者、实干家,甚至学派"巨子",他最杰出的还是高超的逻辑论辩技艺。

就学术而言,墨子及墨门后学在逻辑论辩方面又做了推进,使得墨辩登上了中国古代逻辑论辩艺术的高峰。

《墨子》中涉及逻辑的文章有六篇,包括"经上""经下""经说上""经说下""大取""小取"。墨家把这些内部切磋教案叫作《墨经》或者《墨辩》。

既然"辩"如此重要,就应该多辩。墨家提出了发起辩论的策略，其具体内容就是"誉"与"诽"，即称赞与批评。《墨子·经上》："誉，明美也。""诽，明恶也。"就是要将自己认为美的和恶的东西明明白白地表达出来。

站在自己的立场上对他人或"誉"或"诽"，极其容易导致辩论，所以"誉"与"诽"是引起辩论的直接方法。特别是"诽"，它是一种最直接的，使辩论一触即发的行为。激起辩论后，如何确保胜利呢？墨家有一系列具体辨术。

比喻与譬设

"辟也者，举他物而以明之也。""辟"，是举别的事物来说明这一事物，也就是运用简单直接的比喻，由个别说明到个别推理。公孟子说："没有鬼神。"又说："君子一定要学习祭礼。"墨子说："主张'没有鬼神'的观点却劝人学习祭礼，这就像没有宾客却学习接待宾客的礼节、没有鱼却结渔网一样。"

"譬"，有时还为了说明事理逻辑性而作"譬设"，也就是假设、假如。

墨子弟子耕柱子不满墨子对他的苛责。墨子问他："假设我要去登太行山，你是愿意驾骏马还是驾绵羊来护送我呢？"耕柱子说："当然是驾骏马！"墨子说："为什么？"耕柱子回答："因为骏马足以担当这个责任。"墨子说："你就是我的骏马，所以我才督责你去改变天下啊！"

察类与明故

推原法就是"知类"而"明故"。

类，即类别；故，即缘故。通过分辨和归属事物的"类"，可以进行是非判断。对各学科的类概念做进一步的抽象研究，就产生了逻辑学上的类概念。墨子提出了"察类"来"明故"的逻辑辩争方法。

在前期墨家的文献资料里，"类"概念已经多次出现，并被认为是其思想、谈辩的理论依据。

有一次，墨子让一弟子到卫国做官。去做官的弟子到卫国后却回来了。墨子问他："为什么回来呢？"那人回答说："卫国人与我说话不合。他们说'给你千盆的俸禄'，实际却给了我五百盆，所以我离开了卫国。"墨子又问："给你的俸禄超过千盆，你还离开吗？"那人答道："不离开。"墨子说："既然这样，那么你就不是因为卫国人与你说话不合而离开，而是因为俸禄少离开罢了。"

"说话不合"和"俸禄不足"是两个类。墨子通过推问卫国人给弟子加倍俸禄，弟子还要不要留在卫国的问话，归属了弟子做法实际的类属，也就明白了弟子没有执行使命的真实缘故。

援引与类推

依据《墨辩》，"援"就是说如果对方承认某一个观点，那么他就必须承认我的观点，因为我的观点与那个观点相同；或者如果是我们都要遵循的公认观点，那么你也不能认为我的符合这个原理的某个观点是错的。

"子然，我奚独不可以然？"你这样以为，我为什么不可以这样认为？你正确，我为什么偏不可以正确呢？"援"就是由特殊到特殊的推理，主要用"以子之矛，攻子之盾"的论证方法。

"援"还可以发展为"援引"，也就是引经据典说明自己的主张。这也是后世所常用的论证手段。

"推",是用对方所不赞同的命题,等同于对方所赞同的命题,以此来反驳对方的论点。归纳法与演绎法通用。"推",是由个别到一般的推理。

"推"的原则是"以类取,以类予","在诸其所然,未然者,说在于是推之"。如墨子论证"杀多个宋国百姓是不义"和"杀一人是不义"的命题同类,鲁班赞成"杀一人是不义"的命题,不赞成"杀多个宋国百姓是不义"的命题,陷于"不知类"的矛盾、荒谬。"推",可以叫作归谬式类比,或类比式归谬。

有一个人游学于墨子门下,墨子说:"何不学习呢?"那人回答说:"我家族中没有学习的人。"墨子说:"不是这样的。喜爱美女的人,难道会说我家族中没有人喜爱美女,所以我也不喜爱吗?追求富贵的人,难道会说我家族中没有人追求富贵,所以我也不追求吗?喜欢美女、追求富贵的人,不用看他人行事如何,自己努力去做就可。义是天下最贵重的宝器,为什么先看他人再努力去做呢?"

"推"的另一个方法就是开篇提到过的"以往知来,以见知隐"(《墨子·非攻中》)。有两个好办法:从已知推导出未知,从表象分析出实质。这是最简单的逻辑原理。有人曾经挑战过墨子这个说法,认为未来和真相是不可推知的。墨子反驳说:"现在你有急事要出门,是驾着那个劣马破车走,还是驾着良马好车走,哪一种先到达目的地?"对方只能说后者。墨子说,其实你已经在推知了。

在墨家看来,真正的"是非",乃是中无非、非中无是,即绝对的正确或者错误,不可转圜。但事实上,绝对的是非仅仅存在于理论上。在实际生活中,往往是对立双方各有一番是非的评判。世人言语的纷争,正是站在各自的立场上对是非观的执拗之争。

庄子为了调节这种语言纷争，着意于模糊是非的界限，齐一物论，混淆各种对立之间的差别，来求得身心的和谐。但墨家的是非观不是这样。墨家认为，是非取决于辩论。双方唇枪舌剑，辩胜者为是，辩败者为非。当然，墨家也没有就此走向诡辩论，他们认为，辩胜的原因并不完全依赖于技巧，而是正确运用技巧表达了合乎真相的主张，有"术"有"道"，才是墨家的本质追求。

韩非子

法家思想的集大成者

韩非子受学于荀子，潜心研究老子的思想学说，最终他却是法家思想的集大成者。

先秦诸子有一个传统，就是把美好时代的理想寄托在过去。而只有韩非子，激烈地反对复古，他要在理论上创新出一个适应时代变化的思想帝国。

韩非子是荀子的学生。荀子把人性恶的思想教给他，并告诉他要对人进行教化。韩非子接受了前者，因为他看到并预见了长期兼并和武力统一后的人性状况。他的一双冷眼，对人性的自私和贪婪看得比荀子还要深刻。但韩非子放弃了荀子倡导的礼教，他不相信欲望化的人性可以通过教育来改变。他倡导法制，认为只有法令的威慑，才能真正实现对人欲的控制。

韩非子的学问是帝王之学，他为他理想的"天子"构建的是一个极其严峻的"不安全的社会"。于是，即便贵为天子，如果没有法家人物所倡导的权势、权术和法令的辅佐，又怎么去面对整个天下的算计和攻击呢？

韩非子是老子之后最大的阴谋家。他是君主专制政治的设计者。在一个纵横游说的时局里，他是一个天生口讷的结巴，不能去巧言令色、沽名钓誉，却用一双冷眼旁观着世事变迁。

诸子思想的视角大部分都是士大夫或者平民阶层的，但韩非子的视角却是自上而下的、帝王式的，这与他独特的出身背景有关。他是韩国的一位王子，属于庶出，地位尴尬。我们不知道他生平遭受了怎样的挫折，或者存在怎样的困境，总之强大的野心成就了他卓越的理论，文字完成了他先天语言不足的代偿功能。在他的文章中，我们读不到任何温情，只有赤裸裸地为帝王服务的学说。

韩非子是荀子的学生。荀子还有一个学生叫李斯。李斯也是从儒家的理论出发，最终走上了法家学说的道路。

荀子告诉他们人性是恶的、自私的，但荀子充满了"知识改变品性"的信心。

对此，韩非子和李斯接受了前者，却都对后者不屑一顾。

韩非子认为：人的自私天性是教育不好的，只能用刑法的方式进行控制。

放眼天下，只有秦国的独立强大是建立在刑法的施行上。秦国这一局面是法家的先驱商鞅设计的。这位从卫国流亡到秦国的大家奠定了秦帝国的基础。至少，他帮助秦王实现了对军民力量的绝对控制。

韩非子本希望韩王能采纳他的理论，可惜韩王不任用他。流传出的韩非子的文字，吸引了秦王嬴政。于是秦王发兵攻打韩国，向其索要韩非子。秦王非常器重韩非子，这令韩非子的同窗李斯十分嫉妒，于是他伙同姚贾在秦王面前说韩非子的坏话，认为韩非子不可能真心侍奉秦国，不如找个法令的借口把他杀掉。生性多疑的秦王听了这两人的谗言，将信将疑，暂把韩非子下狱，但李斯秘密派人送给韩非子毒药。韩非子误以为是秦王送来的，于是在狱中绝望自杀了。

韩非子虽然死了，但秦王接受了他的学说。我们可以清晰地看到，秦王朝成为韩非子学说的一块试验田。事实证明，在荀子性恶论基石上建立起来的秦王朝，尽管强大但并不稳固，其中成败得失的道理至今仍然适用，值得反思。

有了秦朝二世而亡的教训，后世帝王不再高调标榜以法家思想治国，毕竟法家的人物和实施法家制度的国家下场都不太好：商鞅被车裂，韩非子被毒杀，李斯被腰斩……他们不得善终，秦历二世而亡。司马迁的父亲司马谈在评论先秦诸子思想时，也认为法家刻薄寡恩。所以后来的帝王们，都倡导以儒家思想控制民众，但法家思想已经深深植入他们的骨髓。"外儒内法""阳儒阴法"，都是这种统治局面的概括性说法。

从理论上说，韩非子继承了商鞅、申不害、慎到等先秦法家代表人物关于法、术、势，以及耕战、赏罚等理论学说，又对其做了充分的发挥。韩非生前，周折辗转，沉默压抑，满怀孤愤，却无处申诉。韩非死后，他的法家思想，变成了帝王皇权斗争中的一条隐线，掀起了惊涛骇浪。

耕战
大秦帝国炼成记

"耕战",即耕田和战争。耕战也叫农战,商鞅和韩非都认为这是立国之本,是国家强大的核心。他们认为:一个国家的人民,只要拥有农民和士兵这两个身份就可以了。身居后方,社会安定的时候就发展生产;身处前方,军情紧急的时候就冲锋陷阵,立下功劳时就被封赏土地,再扩大生产。生生不息,形成良性循环。强国之道,就是这么简单。放到个人身上,如果你想迅速发展自己,那么就把自己的生活简化为劳作和竞争就可以了。除了基本的营养补充、放松和休息,你只需要努力做好自己的工作,打败一切竞争对手,其他的都不要去想,你一定很快就可以强大起来。

要想更好地理解法家耕战的理论,我们需要从提出这一理念的商鞅说起。

商鞅的农战思想

商鞅本是卫国人,卫国是一个小国。心中颇有抱负的商鞅后来到魏国(战国七雄之一),可惜魏王不用他,于是他又投奔秦孝公。商鞅一共经过了四次游说,才取得秦孝公的赏识。这四次游说主题分别是帝道、王道、霸道和强国之道。可以看出,商鞅本来也不过是纵横家之流,没有自己的明确主张,或者说他自己的主张具有多种诠释的可能性。

相比而言，秦孝公才是一个真正的法家，他一直等到商鞅说出符合自己想法的主张。帝道、王道、霸道，都是过去式，秦孝公对于这些深谙于心。商鞅以法家立场的强国之道论之，才引起秦孝公的兴趣。

《商君书》中保存了一些可能为商鞅所作的篇章。《商君书·农战第三》云："凡人主之所以劝民者，官爵也；国之所以兴者，农战也。今民求官爵，皆不以农战而以巧言虚道，此谓劳民。劳民者，其国必无力；无力者，其国必削。"这段话代表了商鞅眼中老百姓生命价值观念的核心。国君拥有的资源是什么啊？权力。从赏的一面说，权力就是官爵，谁的素质好，就分配给他官爵；谁干得好，就提升他的官爵。可是，获取官爵的途径可就不一样了。比如通过姻亲关系，或通过社会名望，或通过滔滔善辩的智慧和口才，或通过脚踏实地的实干才能。商鞅最反对的，就是那种依靠智慧和口才获取官爵的渠道。他认为这是"劳民"，一定会给国家带来贫弱现象。处在上升期的国家，如果不重视具有实干精神的人，而尽是一些标榜道德和口才的人身居高位，那就危险了。

在这个前提下，商鞅主张只留下一条官爵提升的通道，那就是农战——农业和战争。商鞅把这叫作"抟力"，就是把力量攒到一点上。他说，人们的欲望千千万万，而获取利益以实现欲望的途径却不可以千千万万，应该是只留下一条农战的通道。这样，人民只要做好耕田和征战这两件事情，积蓄力量，国家就会变得强大。

把商鞅的思想放到当下，我们不妨这样来理解：美好的生活需要金钱来保障，可是获取金钱的方式是多种多样的，最好就是有这样一个岗位，它可以给你足够的薪酬和上升的空间。只要你把这一岗位上的工作做好，你就可以获得理想的回报，实现梦想。赚钱的模式越简单,人越是有干劲;反之,赚钱的模式越复杂,薪酬的天花板越低,人就越会胡思乱想,就无法集中精神把本职工作做好。

农战思想其实就是法家迅速强大的法门。劳作和防御是墨家倡导的生活方式。只不过,墨家为公义服务,而法家要求人们专注于农业和战争,这是基于个人对私利的追求,基于个人对获取官爵的欲望,也是法家的驱动力所在。因此,法家和墨家的立足点是完全不同的。

事实证明,法家思想收到了实效。商鞅等人描绘的场景就是人们本着自己的贪欲而劳作,然后把积累起来的攻击欲输送到国外,也就是放到战场上。在商鞅看来,这叫作"杀力"。在抟力而生力之后,老百姓力量过剩,那就得消耗力量,就好像人吃得好、睡得好,身体健康,难免就会产生攻击力,得举行竞赛或运动去消耗人们多余的体力。《商君书·去强第四》中说:国家强大了却不进行战争,这种过剩的精力就会像"毒素"一样输送到国内,无聊的人、事便会兴起。所以一定要进行战争,把"毒素"输出,国内无聊的人、事才会消失,国家也会变得更加强大。

法家的思想,确实不是那么厚道,出发点也不高尚。但客观来说,国家却因此得到了稳定、发展和扩张。当然,国君这个负责权力分配的人,也得公平、守信。这其实指的是奖赏的促进作用。实际上,商鞅强调的则是严厉惩罚措施。人们必须时刻准备战死于疆场,或在农业劳动中辛苦度日,否则就会受到惩罚。

秦孝公死后,他的儿子对商鞅并不信任。因商鞅变法而受到刑罚的王子、老师们及其门人告发商鞅谋反,因商鞅变法而受到制约的权贵们也趁机反对商鞅的变法主张。于是商鞅只好逃到边境,在投宿的时候旅店老板说:"咱们秦国的商鞅有规定,没有身份凭证的不能留宿。"商鞅只好逃往魏国。但魏国人仇恨他，不肯接纳他。商鞅被迫回到属地，起兵造反，很快就被镇压了，遭受车裂之刑。商鞅真是成也"法"，败也"法"，可以说他是殉难于自己的理论。

韩非子的"耕战"理论

商鞅虽死，但他制定的法令却被保留继承了下来，奠定了秦国逐渐强大，最终吞并六国的基石。

当然，商鞅之法也有其自身的不足之处，也就是韩非子所说的"详于法而略于术"。缺少权术的辅助，商鞅的"法"显得过于粗暴，不容易受到权力阶层的普遍拥护。他的理论继承者韩非子深刻地认识到了这一点。《韩非子·定法》中说："故战胜则大臣尊，益地则私封立，主无术以知奸也。"伴随着秦国的扩张，众多将领和臣子得到了封赏，君主如何驾驭这些新贵就成了问题。君主驾驭得不好，反而使得这些新贵将矛头指向内部，指向君王。韩非子则于法术有深察之论，足以洞见人心。秦孝公任用商鞅，打击旧贵族；而秦始皇重视韩非子，任用李斯，也制约了新贵族的发展。君主专制体系建立的历程很是残酷。

按《韩非子·定法》中的描述：商鞅的法令规定中，有这样的条目，即"斩一首者爵一级，欲为官者为五十石之官；斩二首者爵二级，欲为官者为百石之官"，也就是按照军功授予爵位。可是，韩非子认为：斩首杀敌，这只能说明一个人的勇力，而官吏所需要的是智能，两者并不一致，所以商鞅的办法是不对的。官吏的管理才能，就好像木匠或医生一样，是技术活儿，不是有勇力就能担任的。

从这一细节上看，在耕战问题上，尽管韩非子基本遵循着商鞅的主张，但他内心也曾有过整体上的深刻反思：在和平发展时期，智术之士和礼乐之事，是不是所需的。但是韩非子并没有深入地论述这一反思，主要是因为当时的韩国正处在需要特别强调耕战以发展国力、抵抗强秦的时期，所以仍需这一剂"猛药良方"救国。从这个意义上说，后世儒家对韩非理论的整体批判，也应该加入这层救急和务实的谅解立场。毕竟法家是注重实践的，理论上不周延之处，是为了服务于实践。如果韩非活到了和平的年代，或许他自己也会对理论有所丰富和发展。

刑名

业绩考察的方法

"刑名",就是法家人物所主张的"循名责实、慎赏明罚"的学说。

刑名的"刑"如果写作"形状"的"形",就有了另一层意思。

但"刑名"和"形名"之间也有互通关系。以《庄子·天道》中的一段话为例,其文本上用的是"形",但它的含义与"刑"相通。

将那段话转述为:他建立了一个概念体系,最高、最重要的是天,其次是道德、仁义,然后依次是分守、形名、因任、原省、是非,最后是赏罚。赏罚清楚了,愚智贵贱、贤与不肖,各种不同能力的人都获得了应有的位置、身份、职责、声誉,也就是名。形名已定,则天下太平。

所以这是一个循环的体系,由天道经形名到赏罚,由赏罚到形名再回到天道。

庄子讲这个道理,是为了说明天道作为刑名赏罚的最终背景。他认为忽略了这一背景的话,直接讲刑名赏罚,就是倒行逆施,背道而驰,尽管实用,但失去了根本。

不过,单讲赏罚刑名固然有弊端,可是像道家那样完全不讲刑名也有问题。那么,我们就保持着谨慎的态度讲一讲法家刑名之学的"循名责实、慎赏明罚"究竟有怎样的体现。

综覆臣下言行的名实

首先，要对臣下的言行进行监督和审查。一般人以为，这是领导者的正常权力，领导者行使这项权力是为了揪出贪官污吏和玩忽职守者。其实没有这么简单，除处置臣下和任职升迁之外，这项权力更大的意义还在于控制臣下。

领导者可以不断鼓励甚至要求手下表达忠诚或做出承诺，可以不断询问手下的工作成效。作为领导者，决不能轻易放弃自己手中的权势和地位，对员工听之任之，最终不仅得不到好评，甚至会丧失威信。

除了名实相符，还要求手下的言行与职位的要求一致。绝对的名实一致只存在于概念中，所以官员在绝对意义上的称职也是一个不可达到的指标。这样，领导者就永远处于得理的主导状态。

对于领导者来说，不要让各种规章制度在你手中荒废，这都是你驾驭手下的"利器"。皇帝的法令来自天道，官员的法令来自国君。无论它是否合乎实际，只要你将它利用起来，就可以借此彰显权力，增强自己的威慑力和恩泽力。

儒家讲究礼贤下士，长于"言过其实"；法家注重赏罚分明，务要名实一体。这里同样涉及一件事情的两种解读。晋平公听师旷鼓琴，叹道："没有比做国君更快乐的了，他的话没有人敢不听！"听到这句话，师旷用琴去撞晋平公。晋平公躲开了。师旷认为这不应该是晋平公说的话，大臣们认为师旷违背了臣子的礼节。对于这两种争论，晋平公一笑释之，不以为意。儒家的人认为这是"君臣两得"之举，也就是贤臣和明君相得益彰。但韩非子认为，这是"君臣两失"，师旷的进谏有越礼之嫌，而晋平公的宽宥有枉法之讥。我们认为在行政事务上，还是要强调法家对待职责和考核的严谨态度。

比较和公议臣下的言论

其次，要对臣下的言论进行比较和公议。领导者要广开言路，不能被一家之言所蒙蔽。即便都是出于公心，每个人的智识差异也会造成见解的分歧。通过比较各人的言论，忠奸、正邪、智愚等就可以显露出来。此外，领导者还要把代表性的言论摆出来，与大家讨论，这样可以避免方向性错误，也可以提升办事效率，还可以加深对臣下的了解。有些人的言论虽然逻辑严谨，甚至辞采动人，但可能不切实际，这样的言论也应被摒弃。

赵人虞庆建造房子，对工匠说："房顶太高了。"工匠回答说："这是新房子，泥巴是潮湿的，椽木也没有干透。"虞庆说："不对。潮湿的泥巴重量大，不干的椽木形体弯曲，用弯曲的椽木承受很重的泥巴，房顶就应当造得低一些。再过很长一段时间，泥巴干了，椽木也干了。泥巴干了就会变轻，椽木干了就会变直，用变直的椽木承受变轻的泥巴，房顶就会逐渐增高。"工匠无话可说，按照虞庆的话造出房子来，房子坍塌了。

范雎说："弓折断的时候，一定是在制作的最后阶段，而不是在制作的开始阶段。工匠张弓时，把弓放在校正器具上三十天，然后装上弦，却在一天内就把箭发射出去了。这是开始调节时缓慢而最后使用时急促，怎么能不折断呢？我范雎张弓时就不是这样：用校正工具校上一天，随即装上弦，上弦三十天后才把箭发射出去，这就是开始的时候粗率而最后有所节制。"工匠无言以对，照范雎的话去做，结果弓折断了。

虞庆、范雎的言论都做到了文辞动人，却违背了实际情况。君主对这一类话喜爱而不加禁止，这就是事情败坏的根源。不谋求治国强兵的实际功效，却羡慕那种华丽动听的诡辩，这就是排斥专业人士之言而采纳那种导致屋塌、弓折之类的胡说。

广开言路不是简单地增加听言的人数就可以。晏子访问鲁国，鲁哀公问道："俗话说：'没有三个人合计就会迷惑。'现在我和全国民众一起考虑事情，鲁国不免于乱，为什么呢？"晏子说："古代所谓'没有三个人合计就会迷惑'，是说一个人意见错误，两个人意见正确，三个人足以形成正确的多数了，所以说'没有三个人合计就会迷惑'。现在鲁国的群臣以千百来计算，言辞统一于季氏的私利，人数不是不多，但说的话就像出自一人之口，哪有三个人呢？"如果不能听到被季氏所控制之外的人的意见，听一百人、一千人的话也是如出一口，没有意义。

不要轻信舆论的观点

你的地位越高，在你眼前上演的戏法越为高妙，识别起来越要谨慎。

在封建社会，有一种权术很受皇帝青睐，那就是有意地在朝中树立两党，让两党成员之间相互争衡，互相消耗。对于这种权术，韩非子是反对的。他认为这是国家自取祸灭之道，应该严控等级制度以稳定政局。因为势同水火的两党必然希望通过互相的攻击和诋毁影响皇帝的判断，以获取最高的皇权来剿灭对方。

国家之间的争端更应该小心。郑桓公曾经巧妙地利用了这一点。郑桓公准备袭击邻国之前，先调查了邻国的豪杰良臣辩智果敢之士，把他们的名字写在单子上，选择邻国的良田划分给他们，并附上拟订好的封爵之名，将单子埋在地下，做出结盟的姿态，然后有意将消息泄露出去。邻国统治者以为内部发生了分裂,而尽杀名单上的良臣。桓公袭邻,轻易地大获全胜。

"刑名"思想核心在"循名责实",它和名实思辨的哲学思潮是同步的。名实思辨的哲学思潮虽然抽象,但滋养了"循名责实"的实践。

自利
自私的合理性

自利，可以追溯到与墨翟同时代的杨朱的"贵我"思想，而儒家的荀子理论立足点"性恶"也是自利的前身。

先秦诸子中，韩非子和庄子都擅长运用寓言来阐明道理，但韩非子的寓言和庄子的不同。庄子喜欢使用动植物来创作寓言，借以表达一种自由浪漫的想象；韩非子使用历史人物来创作寓言，借以表达对人性辛辣的揭露。我们就以《韩非子·内储说下六微》中的一组寓言故事为例，深刻地从人际关系的角度分析"自利"的思想。

权借

第一则寓言，韩非子说的是"权借"，就是君主把权势借给臣下，这种情况是万万不可的。韩非子说："权势不可以借人，上失其一，臣以为百。"管理者不可以把权势交给别人，你交出一分，属下就可以借题发挥，以一为百，甚至犯上作乱。

为了阐明这个道理，韩非子讲了个"燕人浴矢"的故事。燕国人李季喜欢远游，于是他的妻子在家和外人私通。有一次正好赶上李季回家，眼见事情要败露了，怎么办呢？李季妻子就让情人光着身子披散开头发，直接冲出门去，从李季身边逃掉了。李季感觉很震惊，整个人蒙了，忙问家人："你们看到了吗？怎么好像有个鬼从我身边过去了？"家人慑于女主人的恩威，都纷纷表示什么也没看到。李季更是惶惑，请教妻子该怎么办。李季的妻子说："你是神经错乱了，听说用牲畜的粪便洗一洗才会神志正常。"李季便言听计从。李季被人戴了绿帽子还要用牲畜的粪便洗澡，关键在于他管家权的失去，家人和妻子合起伙来蒙蔽他。对于一个常年不理政务的长官来说，受人蒙蔽迟早是会发生的。

利异

第二则寓言，韩非子说的是"利异"。君臣之间利益不同，而臣下往往会借用外力谋私。韩非子说："君臣之利异，故人臣莫忠，故臣利立而主利灭。"从利益的角度来说，君臣之间势不两立。其实不只在君臣之间，人与人之间也是如此。

卫国有一对夫妻在做祈祷。妻子说："请让我平白无故地得到一百束布。"丈夫听了很生气，骂道："为什么要得这么少？"妻子说："超过这一数量，你就会去买小妾啦。"即便是同床共枕的夫妻，也有各自不同的立场，各自不同的利益诉求啊！

似类

第三则寓言，韩非子说的是"似类"，就是臣下为了自己的利益，假托类似的事蒙骗君主。韩非子说："似类之事，人主之所以失诛，而大臣之所以成私也。"有些貌似同类的事情，会被人用来混淆真相，使得领导发现不了问题，而属下却借此成就私心。

楚怀王有个宠妃叫郑袖。有一次，楚怀王新得了一个美人。郑袖就顺从楚王的意思拉拢这个新来的美人，对她很是照顾，并对她说："咱们大王啊，特别喜欢女人掩住自己嘴巴的样子，你如果接近大王，一定要掩口而笑、掩口而言。"于是这位美人在接待楚怀王时，故意掩口。楚怀王感到很奇怪。郑袖在他的耳边说："她一定是讨厌大王的气味吧！"等到楚怀王与郑袖、美人三人同坐时，郑袖事先告诫身边的侍从说："今天大王要是有什么命令，你们就马上执行。"这位新来的美人一靠近楚怀王，就频频掩住口鼻。楚怀王终于被惹恼了，命令侍从："把她的鼻子给砍了！"侍从早得到了郑袖的安排，于是马上就砍掉了美人的鼻子。郑袖就是通过掩口鼻这一动作，蒙蔽了楚怀王的判断，让楚怀王以为是美人嫌弃他，从而达到了自己的目的。

有反

第四则寓言，韩非子说的是"有反"，说的是君臣之间的利害关系彼此相反。韩非子说："国害则省其利者，臣害则察其反者。"也就是说一件坏事出现，你要看看谁会是受益者，并由此来判断真正的坏人。

韩昭侯善于彻查臣下的心态和举止。有一次，他的饭食，肉汁中却有生肝。人人都认为这是厨师失职，韩昭侯却绕过厨师，直接召来厨师的助手，责骂他说："你为什么把生肝放到我的肉汁中！"厨师助手叩头承认罪过，说："我是想除掉主管大王膳食的人。"韩昭侯洗澡时，热水中有小石子。韩昭侯问："主管洗澡的人如果被免职，那么有应当继任的人吗？"左右近侍回答说："有。"韩昭侯说："叫他来。"将人叫来后，韩昭侯怒责他说："为什么在热水中放小石子？"这个人回答说："管洗澡的人如果被免职了，我就能够代替他了。"韩昭侯就是透过现象看出了本质，从而找到了真正做坏事的人。

参疑

第五则寓言,韩非子说的是"参疑",指在重要人物的任免上摇摆不定,等级名分上下混乱,最后导致身边人猜疑恐慌,争权夺利,内部作乱。韩非子说:"参疑之势,乱之所由生也,故明主慎之。"

韩非子讲的这个故事更加诛心。他说郑国的国君已经立了太子,可是又有所爱美人,想要把她的儿子立为继承者。这令太子的母亲郑夫人十分恐慌,认定必须要有所行动了。杀死那个美人?那是下策。把美人杀掉,郑君心生怜悯,美人的儿子马上就会被立为王储。那么害死太子的竞争者——那个美人的儿子?这个孩子一死,美人只会更加受到郑君的宠爱,她可能还会再生儿子,这只是拖延时间的中策。那么上策是什么?直接杀死郑君,也就是郑夫人的丈夫、太子的父亲。郑君一死,太子马上会继承王位,再也没有比这更安全的事情了。所以郑夫人用毒药毒死了郑君。

郑君的错误之处就是在立储的关键问题上犹豫动摇,最终导致被害。

废置

第六则寓言,韩非子说的是"废置",也就是敌国的离间。

孔子为政于鲁国,国人道不拾遗,国家发展得不错。邻国齐景公既嫉妒又恐慌,于是在大臣的建议下给鲁君送去了美女和宝马。按照齐国人的设想,这些礼物送去,鲁哀公难免沉溺其中,这样孔子就会批评进谏,鲁君内心一定会不高兴,君臣关系就会有矛盾,从而慢慢疏远。结果鲁哀公果然按照齐国人设想的那样去做了,孔子失去鲁君的信任。后孔子周游列国,鲁国一度中兴的态势也就因此中断了。

势
统治者的自我管理

法家理论有三个核心词，即法、术、势。"法"指公开颁布的成文法律及实施封建法治的刑罚制度。"术"是君主驾驭臣民、使之服从于统治的政治权术。"势"即权势，主要指君主的统治权力。早期法家学派中对于三者各有侧重：商鞅重法，申不害重术，慎到重势。韩非则主张抱法、处势和用术，这三者是互相联系的有机整体。

"势"的能量

什么是"势"？就是地位和权势。地位是先天的，就好比水居于高处。水积聚在高处，就具备了势能；人在高处，就有了权势。聪明的领导人懂得适当地把这种势能分散开去，即任命百官。散势的基本原则是：既不能分权给那些自己控制不了的狡黠之人，也不能分权给那些办不成事的高洁之士。

法家学者慎到是研究权势的专家，他曾经非常标举"势"的重要性。他说："飞龙、神蛇能够腾云驾雾，所以变幻莫测，可是它们一旦失去了云雾，就什么戏法都不灵了，和地上的蚯蚓一样平凡。"所以说"势"是非常重要的。

法家与诸子各家的关系非常复杂，儒家、道家、墨家、纵横家、兵家的思想对法家思想都有影响。齐宣王时期，慎到在稷下学宫讲学，一度享有盛名，号称"稷下先生"。慎到的学说主要针对帝王，讲究运用"势"来推行"法"与"权"。他认为，君主如果要实行法治，就必须重视权势，这样才能令行禁止。没有了权势，即便聪明贤能如尧、舜一般，也可能连几个普通人也治理不了；而有了权势，昏聩平庸如桀、纣这样的人，也能让天下大乱。

在我国古代，仕途是获得"势"的途径。不谈高高在上的皇帝，即便只是政府机构中的一个成员，也足以获取别人的恭敬和顺从。一个人不管品德和智力如何，只要获取了"势"，处处就能得到别人的肯定；失去了"势"，则处处受到别人的排挤和否定。

靖郭君田婴任齐相，和老相识谈话的时间长，老相识就变得富有；赏赐近侍小物品，近侍地位就会抬高。谈话时间长、赏赐小物品，都是微小的资助，尚且可以借此致富，何况把权势让给官吏呢？

韩非子也曾比较严谨地指出：对于任何一个普通人，"势"都可以令他焕发神采，但只有真正的贤德之人才可以让这种"势"发挥更大更好的作用，且能成全自己的美名。若是品质、才能低下的人，这种"势"反而是让他成为千古罪人的负累。儒家要求君子"克己复礼"，其实也是为了增加"德"的统治能量，这也会成为君子虽居低位却海纳百川的"势"。

"势"的运用

"势"是由统治者赋予的。从本质上说，应该以人才本身具有多少"势的能量"为依据。如果统治者不能正常地划分，导致庸才浪费"势"，人才被"势"压抑，那么另一种"势能"就会在某个局部突然迸发出来，形成一个颠覆性的局势而将"势"重新分配。封建王朝的末世经常会上演这种情况。《水浒传》所反映的北宋末叶的故事虽出于民间艺术累积，但一定程度上也体现了社会真实。

韩非子告诉我们：高明的君主蓄养他的臣下，使其完全依照法律办事，不使自己的威势散失。因此大臣们即使俸禄很多，也不能凭借城邑建立自己的威势；即使党羽很多，也不能拥有私人武装。臣子在国内不准许有私人朝会，在军中不准许有私人外交，个人的财物不能私自借给他人。这是明君用来禁止奸邪的办法。

俗话说"人微言轻"，如果你想影响别人，不在某种地位上是很难成功的。权势和地位是难以说清楚的力量，很多过于谦卑的人习惯性地掩饰自己的身份，结果造成了不被人重视的怨愤，自己还不知道根源；很多张狂的人过于夸大自己的身份，结果取得了短暂的成功，还自以为是实力的表现。

权势并不是真正的实力和善意，当身份属性发生变动的时候，一个人的控制力将不再奏效。这时候当事人也不必因此过于哀怨，这些都是正常的现象。

对一个国家来说，重视"势"和"法"，就会不知重视人才，权势之间相互控制，就会忽视民生，从而滋生奸邪，最后"法"也难以推行。

关于"势"，老子与孔子对水的势能做了描绘，韩非子对"权势"做了钻研，纵横家对局势做了揣摩，兵家则对形势做了探讨……诸子欠缺的，是财势，而现在仍属空缺的，则是智慧、力量、容貌等方方面面的势能。

在情爱场，容貌是一种势能；在名利场，智慧是一种势能；在角斗场，力量则是一种势能。

中国思想对"势"的要求：用"势"的威慑来使人主动屈服。"上将伐谋""不战而屈人之兵"，这是对势能运用的最高境界。

"势"的较量

势能之间的直接对决,是西方战争哲学的基石。但在我国古代,势能的转移,"四两拨千斤",也可以"卸"开势能,摆脱劣势。

孟子说:"说大人,则藐之。"(《孟子·尽心下》)其实就是一种"卸势"的办法。汲汲于权力的人,自然会拜倒在拥有最高权力的国君的脚下。但是,倘使孟子不把求官当成唯一的出路,就可以忽略掉权势的势能,在建构起来的德势、智势的话语体系下,拥有居高临下的势能,君王也可能匍匐于他的学说之下。

齐王对颜率说:"你过来!"颜率说:"大王过来!"齐王说:"我为什么过去?"颜率说:"你过来,这是礼贤下士;而我过去,就是趋炎附势。所以你应当过来!"齐王说:"我尊贵,所以我不过去!"颜率说:"不,王不尊贵,士人才尊贵!"其实,颜率的底气正来自一种从道德和智慧层面上重构势能来消解权势的观念。

术
领导者的团队管理

术，在法家看来，就是权术。

"术"体现为统治者对官吏们的监控。这种权术是深藏于胸间、暗蕴于心中的，即便是最亲近的人，也不能让他们听闻。

首先来谈谈重"术"的申不害。

申不害在韩国为相十五年，帮助韩昭侯推行"术"治，使韩国成为战国七雄之一。一直到申不害去世，韩国国家安定，政治清明，军队强大，没有哪个国家敢侵犯韩国。

韩昭侯从申不害处理外交事务的卓越表现及独到见解中发现，这位"郑之贱臣"原来是难得的治国人才。公元前351年，韩昭侯破格拜申不害为一国之相，以求变革图强。在治理国家时，获得权力的申不害则主张用"术"来推行"法"。

申不害的"术"是君主专有的用来驾驭臣下的方法。用现在的话说，"术"是一种治国手段、政治手腕、领导艺术和谋略方法。"当我们转向申子佚文及韩非子的解释中所描述的申不害的'技术'时，就会发现，它高度关注统治者如何控制管理队伍的问题"（《古代中国的思想世界》）。申不害的"术"分为两类，一类是控制术，核心是"正名责实"，通过对法令和真相的推尊、纠合来管理臣下，这是用在明处的君王本身的权力，何必要放松它以收买手下、笼络人心呢？第二类是权谋术，即搞阴谋、耍手腕、弄权术，既然臣子们一定会运用各种诡诈的伎俩来算计君王，君王又怎么能没有权术驾驭他们呢？

申不害成功地打造了韩昭侯这个运用权术使国家称雄于战国的君主。在韩非子的书中记载了很多关于韩昭侯善于利用权术驾驭大臣的事例。

一次，韩昭侯喝醉酒睡着了，掌帽官见他冷了，就给他身上盖了衣服。韩昭侯睡醒后问近侍说："盖衣服的是谁？"近侍回答说："掌帽官。"韩昭侯便同时处罚了掌衣官和掌帽官。他处罚掌衣官，是认为掌衣官失职；他处罚掌帽官，是认为掌帽官越权。

还有一次，韩昭侯用手包住手指，假装掉了一个指甲，并四处寻找，表现得非常着急。一个近侍割掉自己的指甲呈献给他，谎称找到了韩昭侯的指甲。通过此事，韩昭侯考察到这位近侍尽管忠心，但并不老实。

权谋术自然不是申不害的创造，但申不害是理论上系统研究权谋术的第一人，韩非子也是参考他的心得给"术"下的定义。韩非子、李斯尊奉申不害为宗师、法家之祖，"权术"一词正是由此而来。"术"强调的是一种管理智慧，是领导者不可或缺的技能。当然，过分夸大的"术"则会成为阴险的伎俩，使人身败名裂。

"术"的运用并非人人都能掌握。申不害说："君主的明察如果显露出来，人们就会防备他；君主的糊涂如果显露出来，人们就会迷惑他；君主的智慧如果显露出来，人们就会美化他；君主的愚蠢显露出来，人们就会蒙蔽他。君主没有欲望显露出来，人们就会探测他；君主有欲望显露出来，人们就要引诱他。所以说，我没有办法知道其中奥妙，只有无为可以窥测它的端倪。"

因此，君主如果没有高超的权术水平，宁肯把它们牢牢把握在手中,也不要分威散势,虽然操劳,但不至于危堕。

"术"具有非成文性。"术者,藏之于胸中,以偶众端而潜御群臣者也。"(《韩非子·难三》)术并无一定的规律,完全是君主根据其自身利害相机而动的一种手腕。

《韩非子·外储说右上》中记载了这样一个故事:田文做了秦昭王的宰相,朝中有两个主要的反对者阳胡和阳潘。为了消除这两个人的反对意见,田文运用了一个权术。他把二人请来饮酒娱乐,让自己的朋友作陪。在酒席宴上,家人来报说:"有门客张季求见!"田文假意恼怒说:"张季不帮我的忙,赶紧把他杀了!"朋友代为解释说:"张季其实一直在暗中帮助您。"田文马上变脸,让家人重重地赏赐张季。这样的作秀,让前来赴宴的两个异己分子始而惊惧、继而神往,最终成为他的同党。

韩非子传授的君王权力秘术是很具体的,比如"疑诏"和"诡使"之术。

韩非子曾举例说明"疑诏"之术。县令庞敬曾经派一群手下出去公干,但刚上路就调回其中一人问话,其实庞敬没有接见这个回来的人,就又命他追赶队伍去了。这个人回到团队中之后,没有任何人相信他所讲的实情,反而认为他已经接受了秘密监督的使命,于是所有人都不敢藏奸。

"诡使"之术另有案例。戴欢派人到李史家夜探,说要查明和他来往的达官贵人,结果得知了暗中与李史勾结的小人。周君丢了玉簪,让官吏们去寻找,三天没能找到。周君又派人寻找,结果在居民的房子中找到了。周君说:"我的官吏都不做事。找根玉簪,三天没有找到;我派人寻找,不到一天就拿回来了。"于是官吏都震恐不已,认为君主神明,其实这是君主的一个圈套。

商太宰派遣年轻的侍仆到市场上去，等他回来后问道："在市场上见到了什么？"侍仆回答说："没见到什么。"太宰说："虽说如此，究竟见到了什么呢？"侍仆回答说："市场南门外牛车很多，仅能勉强通行。"太宰就告诫他说："不准告诉别人我问你的话。"于是太宰召来市场官吏并责骂说："市场门外为什么有那么多的牛屎？"市场官吏很奇怪太宰知道得这么快，于是开始惶恐小心地职守了。

韩非子法术思想的执行依赖于高素质的君主，因此存在着极大的不稳定因素。相比儒家来说，法家思想蕴含的社会风险要更大。

韩非子认为，"术"非常重要，但不是决定性的因素，它要和"法""势"一起，配合着高智商和好品质的君王才能奏效，这其实与封建王位世袭制是有着本质矛盾的。

法令多施于"贱民"，对于这一点，韩非子尽管有所提及，但终究没有展开来说，而更侧重于君臣关系的探讨上，秦始皇最终也是忽视了韩非子反复提醒的对"在旁"之奸臣的控制，导致赵高乱国。而被韩非子有意无意忽略的贱民的情绪和反抗问题，最终将秦王朝送上了灭亡之路。如果说这是出身于韩国的韩非子最大的阴谋，那么李斯等人向秦始皇的告发就不是诬陷，韩非子还是以自己的学说颠覆了那个六国在军事上都无法战胜的最强大的敌人。韩非子并没有功业上直观的建树，但他的思想对中国政治的影响的确是不可忽视的。

法

法家的社会管理模型

法，就是法令、法规、法律。

《韩非子·定法》中说："法者，宪令著于官府，刑罚必于民心，赏存乎慎法，而罚加乎奸令者也。""必"，确立；"奸"，违犯。法是由官府制定并确立起权威的。

法令是由领导者制定和发布的，那怎样才能转移矛盾，避免自己成为意见焦点呢？韩非子认为，应该让"法"去符合"道"。在韩非子看来，"道"不是臣民们可以进行民主讨论的，而是应该由领导者一个人去钻研。只有这样的"道"，才能引发具有神秘感和权威力的"法"。因此，韩非子的法走向的是君主专制。法就是维护国家发展和君主个人权力安全的一种保护体系。这是我们了解法家思想的一个前提。

但是，因此就把法家思想的价值全部抹杀，那也是非常遗憾的。从社会层面的角度来看，社会交往中如果撇开了亲缘关系的情感，避开了公共道德的视线，人们的恶性和欲望都会或多或少地释放出来。法家立足的人性恶的立场是成立的,法家给我们建立的一种"不安全的社会"的构想，恰恰是在一个非亲缘关系中、各个阴暗角落中保护我们生命安全的救命理论。并且，在社会中如何利用人的欲望本性完成对事业的追求，以及随着社会地位的提升我们会面对何种来自内部和外部的欲望考验，都是法家为我们回答过的。

法家思想教给我们的，是安全、安全、安全！法家教会了我们不信任、防范和高智能。

法，法则之意。道家讲究自然法则，儒家讲究情感法则，墨家讲究公义法则，而法家讲究欲望法则。

礼是一种规范，法是一种规则。儒家的"礼"侧重于秩序的鼓励与引领；法家的"法"侧重于欲望的激励与疏导。

除了官爵对人的激励作用，荣誉也是一种驱动资源。

越王计划着去攻打吴国，想要民众为他赴汤蹈火。他外出时看见一只发怒的青蛙，就向它凭轼（车前横木）致敬。随从说："大王为什么对怒蛙致敬？"越王说："为的是这只青蛙气势汹汹的缘故。"第二年，愿意为越王拼杀的人就有十多位。由此看来，赞誉足以鼓动人们舍生忘死！

当然，要控制欲望，不能只是激发，还需要加以疏导，甚至对有害的欲望进行遏制。法家崇尚严刑峻法。在法家看来，人都是有欲望的动物，人们受到贪欲和权力欲的驱使，顽强而又执着地追逐着名利。这股力量会以农战的形式去疏导，但如果不对其进行严格制约，这股力量随时可能犯错。作为管理者，最重要的是提升犯错的成本、代价，这样才可以最大程度地减少罪错的产生。

按照商鞅的法令，在街道上随便倒垃圾要被砍断手臂，这样的刑罚很不合理，但一旦这样的法令确立起来，就会很少有人犯这样的错误了，因为极大的心里恐惧会严格约束人的行为。反之，如果说在大街上随便倒垃圾将被罚款十元，心存侥幸的人一定大大增加，因为这并不值得别人去举报，罚款对于某些人来说微不足道。

韩非子用了一个例子阐明严刑峻法的重要性。有个叫作董阏于的人去做赵国上党地区的郡守。他带着随从于石邑山中巡视，看见山涧深邃，像墙一样陡峭，深达千丈，就调查居住在深涧附近村舍的人说："曾有人下去过吗？"回答说："没有。"又问："小孩及痴聋、疯癫的人曾有下去过的吗？"回答说："没有。"再问："牛马狗猪曾有下去过的吗？"回答说："没有。"董阏于感叹地说："我知道怎么能治理好上党了。假如我对罪犯严惩不贷，使他们好像掉下深涧必死一样，就没有人敢触犯法令了，还怎么会治理不好呢？"他说这样的话，就是要表明自己的一种信念，给老百姓们传递一种讯息：法令就要如山般威严，让人恐惧，这样才能发挥效应。

维护法，首先就是要树立法令的信用。没有信用的法令形同虚设，还不如道家的"无为而治"。

商鞅变法在开始时，条令已经准备好，就等公布了，但是他很担心百姓不相信法令，于是他派人在都城市场南门前放了一根高三丈的木头，发布命令，能把木头搬到北门的人奖给十金。老百姓看到后对此都感到奇怪，不明白里边的蹊跷，于是就没有人敢去搬木头。商鞅又发令："愿意搬木头的人赏五十金。"重赏之下，终于有一个人搬了木头，结果官府真的就给了他五十金，以此来表明没有欺骗百姓。这下，老百姓对官府的信任大增，商鞅也趁热打铁颁布了新的法令。

法令颁布后一年之间，秦国百姓到国都控诉新法者数以千计。法家的法，是为了维护国家和君主，所以民怨沸腾也正常。

秦国人正在热议新法之际，秦太子触犯了法律。商鞅说："新法不能顺利施行，就在于贵族带头违犯。太子是国君的继承人，不能对其施以刑罚，应将他的老师公子虔处刑，将另一个老师公孙贾脸上刺字，以示惩戒。"秦国人听说了这样的事情，也就都遵从了新的法令。那些当初说新法不便的人中，有些又来说新法好。商鞅说："这些人都是乱法的刁民！"于是把他们全部驱逐到边疆，不准他们乱说话。此后老百姓不敢再议论法令的是非，秦国肃清了舆论，商鞅的新法就这样树立了起来。

商鞅新法施行十年，秦国出现路不拾遗、山无盗贼的太平景象，百姓勇于为国作战，不敢再行私斗，乡野城镇都得到了治理。战国末年，秦国统一天下之势已不可阻挡。在遇见韩非子之前，秦王已经采用法家手段治理国家，实现了对兵民的掌控。秦国通过对"法"的尊重和恪守，实现了战斗力的储备。

韩非子虽是韩国人，但他理想的"王"，恰是秦王。在《韩非子·初见秦》一篇中，韩非子用充满激情的语言描述道："今秦出号令而行赏罚，有功无功相事也。"秦国公布法令而实行赏罚，有功无功分别对待。百姓自从脱离父母怀抱，一生还不曾见过敌人；但一听说打仗，跺着脚赤膊上阵，迎着利刃，踏着炭火，上前拼死的比比皆是。

这样的做法被曹操学到了。曹操年轻的时候担任京城洛阳北部尉，曾经在衙门两侧挂上十余根五色棒。一个受宠宦官的伯父犯法，曹操杀一儆百，立下了威名。他的"法治"和刘备的"德治"形成了鲜明的对照，最终的胜利者是从曹魏集团成长起来的司马氏，这已经证明了法治的效用。

当然，法家人的"法治"，也不只是那种粗糙的、直白的、赤裸裸的专制，这样的法治显现不出力量。法家控制力的高明之处，在于能够"抱法、处势而用术"，在无痕迹中实现对臣民的操纵。

用人
相信人性还是相信制度

用人，就是领导者驾驭人才的基础。

于统治者而言，大臣和军队就是他的"势"，舍弃这些"势"，单枪匹马地去做事是不明智的。韩非子十分强调对能法智术之士，也就是管理能力强的人才的重视。但基于人性恶的立场，韩非子着墨更多的却是对下属的控制和防范。

阳虎发议论说："君主贤明，就尽心去侍奉他；君主不贤，就掩饰邪念去试探他。"阳虎在鲁国被驱逐，在齐国遭受怀疑，他逃到赵地，赵简子欢迎他，让他做首辅。赵的侍从说："阳虎善于窃取别的国家的政权，为什么还让他做首辅？"赵简子说："阳虎致力于夺取政权，我致力于维护政权。"于是便运用权术去驾驭阳虎。阳虎不敢做坏事，很好地侍奉赵简子，使赵简子强盛起来，几乎成了霸主。

这是法家最理想的用人情况。但是，如果没有高超的权术水平，就不要分威散势，把权势牢牢把握在手中，才不至于危堕。

晋文公出逃，流亡在外，箕郑提着食物跟随。箕郑迷失了道路，又和晋文公走散了，饿得在路上哭，也不敢吃掉食物。等到晋文公返回晋国，随即起兵攻打原国，攻下后占领了它。晋文公说："能不顾忍受饥饿的痛苦而坚决保全食物，这样的人将不会凭借原地叛变。"于是便提拔箕郑做原地的行政长官。大夫浑轩听到后反对说：

"因为不动食物的缘故,就信赖他不会凭借原地叛变,不也是没有手腕吗?"所以做明君的,不能依靠别人的不背叛,而要依靠自己的不可背叛;不能依靠别人不欺骗,而要依靠自己的不可欺骗。

齐桓公准备确立管仲的尊贵地位,便命令群臣说:"我准备立管仲为仲父,赞成者进门后站在左边,不赞成者进门后站在右边。"东郭牙却在门的中间站着。齐桓公感到奇怪,便问他原因。东郭牙说:"凭管仲的智慧,能谋取天下吗?"桓公说:"能。"东郭牙说:"凭他的果断,敢于干一番大事吗?"桓公说:"敢。"东郭牙说:"如果他的智慧能够谋取天下,他的果断足敢干成大事,您因而就把国家权力全部交给了他。以管仲的才能,凭借您的权势来治理齐国,您难道没有危险吗?"齐桓公说:"说得对。"于是就命令隰朋治理朝廷内部的事务,管仲治理朝廷外部的事务,使他们相互制约。

不仅法要有威严,领导者也要有威严。因为在这个冷漠的世界中,不仅仅是领导者在做着增强控制力的努力,被领导者也一定在不断尝试侵犯你的领导权,实施反控制。士卒想做将军,大臣想当宰相,宰相想当皇帝……越是得力的臂膀越可能是危险的敌人。

历史上这样的例子比比皆是。叔孙豹做了鲁相,地位尊贵而专权独断。他所宠爱的竖牛独揽了叔孙豹的号令权。叔孙豹有个儿子叫仲壬,竖牛很嫉妒他,并想杀了他。仲壬与友人一起到鲁君住处游玩时得鲁君赏赐玉环,仲壬接受了,但不敢佩戴,就让竖牛向叔孙豹请示。竖牛骗他说:"我已替你请示过你父亲了。他叫你佩戴玉环。"仲壬于是就佩戴了玉环。竖牛又趁机对叔孙豹说:"为什么不带仲壬去见见君主呢?"叔孙豹说:"小孩子哪能见君主。"竖牛说:"仲壬见过君主多次了。君主赐给他玉环,他已佩戴上了。"

叔孙豹就召见仲壬，仲壬果然佩戴着玉环，叔孙豹愤而驱逐了他。

当然，作为领导者，明知自己愚蠢，却喜欢装神弄鬼，很容易招致年轻人反感；但对于那些在斗争年月成长起来的一代，权力哲学对于他们来说却是驾轻就熟。其基本处事原则是不能让手下摸清你的心思，更不能让他们探知你的欲望。如果领导现出喜恶的表情，周围的人马上就会通晓伪装的门道，这会令你难辨真假。楚灵王喜爱细腰，朝中的一班大臣们，都唯恐自己腰肥体胖，失去宠信，每天只吃一顿饭。等到了第二年，满朝官员脸色都是黑黄黑黄的了。齐桓公善妒而爱好女色，所以竖刁自行阉割以便掌管内宫。这些正是明验。

如果领导者善于运用臣民的媚上心理，也可以转化为治理的方法。齐桓公喜欢穿紫衣服，全国的人就都穿紫衣服。在那时，五匹素布还抵不上一匹紫布的价值。齐桓公为此事担忧，对管仲说："我喜欢穿紫衣服，齐国百姓都喜欢穿紫衣服，但紫衣服特别贵，日复一日，对此情况，我该怎么办？"管仲说："君王想要制止这种状况，为何不尝试着不去穿紫衣服呢？您就对近侍说您特别厌恶紫衣服的气味。如果在这个时候近侍中恰巧有穿紫衣服觐见的人，您一定要说：'稍微退后一点，我厌恶紫衣服的气味。'"齐桓公说："好吧。"这一天，齐桓公的侍从官没有一个人穿紫衣服；第二天，国都中没有一个人穿紫衣服；第三天，齐国境内没有一个人穿紫衣服。

韩非子冷静地指出：在人性恶的基础上，臣、妾必定会算计甚至危及君王或嫡长子。因此，在这一点上，情感是控制力的死敌。领导者如果过于信赖手下，政权一定会被颠覆；如果过分迷恋女色，必定会使王权受损。领导者只要冷漠地静观他人的表现，严格地操纵赏罚就可以了。

公子尾、公子夏是齐景公的两个弟弟，很得齐国民心。他们既富且贵，民众又喜欢他们，拿他们和公室相比，这是危及君位的事情！毫无戒心的齐景公到了晋国，与晋平公饮酒，乐师师旷陪坐。齐景公向师旷请教如何处理政事，说："您将用什么来教我呢？"师旷说："您一定要施惠于民罢了！"饮到一半的时候，酒兴正浓，齐景公又向师旷请教如何处理政事："您用什么来教我？"师旷说："您一定要施惠于民罢了！"齐景公出门回住处，师旷为其送行。齐景公又向师旷请教如何处理政事。师旷说："您一定要施惠于民罢了！"

齐景公回到住处，考虑着师旷一直重复的话，酒还没有醒，就明白了师旷的意思——"现在叫我施惠于民，大概就是让我和两个弟弟争夺民众吧？"

于是齐景公回到齐国，就发放米仓的粮食给贫困民众，散发财库多余的钱财给孤寡人家。米仓没有陈年的粮食，财库没有多余的钱财，连君主没有临幸过的宫女也被嫁了出去，七十岁以上的人可以得到国家供给的粮食。这是把恩德布施给民众，用来和两个弟弟争夺民众。过了两年，两个弟弟出逃，公子夏逃到了楚国，公子尾逃到了晋国。齐景公借此巩固了地位。

韩非子说：即便是自己的正妻，也会盼着自己的丈夫早死。为什么呢？因为妻子与丈夫是没有血缘恩情的，主要倚赖于责任和美色。责任容易被丈夫忽视，妻子更是难保美色。男子五十岁而色心不衰，女子二十岁以后则芳华日减。因此，在嫡长子继承制的古代社会，必须是丈夫死掉，自己的儿子即位，女人才能得到一种真正的"安全感"。

在法家看来，血缘和人性都是不可信任的，任人唯亲和任人唯贤都不可靠，还是以法制约束住人才，才可以保证权力和生命的安全底线。

赏罚

如何拿捏赏与罚的尺度

赏罚，即奖赏和惩罚，它是权力和法律发挥作用的两种方式。

领导者控制力的实施，其实就赏和罚两种主要的手段，也可以称之为德和刑。官职高的人都知道这个道理，对下属要"打一打""拉一拉"，不能总打击下属，也不能总提携下属，要二者结合。韩非子将其叫作"二柄"，赏罚二柄，两手都要抓，两手都要硬。道家不讲赏罚，儒家重赏轻罚，墨家认为赏罚来自天志和鬼神。法家却不这样看。法家认为赏罚的权力必须牢牢掌握在管理者手中，赏罚必须分明，要轻赏重罚。

赏罚分明，则天下太平。如果达到没有人能体会到赏罚的存在，但赏罚又实实在在地发挥着效力，那就是将赏罚执行到极致了。法家管理的至高境界是老子的"无为而治"，但背后依托于智商和法律的不留痕迹的"有为"。赏罚不明，致使人们注目并讨论，人心波动，从而纲纪紊乱。

赏的权力，统治者容易交给所谓的贤德之人去实施，这样的话，民心更容易流向这个所谓的"贤人"。按照韩非子的理论，人性都是贪婪的，任何人都是不可以信任的，一旦拥有了民心，贤人可能会瞬间变成犯上作乱的奸人。"赏"是人人追求的，因此谁掌握了"赏"的权力，谁就能拥有影响力。春秋时期，田常承袭父位，居齐国相位，效仿其父用大斗借给百姓粮食，用小斗接受偿还，以此笼络民心，巩固了百姓和大臣们的信任，最终诛锄异己，齐简公也因而遭到杀害。

那么"罚"呢？"罚"是人人都讨厌的。韩非子认为将惩罚的权力交给别人是危险的。比如田常，翻手为云，覆手为雨，他拥立齐平公为国君，身任国相，从国君那里要来刑罚大权，把持国政。另如子罕告诉宋桓侯说："奖赏恩赐是百姓喜欢的，君王自己施行；杀戮刑罚是百姓憎恶的，请让我来掌管。"刑罚大权由子罕掌握，宋桓侯因而遭到挟制。

所以，属下如果统摄了刑赏大权，那么领导将会遭受危险。齐王向文子询问道："怎样治理国家？"文子回答说："赏罚作为治国原则，如同一种锐利的兵器，君主要牢固地掌握它，不可把它拿给别人看。臣子们就像麋鹿一样的野兽，只要有肥美的草地，他们就会跑过去的。"

儒家非常重视感情的联络，后世儒家人物甚至有秉持着零批评的原则，给予人们的懒惰和背恩以极大的宽容，这与孔孟身上存在的批判精神背道而驰。总体来说，儒家还是长于对善的肯定力量。但是对于恶，儒家一般没有什么办法，只有感化。感化真的会起作用吗？不一定。尤其是在短暂和急切的交际中，威逼与利诱要比感化引发的能量大得多。

子产做郑相，重病将死，对游吉说："我死后，您一定会在郑国执政，一定要用威严治理民众。火的样子是严酷的，所以人们很少被烧伤；水的样子是柔和的，所以很多人被淹死。您必须严厉地执行刑罚，不要让人们因您的柔弱而触犯法令。"子产死后，游吉不肯严厉执行刑罚，郑国青年拉帮结伙成为强盗，盘踞在萑苻之泽中，给郑国造成祸害。游吉率车骑和他们开战，打了一天一夜，才打败了他们。游吉感叹地说:"我早按子产的教导去做的话,一定不会懊悔到这般地步了。"

汉高祖刘邦以情感来笼络韩信,最终在危急时刻几乎失去了对韩信的控制力。在法家看来,这样的事情即便没有产生恶果,也是不应出现的。

领导者不必去用超规格的感情结交手下,这是有害的;也不必回避用冷酷去震慑手下。

赵襄子被围在晋阳城中。晋阳解围后,赵襄子奖赏有功的五个人,高赫是首位受赏的。张孟谈说:"晋阳的战事,高赫并没有立下大功,现在却成了第一个受赏的,为什么呢?"赵襄子说:"晋阳之战,国家危急,宗庙将覆。我的群臣没有一个不对我表现出骄傲轻慢样子的,只有高赫不失君臣之礼,因此要先奖赏他。"孔子听到后说:"善于奖赏啊!赵襄子奖赏一个人,能使天下做臣子的没有一个敢失礼了。"

韩非子却持有不同意见:"孔子不懂得何为善于奖赏。明君赏赐不授给无功的人,惩罚不施于无罪的人。现在赵襄子不责罚骄傲轻慢的臣子,而奖赏没有功劳的高赫,哪里看得出赵襄子是善于奖赏的呢?"所以说,韩非子认为孔子不懂得何为善于奖赏。

法本于刑。法家注重赏罚这"二柄",但以"罚"为上。韩非子的操二柄之术,表面上看是两者并行,实际是更重刑罚,赏不过是陪衬而已。

法家曾假借儒家人物以寓言的形式表达过这一点。曾有一位鲁人焚烧一处满积柴草的沼泽。天刮北风,火势向南延伸,恐怕会烧到国都。鲁哀公害怕了,要亲自率领众人救火,但到火场后,大家都去追逐野兽了,却没人来救火,于是鲁哀公就把孔子召来询问。

孔子说："追逐野兽的人既快乐又不受罚，而救火的人既受苦又不得赏，这便是没人救火的原因。"鲁哀公说："说得对。"孔子说："事情紧急，来不及行赏了。假使救火的人都给予赏赐，那么国库财产还不够给大家发赏呢。请动用刑罚吧！"鲁哀公说："好吧。"于是孔子就下令说："不救火的人，与投降败逃者同罪；追野兽的人，与擅入禁地者同罪。"命令下达后还未传遍，火已经被扑灭了。

法家重罚是法家思想在秦朝推行过程中一个自然的结果，因为国家资源是有限的。立有军功就给予赏赐，但国家的官爵是有限的。赏到最后，只好拿出天下来赏赐功臣了，这个时候，皇帝已经是赏无可赏了，那就只能找个谋反的罪名把这个功臣给杀了，所以还是走向罚。

如果说法家思想再进步一些，让功臣去做君主，然后君主再把位置向功臣一届一届地递禅，这是不是就进化到现代政体了呢？并不是，因为法家的整个思想体系是能力和智慧的上升通道，缺少道德和情怀，通过这样的思想体系选出来的是霸王，而不是天子。

法家思想要求人主抱法处势，用术操赏罚二柄，这个系统中最为脆弱的环节，就是人主。法家思想对人主的个人素质要求极高，一旦人主出了问题，那就可能造成系统性危机，国家崩盘。事实证明：传承制肯定不行，因为嫡长子继承制无法保证立贤立能，即便在皇族里选继承者，范围还是有限的。秦王朝相当于依然使用着过时的软件驱动着国家机器，这是秦王朝失败的核心问题，但这个问题贯穿了整个封建社会。

要解决这一致命的系统性风险，就要系统性地更新整个法家思想体系，也才能真正意义上实现民主和公义基础上的法制。

功名
韩非子讲成功四要素

这里的功名,不是科举考试中获得的头衔或者官职,而是一种实际的人生价值,一个人一生的生命重量。每个人都有或长或短的一生,但是这一生的价值,是有高低的,即便如庄子般做个隐士,在哲学上取得的成就也使他区别于常人。

哲人式的功名或许是儒家、道家理念式的圣人的功业,但肯定不是韩非子所关注的。韩非子的理想是使君王成就霸业,他的具体观点也很值得当代人在权力攀升时借鉴。那些已经攀升到顶峰的人,怎样才能在权力的帮助下有所作为呢?

韩非子说:明君之所以能够成就功名,取决于四个条件:一是天时,二是人心,三是技能,四是势位。换成今天的话说,就是时机、民意、能力和地位。

四个条件之中,首要的就是天时。韩非子说:"得天时,则不务而自生。"(《韩非子·功名》)只要抓住了天时,不用努力,事情自己就会发展。

天时就是天道运行的规律,就是春夏秋冬四季的轮回,就是春生夏长秋收冬藏。韩非子说:"不顺应天时,即使十个尧也不可能让谷子在冬季结出谷穗。"

天时是事物运行的周期,顺应周期做事,就容易成功。老子面对春秋衰世,拂袖而去,从精神上遁入上古,这是顺应周期,成就了他的智慧。孔子知其不可而为之，礼乐上追缅先王，成就了他的道德。但这都不是韩非子理想中的功名，他的功名在于，让旧事物腐朽下去，但新事物生长起来，缔造新圣，成就新的帝国。

而韩非子的同门李斯本是楚国的小吏，他看到官府厕所中的老鼠见到人惊慌失措，而粮仓中的硕鼠却大摇大摆的情形，就想到官厕和粮仓正是楚国和秦国的对比。楚国在腐朽，秦国在崛起，于是他向赵国荀子求学之后，直接投向了秦国；而这个时候，屈原还守在楚国谋求着变法图强。

韩非子并非秦国人，但他的理论却十足地对口秦国的法制。法家思想作为一种新兴的理论，就要到了开花结果的时候了。长期的发展，秦国已经积蓄了足够的实力，周朝的灭亡，秦朝的统一，就是当时的"天时"。

这是天下人都知道的秘密，然而却没有人能抓住机遇。

为什么呢？

因为这一天时，从外部看，可以将其命名为"潮流"；从内部看，却需要个人成长周期的呼应。我们可以把内部的天时命名为火候。

如果李斯直接从一介小吏投身秦丞相吕不韦门下，他也不会走多远。北上赵国追随荀卿，是他重要的一步铺垫。学问贯通的李斯，正赶上了时机接近成熟的强秦，出身底层而又富于实干经验的他，取代了吕不韦，淘汰了韩非子，成为帮助秦王嬴政成就功名的大功臣。

所以看到潮流之后，不要急于马上纵身跳进那条激流，首先要学一点游泳的本领，不然可能会在漂流的过程中搁浅，甚至被撞得体无完肤。

内部是火候，外部是潮流。很多时候，我们看到了外部潮流的走向，但不得不关注内部发展周期的考量，生硬地去坐上那个风口，虽然也会向前移动，但是内在的损耗很大，外部的收获却不会很多。

说了天时，再说人心。

韩非子说："逆人心，虽贲、育不能尽人力。"（《韩非子·功名》）"贲"是孟贲，"育"是夏育，这两个人是敢于出生入死的勇士。"得人心，则不趣而自劝。"（《韩非子·功名》）得人心的人，不用亲自到场督促，人们"不用扬鞭自奋蹄"。

人心就好比是一艘船，君主不可能在天时的激流中去进行个人的奋斗，而是要被船承载着，被人推动着。

秦王朝也有一个"成住坏空"的周期，且更短，因为秦王失去了人心，耗尽了天时。项羽只用了五年就完成了灭秦的使命，为什么呢？因为他抓住了天时并且利用了人心。

项羽是怎么得到人心的？项氏与秦王朝有国破家亡之仇，楚国为秦国所破，项羽祖父项燕被秦将王翦所杀。项羽和叔父项梁带着这股仇恨，加之他们起义后又打着楚怀王孙子熊心的复仇招牌，所以就把被秦王朝武力征服并严刑峻法控制后留下的仇恨力量全部积聚了起来。由此，才势如破竹，建立霸业。

接着谈第三个条件——技能。韩非子说："因技能，则不急而自疾。"（《韩非子·功名》）只要把掌握技能的人放在他擅长的岗位，那种职业欲望会自动让这个人加紧努力，而任何一个领域的王者，也是在技能优势的发挥中炼成的。

项羽力能扛鼎，个人的勇力足以镇服将士乃至各路义军，所以他才能成为西楚霸王。推翻秦王朝之后，楚汉相争，项羽本来所依赖的天下反秦的抗争和复仇欲望已在消解，而他又放逐并杀掉了义帝，更使得原有凝聚起来的人心开始涣散。这个时候天下的主题已经是胜利果实的瓜分,不是复仇而是欲望。在这一点上,他不如刘邦慷慨。刘邦本人就是贪财好色之人,所以他也更能从欲望的角度上去理解人心,敢于分封土地和官爵,而且项羽不如刘邦的地方还在于不能笼络各有所长的将领。刘邦帐下有张良、萧何、韩信等人,可以说人才济济,而项羽有一个范增却不能尽用。这也是项羽兵败乌江的深层原因之一。

最后说势位。韩非子说:"得势位,则不推进而名成。"(《韩非子·功名》)只要有地位,臣下取得的一切成就便都要挂在你的名下。

韩非子说:你让尧舜这样的明君,去做一个只管理三户人家的村长,他也未必能干好;可是你给桀、纣这样的暴君以国君的地位,他也能维持一段时间的自己的统治。这就是地位的作用。韩非子认为要让得到权力的感觉像攀上险峰一样,站在上面的人,自然让属下感到压力。一个人想要成就功名,不坐上领导的位置是不行的,而且位置的差别越大,管控的能力才越强。

当然,这个位置关键是实权,而不是虚衔。如果一个人要成就功名,一定要去寻找实际的地位而不是虚名。

孤愤

智能之士的孤独与痛苦

韩非子说的是谁的"孤愤"呢？是法术之士的孤愤，是能法和智术之人的孤愤。说白了，就是能干的和聪明的人所受到的冷遇。

这一冷遇间接来自领导者的昏庸，直接来自"重人"，也就是领导者倚重的奸邪之人的阻碍。因为这些人很会利用领导者的好恶骗取信任，成为"当途"之人，是指鹿为马的赵高一类。有这类人在，聪明能干的人才是无法受到重用的。

历史上真正发挥实际影响的法家人物是李斯。如果说秦统一前他属于纵横家学派，那么秦统一后他就当属法家学派。

作为当朝权臣，李斯害死了韩非子；但他又被韩非子所批判的"重人"赵高害死。这都是因为当时的领导者受到了蒙蔽。

李斯在赵国求学时接受了荀子"人性恶"的洗礼。辞别的时候，李斯跟荀子说："建功立业都有一个时机问题，现在各国都在争雄，正是出去闯荡的好机会。秦国雄心勃勃，想一统天下，到那里可以大干一场。人生在世，卑贱是最大的耻辱，穷困是莫大的悲哀。一个人总处于卑贱穷困的地位，那是会令人讥笑的。不爱名利，无所作为，并不是读书人的想法。所以，我要到秦国去。"豪情满怀的李斯告别了荀子，到秦国去实现自己的理想了。

李斯先是拜谒了吕不韦，然后通过吕不韦见到了嬴政。后来他被派往各国，游说各国权贵与秦国结盟，瓦解六国。他正面进行说服工作，背后则进行秦国军队调集和刺客暗杀的震慑工作，且一切进行得很顺利。这时秦国国内形势却发生了变化。一些本土的智囊人士认为李斯等这些非秦国人不可靠，要求将其全部驱逐，于是李斯写了著名的《谏逐客书》，予以驳斥，巩固了自己的地位。

此前的李斯，主要负责外交进攻，是一个纵横家。由于秦王朝的统一，李斯继吕不韦担任丞相，负责秦朝法制的建设，所以实际上他变成了法家。秦王朝的专制统治建立起来了，一切的学说大体都是遵循韩非子的主张。空前强大的法制帝国建立起来了。

秦始皇出行，死在路上，赵高打算联合李斯秘不发丧，传假诏赐太子扶苏死。李斯最初不同意，但是赵高对他说："如果扶苏继位，跟扶苏关系好的蒙恬就会是丞相，你的地位不保。况且你与蒙恬关系紧张，最终性命也堪忧。"纵横家出身的李斯最终还是摆脱不了个人利害关系的计较，就范于赵高的阴谋。

秦二世胡亥继位，秦王朝的政权却被赵高把持。他把法家关于帝王术的思想发挥到了邪路上，告诉秦二世帝王不能与大臣见面，要保持神秘感以树立权威。这使得李斯也见不到皇帝。正如韩非子所说：法术之士与当途之人是势同水火的，因为只有法术之士能够识破"当途""重人"的私情和伎俩。一旦李斯见到胡亥，赵高就会倒台。赵高岂能允许这样的事情发生？所以李斯最后被赵高诬陷为谋反，全家被腰斩于市。秦二世也被赵高以各种方式愚弄，最终在内忧外患中自刎而死。

韩非子与李斯的死加上秦王朝的迅速崩溃也使得法家一直蒙受着不好的名声，后世帝王只能暗里运用他们的学说管理国家，没人愿意声言自己是法家的继承者。

从根本上说，法家主张的以法治国在东方的人情社会里的确难以实现，明用的话会遭受道德的反抗，暗用的话会遭受人情的抵消。"法制"如果不能和私欲监督、"选用贤人"结合起来，终究是空话。

法家思想在事功上也不断有重要的传承者。千年之后堪比肩者，就是北宋的王安石。王安石有着法家人物强烈的自信。在《送孙正之序》中他说："当下流行什么就认为什么是对的，这种人是普通人；自己认为对的就坚持己见，这种人是君子。坚持自己的见解，并不是自私自负的表现，是因为圣人之道在里面。"他以一己之力推行变法，完全不理睬舆论、民主、老百姓的意见等，只相信自己的主张。"君子有穷苦困窘的时候，不愿意因为一次过失而屈服自己趋附时尚潮流，不因为时尚流行而放弃真理，所以他们得到君主的信任，改变世俗让人们走向正确的方向，是轻而易举的。他们的学术修养很深，他们的志向非常坚定。"他认为符合王道的思想就在他胸中，也只在他一人的胸中。这种强悍的个性，一如韩非子。

法家思想讲述到这里，即将进入尾声。这不仅是法家思想的尾声，也是儒墨道法四种意识形态的尾声。

从整个历史长河来看，儒家和道家那些合理的观点，已经充分地被吸纳进我国文化骨髓，融进了我们每个人的思想基因。但是，蒙受恶名的法家思想和看似崇高的墨家思想却一直没有被正视。儒、道思想的弊端，比如虚伪、保守、懒散等，仍需要相应的文化克制。

道、儒、法、墨四家思想，看似冲突，但如果我们把它们分别用于安置身心、家庭、社会和天下，你会发现它们可以很好地协作和互补，组成一个智慧体系。

孙武子

东方兵学的开创者

人从来都不是孤立的。人之所以为人，是由于人的社会属性。这决定了人与人之间不可避免的对话关系，这种对话关系会在自身、家庭、乡里、邦国、天下这些概念中逐层扩大。每个人总会代言一个圈子，或小或大，代言之后，对内是疏导和协调，对外则是竞争和挑战。

从斗争智慧的层面上来讲，从老子到孙武子，诸子文化已完成了从"阴谋"到"阳谋"的发展历程。我们虽把孙武子的战争力放在最后来讲，但需要说明的一点是：《孙子兵法》一书的产生时间在其他诸子的著述之前，道家后学对《老子》一书的修订可能受到《孙子兵法》的影响。

在生存的实际博弈中，人们交换和展示的是一种爆发性的能量。人首先必须在直接的斗争中生存下来，才有可能实现最终的安定与统一。

随着文化的发展，那种单纯依靠体力的暴力性对抗事件只留存在个别区域。对于大多数人来说，生活节奏的加快，外部交往的频繁，多层级、表面化的斗争氛围越来越明显，故而迫切需要斗争的智慧来应对无所不在的压力和挑战。

《孙子兵法》正是一部蕴含丰富的胜战思想的杰作。

孙武是舜帝的后裔，他的祖先由陈国流亡到齐国，改姓为田。田氏的一个继承人因伐莒有功，被齐桓公赐姓为孙。到孙武出生时，他们家已经做了齐国几世的重臣了。后来齐国发生内乱，田氏家族被驱逐，作为同族的孙武也被迫逃到吴国。

孙武仅比孔子小了几岁，却正赶上春秋末叶这样一个动乱的时期。他青年时期就创作了《孙子兵法》，虽产生了一定的影响，但没有受到诸侯的赏识。若不是伍子胥的引荐，他还不能顺利得到吴王阖闾的接见。

伍子胥是因父兄之仇来到吴国的。他见到吴王阖闾有雄图大志，但苦于缺乏人才，就推荐了孙武，并把孙武的著作拿给吴王看。吴王一看孙武的兵法著作就大为赞赏，并召见了孙武。

吴王对孙武说："我已经拜读了先生的十三篇大作，但不知先生可否实际演习一下？"孙武说："可以！"吴王说："可以用妇女来演习吗？"孙武说："有什么不可以的？"

吴王便召来了宫中的一百八十名美人。孙武把她们分成两队，并指定其中两位吴王最受宠的妃子当队长。孙武先向她们讲解军法，强调军法的严肃性，然后向她们讲解操练的要领和要求。

孙武还像模像样地让执行军法的刽子手站在两边，命令美人们向右转。美人们感到滑稽，笑作一团。孙武表情镇定，他说军队不听号令是将领的过错，于是再向她们讲解军法和动作。

再次讲解军法和动作之后，孙武命令她们向左转，又惹来美人们一阵娇笑。孙武说："现在就是队长的过错了！"他命令刽子手把两个队长斩首。

吴王在台上一听，吓得魂飞天外，马上传令说："寡人已经知道先生的军法之妙了，还是饶恕两位爱妃吧，我没了她们饭都吃不下啊！"

孙武对传令官说："将在外，君命有所不受！"于是，他坚持处斩了两位妃子，又命令两位排头的美人继任队长。再次操练，美人们没有一个不听话的了。

这个事件的寓意是深刻的。对于残酷的战争而言，混乱、儿戏、软弱、人情等都是要不得的，这都是战争失败的根由，必须首先去除。

这次检验使吴王大为伤心，但吴王也见识了孙武的厉害，把他留在了身边作为军事顾问。

此后,伍子胥和孙武就成为吴王的左膀右臂,帮助他南征北讨,建立了霸业。

吴王一直有心攻楚,但孙武认为时机未到,主要是民生和民心的问题没有解决。经过多年的休养生息和伍子胥提出的"疲楚"(不断军事骚扰楚国)战略,公元前506年,吴国攻楚的条件已经成熟,孙武与伍子胥辅佐吴王阖闾大举攻楚,直捣郢都(今湖北江陵西北)。楚军沿汉水组织防御,同吴军隔水对阵。楚军主帅令尹子常擅自改变预定的夹击吴军的作战计划,为了争功,单独率军渡过汉水进攻吴军,结果在柏举(今湖北汉川北)战败。吴军乘胜追击,五战五胜,占领了楚国都城郢都,几乎灭了楚国。

孙子兵法有战胜力八大法则:智胜原则、速胜原则、全胜原则、先胜原则、势胜原则、自胜原则、曲胜原则和奇胜原则。年轻人遇到困局,看《论语》或许能得到心理上的安慰,但是真的想要解决问题,还是要拿起《孙子兵法》,仔细品味其中的道理,一切的困局总会有一个解决的办法。

慎战

关乎生死存亡的大事

关于《孙子兵法》,第一篇的关键词讲的是"慎战"。

《孙子兵法》十三篇,第一篇为"计篇",开宗明义:"兵者,国之大事,死生之地,存亡之道,不可不察也。"战争是国家的要事,是生死危亡的关键,不能不深察其道。其实,这就是"慎战",就是要把战争看成是极其严肃的事情,不可儿戏。

自古以来,中华民族就不是好战的民族,在历史文化中,很早就有"慎战"的思想了。春秋战国之际成书的《左传》就说:"国之大事,在祀与戎。"国家最大的事情有两个:一个是祭祀,一个是军事。

《孙子兵法》作为一部谈兵之书,为了防备人们轻视战事,或者妄动干戈,孙武子把慎战原则摆在开头。《孙子兵法》虽不属于儒学范畴,但主要讲的还是保家卫国、仁义之师,可以看作是儒家的处变之道,以延伸儒家思想长于文、略于武的先天不足。

孙武子说:"非利不动,非得不用,非危不战……合于利而动,不合于利而止。"(《孙子兵法·火攻篇》)利,就是利益。战争,要以利益为核心,胜利还在其次。如果胜利只是虚名,那么宁可不去打这场仗。

利益有得失,否则就不要战争。永远不要为了战争而战争,那只是在享受战争的刺激和快乐,忘记了战争的实质和目的,是要付出代价的。

主将的素质

对于战争，主将需要具备什么素质呢？

战争的时候，主将最重要的是要控制自己的情绪。孙武说："主不可以怒而兴师，将不可以愠而致战。"（《孙子兵法·火攻篇》）因为愤怒挺身而战，往往会落入敌人的圈套，造成致命的后果。战争胜利的一个条件是灵活，另一个条件是冷静。主将情绪化是作战时最忌讳的，因为"怒可以复喜，愠可以复悦，亡国不可以复存，死者不可以复生"（《孙子兵法·火攻篇》）。人的情绪是随时可以变化的，但是阵亡的将士、灭亡的国家却不可能死而复生、败而复存。《三国演义》中蜀先主刘备因义弟关羽被东吴所害，一怒而发兵攻吴，最后大败而还；司马懿却以超人的度量，忍受了诸葛亮的百般折辱，最后守住了营阵。如果不首先修养好自己的忍耐力，就很难取得战争的成功。

身为将帅，有五种致命弱点是用兵的灾难，会导致自身的死亡、军队的覆灭。第一种是只知道硬拼。对于士兵来说或许是优点，但对于将军来说，这样容易被敌人诱杀。第二种是贪生怕死，难免会被设计俘虏。第三种是急躁易怒，容易被敌人激将。第四种是标榜廉洁。廉洁虽好，然一旦被敌人有意抹黑则心态失衡。第五种是重民轻战。爱民是明君的政治美德，但作为将帅，应以战局为重，以民生的未来为重，提早处置做好兼顾，尤其要防止在这一点上为敌人所利用。

慎战速胜的作战原则

在战争的问题上，孙武子持速胜论的理念。他说："故兵贵胜，不贵久。故知兵之将，生民之司命，国家安危之主也。"（《孙子兵法·作战篇》）这里的"兵"，代表用兵，"夫兵久而国利者，未之有也"（《孙子兵法·作战篇》），这是将帅必须要明白的一点。

决定了要打，为什么一定要求速胜呢？孙武子对旷日持久的战争指出了两点弊端：第一点是"屈力"，就是士兵们的锐气会耗尽，所谓"一鼓作气，再而衰，三而竭"；第二点是"殚货"，就是军用物资的竭尽。螳螂捕蝉，黄雀在后，屈力而又殚货的军队，最容易被其他国家钻空子。所以孙武子说："不尽知用兵之害者，则不能尽知用兵之利。"（《孙子兵法·作战篇》）充分认识到战争的危险、战争的代价，才知道如何在战争中最大化地利用优势，获取利益。

春秋时期，大国之间的战争，争的往往是头衔和面子。晋文公和楚庄王都曾经做过霸主。楚国和晋国作为一度称雄的霸主，进行了长期的争霸战争，国力逐渐消耗。与楚国相邻的吴国实力却在慢慢增长，这正是孙武所服务的国家。在吴王和伍子胥的信任下，他也一直在寻找一展韬略的机会，但他非常知道隐忍和等待时机，牢牢把握慎战的原则，几次打消吴王急躁欲战的想法。吴军花了六年时间，采用"疲楚""误楚"的战略战术，不断骚扰楚军，令楚军疲于布防，慢慢变得麻痹。

公元前506年，楚国和蔡国发生了战争，蔡国向吴国求救。孙武认为，伐楚的时机到了。他对吴王说："楚昭王昏庸无能，令尹无才无德，只会嫉贤害能，如果现在不伐楚，那就要错过战机了。"孙武对楚军作了全面分析，早就按捺不住的吴王立刻派遣孙武为大将,伍子胥、伯嚭为副将,吴王胞弟夫概为先锋,率大军进攻楚国。

吴王解救蔡国的义举,使得附近几个小国的国君也纷纷前来归附。于是,蔡、唐等国联军充实到吴军中,大大增强了吴军攻楚的战斗力。

吴军溯淮水而上,但孙武又突然决定放弃战船,改从陆路进攻,直插楚国后方。伍子胥一时不能理解。孙武解释说:"用兵最贵神速,要出其不意,打他个措手不及。逆水行舟很迟缓,必然给敌以可乘之机,我军就很难取胜。"这就是孙武速胜原则的体现。

吴军主力舍船登陆,与楚军主力隔汉水相望。楚军主帅子常为了抢头功,临时放弃了与另一将领沈尹戌合围吴军的计划,命三军全部渡过汉水,与吴军主力决战。

两军列阵于柏举。吴军抓住楚帅子常不得人心、内部不和、士兵不愿为他拼死作战的弱点,先发动攻势,一举击破了子常的军队。子常慌忙丢下败军,逃往郑国。

吴王阖闾趁楚军没有了主帅、混乱溃退之时,实施战略追击。在清发水(今湖北省安陆境内涢水)追上楚军,并在其半渡时发起进攻,大败楚军。

孙武等人则早已在大别山一带埋伏多时,严阵以待。此时,他与阖闾大军会合,再败楚军,三战三捷,打得楚军狼狈逃窜,并斩杀楚军主将沈尹戌。楚军全线崩溃,吴军很快占领了楚国的郢都。楚昭王吓得魂不附体,急急忙忙逃往随国。此战以吴国的全胜而告终。

这场战争,从庙算定计开始,确实是孙武军事理论的绝好实践。吴军将帅互相团结信任,在看到楚国军事实力下降及楚军主将的弱点后,抓住时机,早定计谋而又临阵应变,出其不意、攻其不备,巧妙利用地势之便，直捣楚国郢都，获取全胜。

可以说，孙武不仅是一位杰出的军事理论家，也是一位优秀的主将。除了慎战原则，这里体现出的其他战争原则，将在后面逐渐展开。

庙算

胜在战前

孙武子说:"夫未战而庙算胜者,得算多也,未战而庙算不胜者,得算少也。多算胜,少算不胜,而况于无算乎!"(《孙子兵法·计篇》)在慎战原则的基础上,发动战争之前,要在庙堂之中充分讨论确定大计。这里的"庙"和"堂",就是宗庙和朝堂。

那么,怎样才能对战争稳操胜券呢?孙武子将其中的要点概括为"五事"和"七计",要求人们从实处研究它们。

"五事",分别是"道""天""地""将""法"。这里的要点和次序都大有文章。"七计",就是人主的德政、将领的才能、天时地利的归属、法令谁来推行、队伍哪支最强、士兵谁来操练、军中赏罚是否严明。

这些就是战争胜负判断的因素,而且要据实考察,不应纸上谈兵。

庙算之五事

"道",放在首位。孙武子说:"道者,令民与上同意也,故可以与之死,可以与之生,而不畏危。"(《孙子兵法·计篇》)简单地说,道就是民心。孙武所谈的"道",强调军事实力的根基,其实是在谈政治。统治必须恩泽百姓,这样百姓才能与统治者一心,才能不畏惧危险,帮助国家渡过难关。

所以，军事上的胜负，根基在国内政治上。

晚唐诗人杜牧的祖父杜佑讲了《国语》中的一个故事。春秋晚期，晋国内乱，大夫赵襄子面对晋国三大势力（智、魏、韩）的威胁。在寻找根据地的问题上，他犯难了。侍从建议去长子，理由是距离近，且城墙厚实完整。赵襄子说："民众精疲力竭修筑了它，现在再要他们卖命守卫它，我不认为谁还肯与我同心协力。"侍从又建议去邯郸，理由是那里的仓库很充实。赵襄子说："那是榨取了民脂民膏才充实起来的，现在又要使百姓的性命受到伤害，谁还肯帮我出力呢？"赵襄子最终选择了晋阳，因为他想起了一些往事。当年他的父亲赵鞅（赵简子）曾经派尹铎修建晋阳城，声称要将晋阳修建成固若金汤的城池，并告诉儿子日后有难一定要去晋阳。赵襄子认为那是父亲嘱咐过的地方，尹铎待那里的百姓又宽厚，人民必定能同心同德，所以他便投奔去了晋阳。智伯、韩康子、魏桓子的联军包围了晋阳，又决水灌城，晋阳民家的炉灶都淹没在水中，生出了蛤蟆，然而人民却毫无背叛。最终凭借长期艰苦的防守，赵襄子获取了瓦解三家联盟的机会，智伯的势力被赵、魏、韩三家剿灭，三家分晋的局势正式形成。再加之田氏代齐的事件，中国历史从春秋步入战国。在这场艰苦卓绝的防卫战中，赵襄子正是凭借尹铎的德政实现了胜利，可见民心对于战争胜利有重要作用。

排在第二位的是"天"，第三位是"地"。天时、地利，都是人和的佐助。三者兼具，可以举兵，举兵则需要将领和法纪。

什么叫天时？天时就是阴阳、寒暑、时制。阴阳即昼夜、晴雨等天时气象的变化；寒暑即寒冷、炎热等气温的不同；时制即四时节令的更替。打仗时要对这些要素进行研究和利用。

什么叫地利呢？地利就是远近、险易、广狭和死生，即路程的远近、地势的险阻或平坦、作战地域的宽广或狭窄、地形是否有利于攻守进退。

从天时的角度说，冬夏不兴师，是古人打仗的一个约定俗成的原则：冬天和夏天不发兵打仗，因为太冷或太热，气候条件对士卒不利。

从地利的角度说，不能背水面山而战，这叫绝地。

正如我们所说的"哀兵必胜""置之死地而后生"，天时、地利都不是绝对的。绝对的事情只有一件，就是人和。

正所谓"天时不如地利，地利不如人和"。唐太宗说："凶器无甚于兵者。行兵苟便于人事，岂以避讳为疑？"（《李卫公问对·卷下》）人事、士卒和百姓的生死存亡，是优先考虑的要素，天时和地利的各种拘束都应该为人事让路。将领和法纪也是落实人事的其他两个要素。

庙算之七计

"道""天""地""将""法"，是国君和主帅必须通晓的五个关键词，而具体作战前，还要从七个角度提问，得出实情后就可以判断胜负了。

第一个问题是："主孰有道？"对垒双方的主宰者谁拥有更高的道德智谋？

当年韩信在刘邦与项羽之间就是经过这样的提问后做出了判断和选择。他说：项羽虽号称霸王，但他是匹夫之勇、妇人之仁，不得人心；刘邦可以废除秦法、秋毫无犯，收买人心。这就预示了谁更有可能获得最终的胜利。所以，他倒向了刘邦，帮助刘邦战胜了项羽。

第二个问题是:"将孰有能?"对垒双方的主将谁在"智""信""仁""勇""严"这些素养上更完备?

还以楚汉相争的事情为例。刘邦和项羽之间曾经还有一股势力,就是魏豹的势力。他始而归属于项羽,后又追随刘邦、叛归项羽。实际上,他相信了相面先生的话,想在楚汉相争的格局下收取渔翁之利。刘邦必须先除掉这股势力,才能专心对敌项羽。他派郦食其去游说魏豹投降,虽然没有成功,但却了解了军情。刘邦问:"谁是魏豹主将?"郦食其回答说是柏直。刘邦当时哈哈大笑:"这是个乳臭未干的小子啊,韩信完全可以消灭他。"又问:"骑兵将领是谁?"郦食其回答说是冯敬。刘邦说:"这个人虽是个贤良之人,但是灌婴完全可以对付他。"又接着问:"步兵将领是谁?"回答说是项它。刘邦说:"他不是曹参的对手,如此我就没有顾虑了。"果然不出一个月,韩信他们把魏豹擒获了。

第三个问题是:"天地孰得?"天时地利在谁那边?

赤壁之战可以作为古代战争中考虑"天地孰得"的一个典型例子。

在这场战役中,曹操率领大军南下,准备一举消灭孙权和刘备。然而,在战术上,曹操犯了一个重大的错误。他忽略了长江上的风浪和他军队疲惫的状态。相反,孙权和刘备通过天时地利的判断,利用了这个机会,用火攻的方式发动了攻击,使曹操的大军陷入了一片火海。

从天时的角度来看,曹操在长江边上遭遇了风浪,这使得他的军队无法有效地行动。而从地利的角度来看,孙权和刘备在他们的本土作战,对长江的地形和气候都非常了解,这使得他们能够有效地利用这些优势。

因此，在赤壁之战中，"天地孰得"的判断明显偏向于孙权和刘备。他们能够利用天时地利，以弱胜强，成功地阻止了曹操的进攻。

第四个问题是："法令孰行？"哪一边军纪执行得更严明？

军纪严明，是作战力的重要保障。

春秋时期的晋悼公举行诸侯大会，我们知道这是为了炫耀自己的实力，可是在诸侯大会期间，他的弟弟杨干却做了扰乱军纪的事情。主将魏绛不顾晋悼公的亲情和颜面，杀掉了杨干的仆人，可以说打了晋悼公一记耳光。晋悼公震怒，但是魏绛也早就做了最坏的打算，他向晋悼公上书说军队出现这样的事情，当然是我的责任，但在紧急关头，我必须首先整肃军纪，执行军法，现在事情过去，我愿意接受刑戮。晋悼公读了之后幡然醒悟，主动请魏绛喝酒，提升了他的官职。

有魏绛这样的将领，晋国才可以在诸侯各国甚至戎狄中拥有影响力。

第五个问题是："兵众孰强？"哪一方的军队实力更高？

军队的绝对数量和实力是决定战争胜负的重要因素，尤其在进攻性的战役中。长平之战就是历史上一个典型的以强致胜的战例。长平一带位于今天的山西省晋城高平市西北，公元前260年，秦国名将白起率军在此攻打赵国。这场战役中，秦国的兵力远胜于赵国，白起利用兵力优势，将赵国的军队分割包围，使其粮道断绝，困于长平。最终，赵国军队投降，四十万大军覆没。秦国利用兵力优势，成功地击败了赵国。

兵众的实力既包括数量，也包括内部的生态。考察这方面的实情，对将领的正确决策常常起到决定性的作用。

第六个问题是："士卒孰练？"士卒谁来操练？

在《三国演义》中，蔡瑁、张允是荆州牧刘表的部下，后来投降了曹操。然而，在赤壁之战中，孙吴联军基于对蔡瑁、张允的了解预判了曹操军队的失败。

在赤壁之战中，蔡瑁、张允负责操练水军。然而，他们并没有考虑到长江上的风浪和士卒的疲惫，也没有对敌军的战术和策略做出正确的判断。结果，在孙权和刘备的火攻之下，曹操的水军遭受重创，导致整个战争的失败。

第七个问题是："赏罚孰明？"对功过的赏罚执行是否及时到位？

功过赏罚的严格执行，是法家的强国法宝。在秦王朝和曹魏政权的发展中起到关键的作用。但功高赏厚对于秦朝的高级将领而言却是一个无法落实的悖论，赏到极致只有让国了，这与秦王朝的世袭传承制肯定是冲突的。白起在长平之战打败赵国后因小过受惩，其根源正在于此。项羽等人反秦时也充分利用了秦国将相功高而身危的心理诱使章邯等人投降，但项羽本人也是一个在奖赏方面有些吝啬的霸主，倒是刘邦在封王裂土问题上表现得十分大度，成就了王业。

总而言之，有了"五事"这个理论基础，再加上"七计"的具体考量，战争的局势就可以了如指掌，那么就不是冒失、冲动、盲目地面对生死存亡的战争了。

攻守

一招制敌与固若金汤

攻守，是攻防之间的辩证关系，充塞在我们每天的工作和生活中。

攻防辩证，在孙武子这里，当然是防守为先。"故用兵之法，无恃其不来，恃吾有以待之；无恃其不攻，恃吾有所不可攻也。"（《孙子兵法·九变篇》）期待敌人不来侵略，在侥幸心理中苟且偷安，这是兵家的忌讳。我们唯一能凭靠的，就是从不松懈的武备。"故善战者，立于不败之地，而不失敌之败也。"（《孙子兵法·形篇》）善于作战的人不会失去敌人提供的可乘之机，但前提条件是：必须居安思危，只有常年的戒备才能获取及时的胜利。

攻守之间的转换

因此，在可能的情况下，要先立于不败之地。孙武子说："昔之善战者，先为不可胜，以待敌之可胜。不可胜在己，可胜在敌。"（《孙子兵法·形篇》）先要把自身的致败因子挖出来，解决掉，再等待敌人的可乘之机，方可取胜。

《孙子兵法·形篇》中说："不可胜者，守也，可胜者，攻也。"明明没有胜算，不去防守去干什么呢？不管是羞辱、愤怒，还是诱惑，都不足以让一个理性的人放弃防守而冲动进攻。能不能完善自己，这是自己能够决定的；能不能取胜，却不是自己单方面说了算的，还要取决于对方。所以兵家、法家强调，即便有绝对的实力优势，也要寻找对方的薄弱环节来攻击，以稳操胜券，减少损耗。

孙武子说："守则不足，攻则有余。"（《孙子兵法·形篇》）也就是不足则守，有余则攻的意思。进攻和防守的选择，核心在于内在的实力，其次才是外在的机会。机遇再好，不能获取终极的胜利，反而会过早暴露实力和意图，为以后的进攻增加困难。所以"善守者，藏于九地之下，善攻者，动于九天之上，故能自保而全胜也"（《孙子兵法·形篇》）。守，则将实力和意图牢牢隐藏在内；攻，则如天兵突降，暴风骤雨般完成进击。守的底线是自保，攻的境界是全胜。

"不能藏于九地之下"，已是防守的暴露，但是遇到没有"动于九天之上"的进攻，防守也还可以谋划。

东汉末年，凉州贼寇王国的军队包围了陈仓，左将军皇甫嵩带领将领董卓前去救援。董卓的方案是迅速进军陈仓，速战速决。但皇甫嵩不同意，他说："现在陈仓地方虽小，但城池的防卫一向做得很好，问题只是在于已不属于藏于九地之下了，所以防守的任务危急。好在王国的兵力虽然强大，但是已在明处，也不属于动于九天之上了，所以也没有胜算。王国看到我们不去救援陈仓，所以攻势一定不会那么凌厉，而陈仓一看我们不去救援，则坚守的意志一定会更加坚定。以坚定的防守意志对抗犹豫的进攻态势，一定会获得最终的胜利，而我们可以坐收成功。"

故事的结局真的如皇甫嵩的预言一般。朝廷的军队按兵不动，凉州贼寇王国等人从冬天到春天围了陈仓八十余天，最终攻不下陈仓，只好解兵而去。以暴露的防守对抗突然的进攻，拖延并不会增加暴露的内容，因为已经摆在那里了，但可以消磨进攻的势头。这个时候，作为救援方，把节奏降下来，对防守反而有利。

进攻与防守的原则

如何做到成功地进攻和防守呢？孙武子说："攻而必取者，攻其所不守也；守而必固者，守其所不攻也。"（《孙子兵法·虚实篇》）进攻敌人不设防的地方，而防守敌人尚未进攻的地方。

"攻其所不守"，就是攻击对方守备虚弱的地方，这些地方是"攻而必取"。实际上看来，这些地方往往并非军事要塞，而是政治中心或者物资通道。"守其所不攻"，指不受敌人的骚扰，全力防守敌人一定要攻取的要害，尽管敌人对此的攻势松懈，但一旦发起进攻，此地失守则满盘皆输。所以不管敌人攻与不攻，自己应当始终清楚防守的重心。"守而必固"，深知自己的要害所在，牢牢设防，不能被敌人牵着鼻子走。当年汉景帝的太尉周亚夫就是这样，七国之兵攻击军营东南时，他却叫人布防西北，果然在西北遭遇了前来偷袭的敌兵主力，成功击败了敌军。

"故善攻者，敌不知其所守；善守者，敌不知其所攻。"（《孙子兵法·虚实篇》）高超的将领，总是能在攻防决策上胜过敌人一筹。想要进攻，敌人就不知道往哪里防范；想要防守，敌人就不知道哪里是漏洞。这都体现出攻防的主动性。"故我欲战，敌虽高垒深沟，不得不与我战者，攻其所必救也；我不欲战，画地而守之，敌不得与我战者，乖其所之也。"（《孙子兵法·虚实篇》）

那怎么又叫作"攻其所必救"呢？

东汉时期，建威大将军耿弇率兵东进，渡河攻打割据势力张步。张步的大将费邑派其弟费敢把守要隘巨里（地名）。耿弇令军中修理军械，声称三日后进攻巨里，引诱费邑前来救援。又是军事要塞，又是弟弟把守,费邑怎能不救,他果然统率三万精兵前来。耿弇留三千人围攻巨里,亲自率精兵埋伏在山坡两侧。当费邑兵到,耿军居高临下冲溃敌军,斩杀费邑,费敢逃走。然后,耿弇又纵兵扫荡未降的残兵四十余营,一举平定了济南郡。

什么叫作"攻其所不守"?即进攻其防守薄弱处。

耿弇打下济南后,继续进兵张步的地盘。张步派其弟张蓝率领精兵两万守西安(今山东临淄西北),又聚合万余人驻守临淄(今山东淄博东北临淄区北),两地相距四十余里,互相呼应。

耿弇进兵画中(今山东淄博临淄区西北),居于西安和临淄二城之间。耿弇看到西安城小而坚,且张蓝所率又都是精兵,而临淄虽大却易于攻取,于是召集将领们商议,宣称五日后进军西安。这个消息张蓝肯定是听到了的,于是日夜守备。五天到了,耿弇命令将士们半夜都饱餐战饭然后出征,等到天明停在了临淄城下。这时候将领们明白过来,护军荀梁等与耿弇争论,认为应该速攻西安。耿弇说:"不然。西安的守将听说我们要攻打,一定日夜备守;而攻打临淄却是出其不意,敌人必然慌乱,估计一日之内可拔临淄。打下临淄则西安城就会孤立,张蓝见到与张步中间被隔绝,必定会放弃西安。这就是所谓的击一而得二者啊!要是先攻西安,一旦不能马上拿下,西安坚守,死伤必多。即便最终能拔取西安,张蓝率兵奔还临淄,兵合一处,观望虚实,而我们深入敌地,后方物资供应不上,恐怕十天之间就要不战而困。各位的话,我认为不合适啊。"于是进攻临淄,半天就占领了临淄城。西安城的张蓝听到后,一看自己和哥哥张步的军队已经被隔开,果然带领着军队放弃西安跑了。

那么防守上的"画地而守""乖其所之",又是什么意思呢?在地上画一个圈就可以防守,那是孙悟空可以办到的,实际上只是说善于防守的人可以用简易的办法布防而已。至于"乖其所之","乖"是背离的意思,"之"是正常经验的意思,即违背敌人正常经验的布防,往往会收到奇效,比如故意敞开城门,故意偃旗息鼓等,都可以迷惑对方。但是"置之死地而后生"只是一着险棋。"空城计"的好戏不可能经常上演,经常上演的却是马谡式的街亭之败。所以,常规防守才是攻守的核心。

诡道

暴力不是取胜的关键

孙武子云："兵者，诡道也。"（《孙子兵法·计篇》）蛮力可胜蛮力，这是不需要讨论的。越没有技巧，越没有规则，越有机会取胜。但智谋也可战胜智谋，这却需要研究。越是深沉精微，越有机会取胜。

诡道之我方

首先从自我一方来说，要巧妙地隐藏自己，叫作"能而示之不能，用而示之不用，近而示之远，远而示之近"（《孙子兵法·计篇》），实力、意图、路线都要示对方以假象。这也就是曹操所说的"兵无常形"，没有敌人能够看到和分析的固定形态。《孙子兵法·虚实篇》中又云："故形兵之极，至于无形；无形，则深间不能窥，智者不能谋。""无形"的精髓之处，就在于连最狡猾的奸细都看不出门道，这样谁也拿他没有办法。

黄巾起义中，刘、关、张三兄弟依附曹操获得了军功。战争平定后，刘备也得到了汉献帝"皇叔"的尊号，与曹操同殿称臣。

刘备审时度势，预感到多疑的曹操一定会猜忌自己，于是每天在家里种菜浇园，麻痹曹操的耳目。这一点，他连自己结义的兄弟都没有透露。关、张二人对他都很不满，可是刘备依然我行我素。即使这样，曹操依旧不放心，还是上演了一出"煮酒论英雄"的好戏,刘备也以逼真的表演使曹操放松了警惕,最终安全地离开了曹操的控制区。曹操经谋士提醒派人去追的时候,刘备等人已经走远了。这就是"能而示之不能"。

曹丕、曹睿相继去世后,魏齐王曹芳年幼,政权掌握在大将军曹爽的手中。曹爽忌惮司马懿,司马懿为了自保,只好在家装病。曹爽派人刺探,看到司马懿已经在床上胡言乱语,看起来已经时日无多了。于是曹爽放松了警惕,带着曹芳出城打猎去了。这边司马懿突然进攻挟持太后,夺了曹爽的兵权,一举控制了曹魏政权,为自己的儿子改朝换代奠定了基础。这就是"用而示之不用"。

公元前478年,卧薪尝胆多年的越王勾践终于举起复国大旗,大举攻吴,与吴王夫差在笠泽隔水对峙。勾践已决定正面渡江进攻,但是为了隐蔽意图,故意派出小股部队从距离敌人较远的左右两侧利用暗夜鼓噪声音假意渡河偷袭。夫差上当,赶紧分兵迎战。趁此机会,越军主力渡江,正面突击,打败吴军。这就是"近而示之远"。正如孙武子说:"兵以诈立,以利动,以分合为变者也。"(《孙子兵法·军争篇》)

诡道之敌方

兵者诡道,要"利而诱之,乱而取之,实而备之,强而避之,怒而挠之,卑而骄之,佚而劳之,亲而离之"(《孙子兵法·计篇》)。对于贪图利益的敌人,要用小利引诱他;对于处于混乱状态的敌人,要乘机攻取他;对于具备实力的敌人,要时刻防备他;对于力量强大的敌人,要暂时躲避他;对于易怒的敌人,要挑衅激怒他;对于轻视我方的敌人,要使其更加骄傲,然后寻机击破;对于休整充分的敌人,要设法使他疲惫;对于内部亲密的敌人,要设法离间他。

兵者诡道的核心就是"攻其不备，出其不意"，凡是让对方有所准备的战争，即便获得胜利，也要付出巨大的代价；越是出其不意的战争，胜果就越大。要做到这一点，就要把握住稍纵即逝的时机。

公元383年，东晋与前秦隔淝水对峙，晋朝将领谢玄利用前秦主将苻坚的骄傲心理，声称愿意渡河与秦军决一死战，要求秦军先退一步。诸秦将认为阻敌淝水畔比较安全，但苻坚认为半渡而击可主动对决，于是发令后退。当秦军后移时，晋军渡水突击。朱序、张天锡等人在秦军阵后大叫："前线的秦军败了！"秦军阵脚大乱。随后晋军全力出击，抢渡淝水，一鼓作气打败了苻坚军队。

对于战争，首要任务是分清敌我，其次是看清常变。敌我既分，就不能对敌人有半点天真、善良、懦弱和幻想，必须把所有的智慧和力量充分发挥出来，因为这是你死我活的事情，所有的非道德力量都要考虑到。到了非常规的战争时期，一定不要受道德的束缚，生存和胜果才是核心。

晋文公准备和楚军作战，召来舅犯（狐偃）询问说："我准备和楚军作战，敌众我寡，怎么办？"舅犯说："我听说，讲究礼仪的君子，不嫌忠信多；战场上兵戎相见，不嫌欺诈多。您尽管使用欺诈手段吧。"

晋文公辞退舅犯，又召来雍季问道："我准备和楚军作战，敌众我寡，怎么办？"雍季回答说："焚烧树林来打猎，能暂且多猎取些野兽，以后必定再猎不到野兽；用欺诈的手段对待民众，暂且能得到一时的利益，以后民众就不会再上当了。"

晋文公辞退了雍季，用舅犯的谋略和楚军作战，果然打败了敌人。

然而出人意料的是，班师回朝后对将士封爵行赏，先赏雍季而后赏舅犯。群臣说:"城濮的胜仗,靠的是舅犯的计谋,您采用了他的计谋,却最后对他封赏,合适吗?"晋文公说:"这不是你们能理解的。舅犯的主张是权宜之计,雍季的主张才是符合长远利益的。"晋文公这种做法就叫作分得清内外和常变。尽管外部的战争要用尽诡诈,但内部的长远建设必须提倡道德,这也是我们强调的在战争中使用诡诈的同时必须清楚的原则。

任势

在局部优势中谋求全局胜利

孙武子说:"势者,因利而制权也。"(《孙子兵法·计篇》)这里的"势",指用兵作战的势能,是战争的局势、形势、阵势,是如何突显军事实力的学问;而"权",则是权变,也就是临战指挥的策略。"因利而制权",即从军事利益的角度制订权宜之计。

所以"任势",重要的原则有:第一个核心词是"利"。这要求我们从极端的利害关系上关注核心要素。这一要素来自敌,而不是我,势要观察的是敌人的动态,寻找合适的时机。第二个核心词是"后"。如果说计是先定的,那么势则是后发的,特别强调因事制宜,寻找到敌人的软肋,灵活权变,一击中的。

《孙子兵法·势篇》,专论兵势。孙武子打了一个比方:"任势者,其战人也,如转木石。木石之性,安则静,危则动,方则止,圆则行。"运用势来作战的人,就好像在推动一块原木或者巨石一样。用一块石头作为武器,在平地发挥不了多大的威力,但如果将它从山顶顺着坡往下滚,威力就会大大增加。这个时候,你只要在适合的时机轻轻把它推下山就可以了,这就是任势,任由这块石头自己发挥它的势能。任势的要点是"危",对于人也是一样,充分认识到生命的危机,才能激发出忘死的勇气。"故善战人之势,如转圆石于千仞之山者,势也。"(《孙子兵法·势篇》)想想看,一个人在陡峭的高山上玩弄着一块圆石的画面,还是很具有震慑力的,他只需轻轻地推一下,就可以地动山摇。以这样的心境面对困难,还有什么克服不了的呢?

作为兵势的勇敢和怯懦

孙武子说:"勇怯,势也。"(《孙子兵法·势篇》)勇敢和怯懦,正是势能高下的体现。所谓勇敢,即奋勇和迅捷;所谓怯懦,即淹留和迟缓。

作为将领,怎样才能激发和运用勇敢,使其成为战胜力的基石呢?勇敢,并不基于人数多,或者实力强。使用各种方式激发求生欲和求胜心,实现"置之死地而后生",这在每次战争中都有不同的办法。破釜沉舟、背水一战仅仅是最经典的办法。将领们在这里实际上要站在疏离于战士们的立场上,想着怎样去利用战士们的生命本能。每次战争中的策划都是不同的,否则办法就不灵了。赵括的纸上谈兵、马谡的街亭之败就是这样,敢于创新的将领才会取得成功。

春秋时期,魏将庞涓进攻韩国,齐国将领田忌率军救韩。著名军事家孙膑对田忌说:"出于晋国的赵魏韩三国之兵,素来轻视我们齐国的军队,所以,善于指导战争的人要'因其势而利导之'(即因势利导),具体做法是齐军进入魏地之后,每天减少锅灶的数量,让魏军看来就是齐国士卒逐渐都逃散了,这样就把齐军怯懦的假象制造了出来。"田忌听了之后非常高兴,依计而行。庞涓果然中计,笑道:"我早知道齐军的怯懦。"庞涓骄傲轻敌,最终败于马陵。

如果将帅不能激起士兵们的斗志,而强力地驱使士兵,甚至怪罪士兵,那后果就不堪设想了。

曹操曾有过一次将用人和任势结合起来的精彩战例。

当年曹操向汉中进攻张鲁，只派张辽、李典和乐进率七千人守卫合肥。曹操留给护军薛悌一封密函，嘱托他一定要在贼兵到来的时候再打开。不久，东吴孙权果然趁机发兵十万包围合肥，于是几位曹军的将领一起打开曹操的密函，里边部署道："如果孙权兵至，张辽、李典将军出战，乐进将军守城，护军薛悌不要参战。"大家开始不太明白，还是张辽看出了一些端倪，他说："曹公出征在外，一定是来不及回救的。所以，一定是要求我和李典将军领兵迎敌，趁敌人立足未稳将其一举击溃，挫其威势，以坚定防卫之志，然后才可图谋固守。所以，成败的机关，就在这头阵上，头阵其实就是决战啊！"怀着这样的大志，张辽、李典出战，果然大破孙权。吴兵气势受挫，虽连攻合肥十日，却也没有攻下，无奈撤兵回军。

有个叫作孙盛的人，对这次战役理解得更加透彻。他说曹操的高明之处，就是没有专任一人负责，而是派勇敢的人出战，谨慎的人守城。如果不是这样，敌众我寡勇者必然冒战，弱者可能弃城。张辽领悟到战争的危险性，把曹军的气势聚集到了首战上，以生死之战的心态对待东吴的贪婪、懒惰之师，其势必胜！胜而后守，则必固矣。曹公真是知人善任，神机妙算啊！

利用兵势的防守与进攻

近代，朝鲜和日本发生"鸣梁海战"。当时朝鲜在与日本的海战中失利，水师几乎荡然无存。朝鲜三道水军统制使李舜臣重建了朝鲜水师，以十二艘战船和一千两百名水军为基础，选择在鸣梁海峡这个地方以弱胜强击溃了日本水军。根据李舜臣掌握的信息，鸣梁海峡每天潮水都要涨落四次，所以朝鲜水军利用退潮，在海峡两端出入口都设置了木桩和铁锁，日军涨潮时而入，落潮时却如瓮中之鳖出入不得,任由朝鲜水军炮击。

可是,这样一场战役,最难克服的是以一支非常弱小的水军抵抗日本强大海军来袭的恐慌心理。在同名电影中,李舜臣提出了"勇者生,畏者死"的口号,激发起士兵们向死亡求生存的战斗意志。

这说的是"守",其实进攻也是一样。我们常说的"势如破竹"就是这个意思:竹子坚韧异常,但若剖开数节之后,余下的可以迎刃而解,毫不费力。打仗也是这样,乘胜追击,也是在利用兵势的顺境。当年燕国将领乐毅凭借济西一战,战胜强大的齐国,可谓兵威已成,于是势如破竹连攻七十余城。这也成为激励西晋将军杜预趁势东下建业而灭吴的动力。当时杜预率军已拿下江陵与荆州,但天气转热,士卒劳顿,于是很多人都建议休整到冬季再进兵。杜预给士兵们讲了乘胜追击、势如破竹的道理,统一了大家的认知,收获了奇功。

所以,我们今天理解的"任势",就是非常自然地利用逆境和顺境。如果身处逆境,就要把最坏的前景充分估量到,不要给自己留任何苟且偷安和乐天知命的余地,把一场必输的豪赌提前作为一场志在必得的决战;如果身处顺境,就不要轻易停步,顺境往往超出计划和预期,偏离原有航道,只要还是朝向最终的目的,那就不要忽视因势利导,顺势而为。

当然,生活的常态是在顺逆之间随时摇摆,需要及时巧妙地抓住一些潮流机遇,争取一个优越的位置,操作时要牢记"快捷"和"变化","迟缓"和"固守"一定会落后于行伍。

自胜

有一个对手是自己

自胜,就是战胜自己。要打败别人,先要战胜自己。

孙武认为:外部军事战争的胜败,其实取决于内部政治、经济的成效。

内政是取胜的王道

孙武一向以军事家著称。历来研究孙武思想的人,都注重他的军事思想和哲学思想。但由于缺乏足够的史料,研究者很少论及他在政治、经济上的见解。1972年4月,山东临沂西汉墓葬中出土大量论兵的竹简,其中有题为《吴问》的残简九枚,共计二百五十字,记载了孙武与吴王阖闾的问对,其中核心的观点,就是成败取决于内部的制度。

这天,吴王与孙武讨论起晋国的政事。吴王问道:"晋国的大权掌握在范氏、中行氏、智氏、韩氏、魏氏和赵氏六家大夫手中,将军认为哪个家族能够强大起来呢?"孙武回答说:"范氏、中行氏两家最先灭亡。"吴王不解,问道:"为什么呢?"

孙武说:"我是根据他们的亩制、收取租赋及士卒多寡、官吏贪廉做出判断的。以范氏、中行氏来说,他们以一百六十步为一亩。六卿之中,这两家的田制最小,收取的租税最重,高达五分之一。公家赋敛无度,而人民转死沟壑;官吏众多而又骄奢,军队庞大而又屡屡兴兵。长此下去，必然众叛亲离，土崩瓦解！"

吴王见孙武的分析切中两家的要害，很有道理，就又接着问道："范氏、中行氏败亡之后，又该轮到哪家呢？"

孙武回答说："根据同样的道理推论，范氏、中行氏灭亡之后，就要轮到智氏了。智氏家族的亩制，只比范氏、中行氏的亩制稍大一点，以一百八十步为一亩，租税却同样苛重，也是五分之一。智氏与范氏、中行氏的病根几乎完全一样：亩小，税重，公家富有，人民穷困，吏众兵多，主骄臣奢又好大喜功，结果只能是重蹈范氏、中行氏的覆辙。"

吴王继续追问："智氏家族灭亡之后，又该轮到谁了呢？"

孙武说："那就该轮到韩、魏两家了。韩、魏两家以二百步为一亩，租税还是五分之一。他们两家仍是亩小，税重，公家聚敛，人民贫苦，官兵众多，急功数战。只是因为其亩制稍大，人民负担相对较轻，所以能多残喘几天，亡在三家之后。"

孙武不等吴王再开问，接着说："至于赵氏家族的情况，和上述五家大不一样。六卿之中，赵氏的亩制最大，以两百四十步为一亩。不仅如此，赵氏收取的租赋历来不重。亩大，税轻，公家取民有度，官兵寡少，在上者不致过分骄奢，在下者尚可温饱。苛政丧民，宽政得人。赵氏必然兴旺发达，晋国的政权最终要落到赵氏的手中。"

孙武论述晋国六卿兴亡的一番话，就像是给吴王献上了治国安民的良策。吴王听了以后，深受启发，高兴地说道："将军论说得很好。寡人明白了，君王治国的正道，就是要爱惜民力，不失人心。"

按孙武的观点，外部争锋争雄的结果，其实早就写在内部的制度中了，统治者做不到安民、保民，也就无法富民强兵。

自胜的前提是自我的完胜

自胜,从军事理论上说,在于清楚自我。

公元前 700 年,楚国和相邻的小国绞(今湖北省郧县西北)发生了一场战争。两国军队相持在绞国的南门。

楚王认为,对付这样的小国很容易,只需投入少量的兵力参战,即可获胜。

楚大夫莫敖看穿了楚王的心理,觉得这种必胜的意志固然是好的,但轻敌的心态也很危险,于是献策说:"绞国虽然弱小,但轻躁好战,又没有什么谋略。我们先派出一些不带武器的士兵,化装成拾柴捡粪人的模样引诱绞兵上当。然后再聚而歼之!"楚王尽管觉得无所谓,但还是接纳了莫敖的建议。

第二天,楚军派出三十名士兵乔装打扮成拾柴捡粪人,到南门外诱惑敌人。果然,绞军看见他们是楚人,就不分青红皂白地把他们抓走了。次日,楚军派出四十名换了装的士兵,又被绞军抓走。这样一连三天,绞兵都如此。绞国国君扬扬得意,放松了戒备。

到了第四天,楚军一面继续派出化装成拾柴人、赶路人的士兵迷惑敌人,一面派出狙击部队埋伏在绞城北门外,并在山里集结了大股兵力,形成口袋式的伏击圈。结果,绞兵很快进入了楚军的伏击圈。只听一声炮响,万箭齐发,火光冲天,数千楚兵从四面八方杀向敌阵,好似天兵天将般勇猛无比。绞军方知中计,但为时已晚,他们抵挡不住楚军,军队顷刻之间被瓦解,死伤无数。楚国迫使绞国订立投降条约,绞国亡。

其实,这个道理放在个人身上也是一样的。

人,生而有情有欲。情感与欲望无日不交战于胸中,这首先是一个人消耗性的暗战。这样的内心暗战,每个人都有。怎样尽快取得这种内心暗战的胜利呢？一是向人请教，二是读书明理。敞开心扉向人请教，有一个好处就是容易获得有针对性的建议，还可以进行宣泄。但是对于拥有一定文化水平、个性和目标的人来说，读书是一种更好地获取答案的方式。有些人看似活得普通，但其实内心清明，一旦面临问题，他是不受任何情感和欲望左右的，可以轻松上阵，全力出击。这样的人必然会成为人生的赢家。

如何立于不败之地？最首要的一点，就是保证身体的强健。强健的体魄、旺盛的精神、执着的求胜欲是军队作战力的基石，也是每个人成功的基本条件。

健康是身体的一道防线，少受疾病的滋扰，就能多保障做事情的时间和强度。健康也是一种攻击力的储备，困境到来的时候，承受考验的能量就取自健康的体魄，身体的爆发力决定了人的功业。

身体不健康，精神就会萎靡，做事情顾虑就多，大志向很难树立，甚至不愿交往亲友，以至于独处懒散，惰性滋生，更加不健康。这样怎么可能去实现远大目标呢？

总而言之，自胜，就是要以身心健康为基石，首先战胜自己内部的一些弱点，然后再去面对社会的竞争。

用间
千变万化的信息战

"用间",指古代的信息战。

对于"用间",《孙子兵法·用间篇》有:"不知敌之情者,不仁之至也。"不去了解敌情的主将,是最没有仁德的,因为他把全体军民暴露在完全未知的对手之下,这太可怕、太残酷了。

了解自己,了解对手,都是非常重要的。孙武子曰:"故明君贤将,所以动而胜人,成功出于众者,先知也。先知者,不可取于鬼神,不可象于事,不可验于度,必取于人,知敌之情者也。"(《孙子兵法·用间篇》)意思是提醒统帅,一定要注意事先获取信息,不能去依赖鬼神和表象,而要从知情人入手,探知敌人的实情。

孙武子所分的五种间谍

孙武子把间谍分为五种:因间、内间、反间、死间和生间。

因间,"因其乡人而用之",指利用敌方的普通人作为间谍。

两晋时期,祖逖为豫州刺史,镇守雍丘。他体贴士兵和百姓,深受爱戴。当时这个地方,有很多人在北方后赵任职,祖逖听任这样的家族属于南北两方政权,不加追究,当地人对此甚为感激,故而当他们从北地亲友那里得知胡人的军情动态后,都会报于祖逖。祖逖因此在战场上始终处于主动地位,屡破赵军。

内间,"因其官人而用之",指利用敌方的官员作为间谍。

公元前229年，秦将王翦率兵攻打赵国，赵国派名将李牧和司马尚进行抵御。秦军使用重金收买赵王的宠臣郭开等人，使其散布谣言，说李牧、司马尚意图谋反。赵王信以为真，便撤换了李牧，将李牧斩首，罢了司马尚的官。王翦得知李牧被杀，急袭赵军，俘虏赵王，赵国就此灭亡。

反间。"因其敌间而用之"。《三国演义》中周瑜利用曹操的间谍蒋干除掉蔡瑁、张允，用的便是反间，而曹操再次派去的蔡中、蔡和又被周瑜借势利用传回了虚假的军情，为赤壁之战孙刘联军的胜利奠定了基础。

死间，"为诳事于外"，故意泄露虚假情报给我方在外的间谍，然后间谍将情报传给敌方，这是因为间谍已经失去利用价值或者失去我方信任的缘故。真相败露后，间谍的信息给敌方带来了损失，必然会被敌方处死，所以叫作"死间"。

秦末有个叫作郦食其的酒徒，去游说刘邦。他知道刘邦不喜欢儒生，便以酒徒的身份来见。他先是给刘邦一记当头棒喝，批评他态度不好，告诉他以现有的乌合之众难以破秦；然后说应该先攻陈留，自己可以凭借口舌劝降陈留县令作为内应。刘邦对他言听计从。后来尽管这位郦先生没有成功说服县令，但是他直接使用武力砍下了这位县令的头，引入汉军，获得高功。

楚汉相争的时候，郦食其已经为刘邦服务多年了，他劝刘邦先进兵收齐地的荥阳，自己前去劝说齐王（当时的第三方政权）。

待到郦食其说齐时，刘邦派去统兵攻齐的将领是韩信。韩信有一名谋士名叫蒯通，是一名纵横家。

蒯通对韩信说："尽管现在郦食其成功地说服了齐王投降，但您还是要假装不知道，继续进兵，要不然你拼死拼活打下来的功劳还不如一个说客的！"韩信听了他的话，继续攻齐。齐王看到自己已经决定投降了，汉军还是来打，气得把郦食其给烹了。彼时郦食其与齐王感情已经非常好了，所以齐王更觉得受到了欺骗。

可是，按照晚唐杜牧的讲法，郦食其很可能就是刘邦派去齐国的"死间"。刘邦对齐王的好意本身就是一个假消息（甚至包括很多夸张的保障和承诺），只是为了松懈齐国的防守，让韩信乘机攻城。郦食其就是一个被设计好了的死间，是牺牲品。虽然这样的解释有点牵强，但毕竟提醒了我们：那些游走于各路豪杰之间的说客，其身份很可能就是间谍，总是扮演提供军情的"因间"和"内间"，否则敌人怎么能重视他们的到来呢？甚至敌人也未尝没有利用他们实行"反间"的打算。

"生间"，也就是刺探到敌情后还能活着回来报告的间谍。在政治博弈中，能活着回来的人就是幸运的。

信息战无所不在

对于间谍，主将必须与之达成最为亲密的关系，或是最为残酷的约束，这样间谍才能为其所用，不会三心二意，才能获取敌方信任。对于间谍，主将的智慧要超越于他，还要对他恩威并施，并且严密监视间谍心理上的细微变化，这对于主将来说是极大的挑战。

反之，面对着无所不在的间谍战，也得做好防守的准备。

凡取得较大成功的人，都是能够谨守机密的人。内心隐秘的计划稍不留神就会泄漏，越是在即将行动的前夕，泄露机密的损失越大。《孙子兵法·虚实篇》中云："故形兵之极，至于无形；无形，则深间不能窥，智者不能谋。""无形"的精髓之处就在于连最狡猾的奸细都看不出门道，这样，谁也拿他没有办法了。要谨守秘密，平日里就要养成一种平和的心态和强韧的心理素质。

孙武子说:"知彼知己者,百战不殆;不知彼而知己,一胜一负;不知彼,不知己,每战必殆。"(《孙子兵法·谋攻篇》)对敌人的情况和自己的情况都有透彻的了解,作战就不会失败;对不了解的对手,即便做到了十分的准备,最终也不过是胜负两开,难以预料;而如果对自己和对手完全没有深入的研究和了解,则凡战必败。

站在一个信息交换的立场上去面对生活和工作上的种种竞争,你会有一番新的发现。

全胜

如何做到不战而屈敌之兵

全胜是指保全所有胜利成果的胜利。《孙子兵法》强调一种"完胜"原则,即以尽可能少的代价获取最大利益。

不战而屈人之兵

孙武子说:"凡用兵之法,全国为上,破国次之;全军为上,破军次之;全旅为上,破旅次之;全卒为上,破卒次之;全伍为上,破伍次之。"(《孙子兵法·谋攻篇》)意思是说,完整地使敌人的国家、军队、士卒屈服是上策,经过交战击破是下策。所以,交战至高的胜利境界,是"不战而屈人之兵"。

东汉时,有个叫作王霸的人追随刘秀南征北战,立下赫赫军功。有一次,他领兵讨伐周建,苏茂来救周建。本来对敌苏茂已经获得小胜,但王霸却退守城中,坚守不出。战败的苏茂前来挑战,王霸却令士卒们饮酒作乐,苏茂在城外箭如雨发,射中王霸的酒杯。王霸还是不为所动,甚至部下们都批评他,说苏茂的军队已经被我们打败过,为什么还不出击呢?王霸说:"你们知道苏茂为什么这么急于求战吗?因为他是来救援周建的,所以粮草不济,速战速决正是他所希望的,我们为什么要配合他的想法呢?不出战,就是'不战而屈人之兵'啊!"最后,苏茂、周建的军队果然发生内乱,二人率兵逃走,周建的侄子献城投降。

"上兵伐谋，其次伐交，其次伐兵，其下攻城。攻城之法为不得已。"（《孙子兵法·谋攻篇》）

东汉时还有个叫作寇恂的人，他的军队包围了高峻的军队。高峻派遣谋臣皇甫文为使者谒见寇恂。皇甫文的言辞和礼仪都表现出不屈的气节。寇恂斩杀了皇甫文，结果高峻即日便投降了。大家感到很惊讶，都请教寇恂其中的缘故，怎么杀了敌方的使者并没有激发敌方的斗志反而促使了敌方的投降？寇恂说："皇甫文就是高峻的心腹谋臣，除掉了他，高峻就会闻风丧胆，这就是所谓的'上兵伐谋'啊！"

攻守之谋的针锋相对

"上兵伐谋"的"谋"，可以分为应对敌人的进攻之谋和防守之谋的相应计策。

如何应对敌人的进攻？

春秋时期，晋平公想要攻打齐景公，派范昭以使者身份前往探问虚实。范昭在齐景公的宴会上故意表现出傲慢姿态，要求使用齐景公的酒器，齐景公给他用了自己的酒器，晏婴便直接把齐景公的酒器给撤换了。范昭要求齐国的乐师为他表演周天子的乐舞，却遭到了乐师的婉拒。范昭离开后，齐景公一看自己的大臣得罪了强国的使者，很紧张，追问缘故。晏婴等人回答说："范昭不是个不懂礼仪之人，他之所以故意这样做，就是在试探我们这些齐国臣子的德行与智慧，所以我们故意强化了礼仪的恪守。"果然，范昭回报晋平公说："齐国的臣子都很睿智忠诚，看来齐国不是我们可以征伐的。"就这样，杯酒之间，晏婴等人用针锋相对的计谋消弭了一场战争。

那如何针对敌方的防守之谋呢？

春秋时，秦伐晋，晋将赵盾接受了臾骈的计谋，深沟高垒，坚守不出。秦军识别出了晋军的打算，甚至猜出了出谋划策的主谋，于是制订了相应的计划。他们了解到晋国有宠臣赵穿，是赵盾的堂弟、国君的女婿，此人与为赵盾定坚守之计的臾骈不合，且好勇狂妄，没什么实际本事。于是秦军故意挑战赵穿且假装败逃。赵穿耐不住性子，不顾阻拦单独出兵追击，逼得赵盾不得已放弃了坚守之计，全军出动，计划全被打破，战果大打折扣。

"其次伐交"，通过外交手段的竞争又是怎么表现的呢？以战国时期的苏秦为例。苏秦通过外交手段实现了六国联盟，十五年之间秦国封闭函谷关不敢东下，这就是伐交的效果。

至于伐兵、攻城，动用武力进攻城池等，要排在无法通过政治、外交等智慧手段解决问题之后。但即便是攻城拔寨，也要以保全自己的利益为原则，所以孙武子说："杀士三分之一而城不拔者，此攻之灾也。"（《孙子兵法·谋攻篇》）胜利要看成本、看代价。

"故善用兵者，屈人之兵而非战也，拔人之城而非攻也，毁人之国而非久也，必以全争于天下，故兵不顿而利可全，此谋攻之法也。"（《孙子兵法·谋攻篇》）

蜀汉末年，蜀将姜维命句安、李歆守麴城。魏将陈泰兵围麴城，姜维出兵牛头山来救。陈泰命兵士们不得与之争战："兵法贵在不战而屈人，现在断了牛头山姜维的归路，那么姜维自然为我所擒。"结果姜维一见归路被断，大为恐慌，赶紧寻路逃走，麴城句安等人于是降了魏。

按照孙武子的理论，想要全胜，十倍于敌人的兵力，就包围它；五倍于敌人的兵力，就发起进攻；两倍于敌人的兵力，就分两路包围，打得过就打，打不过就跑；完全不能抗衡的，就躲得远远的。

除了保全自己的利益，全胜原则也启示我们保全对方的利益，因为战争是为了胜利，胜利是为了利益。为了攻城而破坏未来的战利品，或者城破后焚毁自己的战利品，那真是太不明智！西楚霸王项羽，进兵咸阳后火烧阿房宫，东归彭城，号称富贵而归故乡，其霸气有余而王道不足，于此可见。

俗话说：乱世出英雄。天下不乱，很多人总觉得怀才不遇。其实，所谓乱世，并不一定停留在军事意义上；所谓英雄，也并不一定停留在攻城略地这一层面上。一个时代可以从军事、政治、文化、经济、技术等各种层面来分析，军事、政治太平的年代，也可能是文化、经济、技术的乱世。比如唐代的文化、宋代的文学、明代的经济、清代的科技，都是在大体稳定的政局之中酝酿着的激变，从中涌现出了各色人物。

《孙子兵法》是除了《论语》和《老子》，在海外被翻译和研究最多的著作。

经过了两千多年的经学遮蔽，我们应该尽快回到子部之学。对于年轻人来说，学习可以"倒行而逆施之"，即从最切用的孙子、鬼谷子、韩非子等人的著作用起，经由荀子、庄子、墨子、孟子而回归于孔子、老子的著作。

鬼谷子

中国说服理论之祖

《鬼谷子》一书是我国现存最早的有关说服术的专著。鬼谷子的弟子们在战国时期被归为"纵横家"一脉，他们用自己的实际行动践行了说服力可以达到的最高成就。他们"一怒而诸侯惧，安居而天下熄"（《孟子·滕文公下》），在乱世中凭借口才翻云覆雨，发挥着个人在社会上最大的影响力。

留下《鬼谷子》这部旷世奇文的鬼谷先生，堪称世界文化史上说服学理论的奠基人之一。那么，鬼谷先生究竟是一个什么样的人？他留给我们哪些说服的技巧？他的弟子们又是如何实践老师的理论的？

鬼谷子是战国中期人。据说他隐居在清溪之鬼谷，所以自称"鬼谷先生"。传说他曾经得到了他师父留给他的一卷"天书"。这卷书非常神奇，借着烛光，每天晚上都会幻化成不同领域的文章，有论辩之术，有征战之法，有治国安邦之策，也有星相命理之说，简直就是一部实用百科全书式的著作！这个传说只是附会之说，是后人无法解释其知识来源而产生的想象，但也从侧面说明了鬼谷子在人们心目中"智圣"的形象，他一定是一个知识非常渊博、世间难得一见的全才。

鬼谷子虽然没有参加多少政治活动，也没有什么显赫的事迹被流传下来，但他培养出了几个大名鼎鼎的学生，苏秦和张仪便是其中的佼佼者。他们运用鬼谷子的理论，在群雄纷争的战国之际纵横驰骋，游说诸侯，为那个时代增添了几许波谲云诡之气。

关于鬼谷子授徒，流传有苏秦与张仪为了出山而对老师"悲说坑下"的故事，只有把坑边的老师说得流泪了，才被允许离开，去闯荡天下。最后，还是苏秦成功地完成了使命，带着张仪下山了。

鬼谷子可能是苏秦、张仪等纵横家理论上的祖师，主要研究的是话术理论。当然也有人在他们活跃的当时就不喜欢这些话术。针对这些反对意见，苏秦的弟弟苏代用过一个巧妙的比喻：一个待嫁的女子，一般是经过媒人牵线的，媒人在男女双方之间吹捧对方的优点。最终真相大白，人们不满意媒人的虚假吹捧。但是如果没有媒人该怎么办呢？凡事没有说客是办不好的，可见语言的艺术也是不可或缺的，毕竟这是一种高超的沟通技能。

《鬼谷子》一书是纵横家的说服讲义，如果再配合着《战国策》中的案例来学习，民族经典的说服术可得其精华。

说服术是一种非道德（不是反道德，而是无关道德）的技术，人们未必愿意与一个语言能力强的人相处，但都愿意有个说服高手替自己或者替自己的利益集团出去办事，因此说服专家们大都是一些能人，在乱世中、在外交事务上不得不依赖的人。当天下太平的时候，当专心内部事务的时候，这些人往往就会被清算和排挤。他们满腹牢骚，认为别人过河拆桥，但其实这正是他们本身的命运。鱼与熊掌不可兼得，"贤"与"能"如果在一个人身上并存的话，那这个人才叫巨人。

《鬼谷子》一书主要是阐述说服术的。按鬼谷子的观点："说之者，资之也。"说服人，就是要给人以帮助。我们尽管不能要求每一次说服都真心诚意地站在对方的立场上考虑，但至少要有一种互利互惠的双赢图景，否则不仅语言上的自信不足，而且也难以为对方所接受，"给人以帮助"是说服力量的核心源泉。说服的客观效果有好有坏。说服本身是不包含善恶性质的，但达到目的的说服则总是要有一种善意的形式。人性都有自私和自我保护的一面，不能给自己带来利益、愉悦和安全的说辞是不能奏效的。

在日常生活中，我们是经常说服别人还是经常被人说服呢？严格地说，答案只有是或否。

对于很多人来说，可能从未介意过这样的问题，觉得这只是无关紧要的小事。但是你是否希望自己能够承担更多的责任，取得更大的成就，创造一个完美的人生？如果答案是肯定的，那么实现这一切目标的起点就是：改变被说服者角色！

人们往往安于"被说服"的角色，在各种资讯的支配下产生种种困境。改变这种被动人生的最好办法，就是在人与人之间的语言交际中慢慢获取主动，由懒惰的"被说服者"转向尝试勤勉与快乐的"说服者"。因为说服体现的是一种力量，体现的是一种以智慧为核心的综合能力。

纵横

乱局中利益最大化的策略

什么叫"纵横"？其实这是战国时期的两种"国际策略"。"纵"即合纵，各诸侯国联合起来（合纵）对付秦国；"横"即连横，各诸侯国分别同秦国建立外交关系（连横）以求自保。至于纵横家，就是运用合纵连横的手段，在战略竞争中活跃于诸侯之间的谋臣策士。

"大丈夫"与纵横家

"富贵不能淫，贫贱不能移，威武不能屈。"孟子这句话就是针对苏秦、张仪这些纵横家的，以此来申明自己是大丈夫，而苏秦、张仪等人不过是小人。孟子认为苏秦、张仪他们顺从权力，完全没有自己的立场和原则，怎么取悦当权者怎么来。其实，纵横家与儒、墨两家的圣贤最大的差别就在于对权力的理解，要知道权力的负面属性是儒、墨两家在与权力的对话中建构起来的。为了突出自己清高的形象，也着意建构了诸侯的贪鄙。如果说纵横家们是自私的，他们利用与权力之间的角逐获得自己的功名，那么儒士们也不值得被完全肯定。很多时候，一些无能的儒生也是在利用与权力的过度对抗来成就自己的道德。

要做纵横家只有智慧就够了吗？不是的。其实需要有两个先决条件：一个是情感的缺席，情感干扰判断和行动；一个是将生死置之度外，每一种计策的献纳背后都面临着极大的风险。战士们刀锋上讨生活，策士们其实也是这样，随时面临着下油锅、进火坑、割舌断头甚至被凌迟的生死考验，他们中能够得到善终的也极少。

纵横家一般出身于城市中下层或者周边地区，生计半靠忽悠，自我道德约束宽松，胆子大，具备成为纵横家的资格。

当然，人群的社会性活动中还是形成了一些基于自我保护立场的观念的。纵横家们尽管内心怀有私欲，但是在游说的口号上还要符合公共话语的道德。蔡泽提出了张扬纵横家主体意识的"三愿"。概括来说，第一愿是健康聪明，第二愿是帮助君王，第三愿是富贵显荣。

纵横家的代表人物就是订立六国联盟的苏秦。出身平民的苏秦先去秦国游说，不成，回家后饱受冷落。他并没有怨天尤人，而是认为这都是自己的过错，然后发奋苦读，在实践经验的基础上又加上了理论深度。后来他又到赵国游说，终于大获成功，陆续说服了东方各国诸侯，建立起了联盟。

苏秦为赵相，联盟东方各国西拒强秦，当时诸侯们都要看他的脸色。

纵横家的性格和命运

纵横家的性格特征及悲剧命运。

一是多出身贫贱，却野心勃勃。吕不韦曾问自己的父亲："种田的成本和利润是怎样的比例？"父亲说十倍。"那么经商呢？"父亲说百倍。"拥立国君呢？"父亲说那就不可计量了。其实吕不韦当时正在犹豫，该不该去结交在赵国不得志的人质秦国王子子楚。听了父亲的话，他决心已定，不仅结交了子楚，还替他到秦国去游说。最后子楚继位，吕不韦则被封为丞相。战国最后的纵横家李斯，他的人生观是"诟莫大于卑贱，而悲莫甚于贫困"，就是说没有什么比贱更脏的了，没有什么比穷更令人伤心的了，这正是市井常人的生存观念。名利的强烈诱惑令他奋起，但是名利的最终牵绊也令他失足。鲜有逃出此魔咒者。

二是多睿智超群，又才华卓异。例如蔡泽、苏秦、鲁仲连等人皆口才一流，知识渊博。战国时期，蔡泽是一位有才华、有见识的谋士，他不断游说诸侯，希望能够得到重用。然而，由于名声和地位较低，他始终未能得到机会。后来，他听说范雎是秦国的宰相，但范雎正面临政治危机，地位受到威胁。于是，蔡泽决定前往秦国，通过游说范雎，进而影响秦国的政治局势。蔡泽见到范雎后，并没有直接提出自己的要求，而是先称赞了范雎的治国才能和成就，然后表示希望能够成为他的门客，为秦国效力。范雎对蔡泽的才华和见识十分欣赏，但也担心他可能会对自己造成威胁。蔡泽明白范雎的担忧，于是向他解释了自己的治国理念，并表示自己的目标与范雎相同，都是为了秦国的繁荣富强。同时，蔡泽也向范雎分析了当前的政治形势，指出范雎在秦国的地位和影响力是不可替代的，而如果范雎能够重用自己，那么秦国将更加强大。最终，范雎被蔡泽的说辞打动，同意让他留在秦国，并重用他。蔡泽因此得到了机会，展现了自己的才华。

三是多意志非凡，且坚韧不拔。张仪年轻时去楚国游说，被当作小偷抓起来，挨了打。他爬回家后，妻子心疼地说："汝毋读书游说，安得此辱乎？"张仪却跟他的老婆说："看看，看我的舌头有没有被他们打烂？"妻子说："还在呢。"张仪说："那就够了！"后来他说服秦王成功，受到重用。

四是多死于非命，蒙尘恶声，被天下嗤笑，废其道术。一方面是出于统治者的嫉妒和不信任，因为他们之间本来就是赤裸裸的相互利用关系，纵横家们朝秦暮楚，谁也难以信赖他们。苏秦代替赵王出去游说，事先已经打足了预防针，最后还是被人谗害。另一方面是由于纵横家们相互倾轧。纵横家们想利用权力之间的矛盾获得成功，在领导者们之间闪展腾挪，从实践层面上来看主要是纵横家群体之间的相互角力。这使得纵横家们大多数葬身于各种阴谋诡计之中。

就张扬生命力而言，道德家们着力于生命长度的占有，而纵横家们则更多关注生命宽度的拓展。显名于当时，不能计较于身后。后世不仅对他们嗤之以鼻，而且将他们和他们的技术一起埋葬了。

章太炎说："孔子干七十二君，已开游说之端，其后儒家率多兼纵横者"，"儒家不兼纵横，则不能取富贵"。纵横家与儒家的差别，主要在于道德与事功的不同追求。内部工作要由道德家来做，外交事务要由纵横家来做，古书上说纵横家正是出自"行人之官"，相当于现在的外交部领导。

纵横家的一个信念就是打破宿命论。纵横家认为，凡事都可以实现，凡事都可以做到，凡事都有途径，凡事都需要智慧。按照四个"凡是"，有力有序地进行游说，没有实现不了的目标。如果是超级大国，他会告诉你如何统一天下；如果是弱小国家，他会告诉你如何联合他国孤立大国。总之，在纵横家看来，一切皆有可能。

捭阖

初次见面的破冰术

《鬼谷子》的第一篇就是"捭阖"。"捭阖"就是开合,这是鬼谷式说服术的总纲。具体说来,就是先通过情绪的试探和控制让对方主动表露信息,然后再用合适的言辞和计谋来满足对方的需要。

鬼谷子阐释"捭阖"说:"捭之者,开也,言也,阳也;阖之者,闭也,默也,阴也。阴阳其和,终始其义。"(《鬼谷子·捭阖》)"捭",就是用动听的言语令对方打开话匣子;阖,就是用关切的言语令对方吐露心语。

话语阴阳

言说也可以用阴阳哲学分为两类。"故言长生、安乐、富贵、尊荣、显名、爱好、财利、得意、喜欲,为阳,曰'始'。故言死亡、忧患、贫贱、苦辱、弃损、亡利、失意、有害、刑戮、诛罚,为阴,曰'终'。"

简而言之,好话,就是阳,是开始;坏话,就是阴,是终结。好话坏话配合,就是"阴阳其合",也叫"终始其义"。"诸言法阳之类者,皆曰始,言善以始其事;诸言法阴之类者,皆曰终,言恶以终其谋。"为什么阳言就是好话,是开始呢?我们去游说一个人,首先当然得用好话打开话匣子,有几个人能像孟子那样敢直接触梁惠王霉头呢?所以开始要客气地赞美他。但是最终还是要讲不好听的，因为我们肯定不是专门为了阿谀奉承的目的去找人说话的，而是为了达到某种目的；反过来说，主动找你热络的人，大多也是有所欲求的，这是显然的。但是最终要说的"阴言"等不好的事情，是指自己吗？并不是，那是儒家乞求给予自己权力的时候才做的事情。对于纵横家们来说，他们的阴言是要揭出对方表面祥和下隐藏的所有矛盾和危机，而且夸张地进行渲染，耸人听闻，让对方感到恐慌，这样对方自然会就范于你提出的计谋。阳言是个开头，阴言才是真正起作用的部分，作为一个向诸侯自荐的求职者，你的去留取决于此。

《战国策》的"苏秦始将连横……"一节，苏秦对秦惠王说："大王之国，西有巴、蜀、汉中之利，北有胡貉、代马之用，南有巫山、黔中之限，东有肴、函之固。田肥美，民殷富，战车万乘，奋击百万，沃野千里，蓄积饶多，地势形便，此所谓天府，天下之雄国也。"这里是画了东西南北这样一个圈，从地势、物产、军力等方面述说，最后点在"天下之雄国"上，这是在夸耀秦国。然后又落到秦王上，说："以大王之贤，士民之众，车骑之用，兵法之教，可以并诸侯，吞天下，称帝而治。愿大王少留意，臣请奏其效。"这里通过吹捧秦王，点出统一天下的当前目标。这就是"捭"，阳言。秦王要是一般人，早就被忽悠得忘乎所以了。但秦王冷静而客气地回应说："我认为秦国还不到这个时机啊，咱们改天再谈吧！"苏秦连充分表达阴言的机会也没有，只好留下几句狠话狠狠地走人了。

但是，后来苏秦的另一次游说，却把这个阴阳捭阖之术表达得很完整。

苏秦在燕国时，燕王请他去齐国把刚被夺去的十余座城池要回来。这是一个非常困难的任务，将士们出生入死，攻城略地，打下来的城池怎么可能轻易地返还呢？不过，苏秦还是接受使命出发了。他见到齐宣王，用了两种礼仪，先是庆贺，再是吊唁。齐宣王很困惑，因为就齐国而言，扩张了领土自然值得庆贺，但是吊唁又是为什么呢？苏秦说："燕国尽管是小国，但现在与秦国还有盟约，现在您夺了燕国的土地，秦国怎肯善罢甘休？到时候秦、燕联军，齐国难道可以抵挡得住吗？"齐宣王听言后脸色都变了。苏秦说："为大王考虑，不如把城池归还燕国，这样可以免除干戈。不仅如此，还可能使燕国转而与齐结盟，这样其他国家先后归服，您的王业才可成就啊！"齐宣王一听，马上同意了苏秦的提议。

苏秦的"庆贺"和"吊唁"，正是"捭阖"术的一种体现。鬼谷子说："一般而言，开始时要以积极的礼仪和言辞，而最终要以祸患的警惕来使对方不得不听从自己的计谋。"齐国夺取了燕国的土地固然值得庆贺，但也为自己埋下了祸患。苏秦做出完全站在齐国的立场考虑问题的姿态，为燕国要回了土地，这是高超的"捭阖"术。

话语辩证的深度运用

捭阖，也关系到说话和听话的辩证关系。对于一个营销者而言，你不能总是非常强势地去说服别人，这是低端的营销话术。希望通过话语轰炸就达到目标，只是最初级的营销。

值得注意的是，以阳言为始阴言为终，这样的顺序适合于向地位高于自己的人进行说服，也是一般的惯例。而如果向平级或者地位低于自己的人进行说服，则程序上一般应该相反，最好是先彰显问题再去谈愿景。

其实现在流行的，就是这种模式的说服。因为人们对于夸耀再恳求或者夸耀再胁迫的套路已经很熟悉,所以一些本来出于欲求或处于卑微地位的营销者却可以反过来以一种强势的态度,以打击对象的方式入手,进而通过强调自己或者强调自己产品的质量、服务乃至性价比的方式来获得精准的营销方式,这也会使得顾客无还手之力。

实际上,捭阖给了我们一个基本的话语套路,不了解它,你就很容易被套路;了解和掌握了它,在你真的需要帮助的时候,它可能就会帮助你达成目标。

这个简单的套路,对于话语实践经验丰富的人来说,是无师自通的。但是,人与人的话语相处,还是需要信息的。所谓的"阳言",也就是"长生、安乐、富贵、尊荣、显名、爱好、财利、得意、喜欲",是需要你平时观察和进行信息的搜集来积累的;所谓的"阴言",也就是"死亡、忧患、贫贱、苦辱、弃损、亡利、失意、有害、刑戮、诛罚",也是需要你认真思考来解答的。这样,你的对话才有内容,而不是走一次华丽的过场。简而言之,"捭阖"是言之有序,"阴阳"是言之有物;言之有序很重要,言之有物更重要。

揣摩
游说之前的功课

"揣摩术"就是通过别人表现出来的情况去了解他们掩饰的情况。

揣术

鬼谷子说:"古之善用天下者,必量天下之权,而揣诸侯之情。"(《鬼谷子·揣篇》)古之有抱负者,一定会对天下局势了如指掌,各个国家的实力,各个国君的性情,都要摸透。

"揣"即揣测的意思,说服者要善于忖度人情、事理,以便推测出事物发展的方向,以便权衡事物的得失、利弊。只有对国家关系、对方团队等有全面深入的了解、揣测才能去实施计谋。就一个国家而言,涉及官吏素质、百姓归向、天时祸福、地理险易,乃至于物产、资源。"揣情"必须要事先准确地判断对方心理。因为人的思想感情总有表现,人们总能由表及里地发掘那些隐藏在内心的东西。然而,"揣情"在理论上易讲,在实践中难行。

一个打算凭借自身的才智干出一番事业的人,一定会事先做好全局谋划和目标资料的准备工作,尤其是对要去说服的对象,比如升学的导师、面试的考官、商业的客户、单位上司,甚至是你要追求的恋爱对象等。如果这个工作做得不仔细,就会在对话的时候不知忌讳,没轻没重,看不出眉眼高低和对方隐藏的心理欲求与情绪变化。这样不仅事业做不成,甚至连正常的生活都有问题。在今天,我们拥有非常便利的通信手段和检索渠道,但是很多人并不能珍惜和利用。

在说服对象情绪高涨的时候,用言语满足他的虚荣心;在对方最恐慌的时候,用言语攻击他所惧怕的威胁方。如果探知的工作受挫,就暂且舍弃正在谈论的事情,去了解当时还有谁站在说服对象的身边,还有什么可以令说服对象承受目前的情形而不依赖外人。听话听音儿,不一定要得到对方的口实,通过对方表现出来的细节一样可以探知对方隐秘的私心。"揣情"的目的是"饰言",也就是美化和设计自己的说辞,先打出草稿然后再正式去申论。

说服者要"揣情饰言,成文章而后论之"(《鬼谷子·揣篇》),要研究好对象的心理,并且打好腹稿甚至写出文案,才能去演说。因为千里迢迢来到一个国家,越过重重险阻见到国君,给你的时间可能也就几分钟,一言不合就会被打发,怎能不精心准备呢?当然,直接面对国君时,也不能不顾一切、头不抬眼不睁地把文稿背一遍。"揣情"在这个时候更是到了关键的时刻。因为你之前掌握的一切信息,都不如眼前看到的来得真实和细腻。

这个时候,"揣情"和"捭阖"又可以结合起来了。用"阳言"来捭开对方的实情,在这样兴奋的时刻,对方的心理最难掩饰;用"阴言"来阖起对方的伪装,在这样的时刻,对方的欲求也最难隐藏。所以,针对这第一手信息进行灵活的调整,是说服成败的枢纽。

摩术

没有有效的"揣",自然无法成功地"摩"。鬼谷子说:"古之善摩者,如操钩而临深渊,饵而投之,必得鱼焉。"(《鬼谷子·揣篇》）把善于运用摩术的人比作拿着带有鱼饵的钩子垂下深渊的钓者，他们投下鱼饵，大鱼一定会顺利上钩。

其实，所谓的"摩"是一种与"揣"相关联的方法，但作用于外部。适当地去"摩"时，要根据对方的欲望投其所好进行测探，其内情就会通过外部形象反映出来。内在的感情要表现出来，必然要有所作为，这就是"摩"的作用。在实施"摩"时，有用和平进攻的，有用正义征服的，有用娱乐麻痹的，有用愤怒激励的，有用名望威吓的，有用行为逼迫的，有用廉洁感化的，有用信誉说服的，有用利害诱惑的，有用谦卑争取的。所以，圣人所施用的"摩"之术，平常人也都可以具有，然而没有能运用成功的，那是因为他们运用不当。因此，谋划策略最困难的就是周到、缜密，进行说服最困难的就是让对方全部听从自己的主张。所以，谋划必须周到、缜密，说服要选择与自己观点相通的对象。进行说服的人必须使自己的说辞合于情理，这样才有人听。

苏秦第一次游说秦王，就败在这一环节了。当他以"阳言"漂亮地"捭"之后，秦王以时机不到拒绝，而苏秦并没有认真对待这一回应，还是在强调用兵动武。其实这种道德上的束缚根本不是秦王面临的难题。秦王从未反对动武，他的焦虑在于时机，可惜苏秦并没有感知到，所以接下来的游说驴唇不对马嘴，无力且还暗讽秦王是昏主。

《韩非子·说难》专门谈的就是说服之难，是仅次于《鬼谷子》的说服学经典。

说服之难，在于难以了解说服对象的心理，不知用何言语满足其心愿。比如说服对象是一个追求名誉的人，你如果用利益来说服他，则显得自己下贱；说服对象在乎的是钱财，你却许以名誉，则显得你不通世故。

更复杂的是，有的人心口不一，那么你还得看透他实际在乎的东西才行：有人满嘴仁义但实际上在乎金钱，你如果用帮助他取得美名来说服他，他会表面上接受而实际上疏远你；有人开口闭口不离开钱，而实际上真正在乎的是面子，那么你如果用好处来引诱他，他会偷偷采纳你的方案而表面上要把你踢开。

说服者不但要获得对方的情报，还要十分注意在说服对方的时候巧妙地隐藏你所知道的情报，否则会招来猜疑甚至横祸。与说服对象周边的关系一定要打理好。反之，你的主张如果能够被执行，那么你的功劳也没人提醒；一旦你的主张失败了，罪责肯定加到你头上。

说服对象有不可挽回的欲望，你却要控制它，这样也很危险。你跟他夸别的君子，他会嫉妒；你跟他骂别的小人，他可能认为你含沙射影或者显摆自己。谈他喜欢的人，他可能认为你想走裙带关系；谈他讨厌的人，他会觉得你直接套近乎；干脆什么都不说，他又觉得你笨而看不起你。话说得详细了，他觉得你放肆自大；说得简单了，他觉得你怯懦不够自信。所以说服人是真的很难。

以上便是《韩非子·说难》中的理论。

飞钳

自我营销的套路

"飞钳",是在"捭阖"这一大框架下的具体阐释。按鬼谷子所说,飞钳就是"引钩钳之辞,飞而钳之"(《鬼谷子·飞钳》),就是钳制人心。飞钳术就是"飞而钳之",先把你捧上天,然后再控制你。这是民间最普遍的说服术,所谓"将欲取之,必姑与之"。

简而言之,"飞",夸耀;"钳",控制。古人中最精通《鬼谷子》的应该要数南朝的陶弘景了,他解释"飞钳"说:"言取人之道,先作声誉以飞扬之,彼必露情竭志而无隐,然后因其所好,牵持缄束,令不得转移。"按《鬼谷子》所说:与一个人达成深层的默契,就是要当面为对方制造良好的声誉,对方一定会把情感和志向毫无隐瞒地吐露给你,然后你才可以摸清对方真正忌讳和想要追求的东西;只要你即刻为对方制订出良好的方案,对方就会与你达成深交。

著名的南朝文学理论家刘勰也称《鬼谷子》的"飞钳术"是用褒扬之词来抓住对方心理的一种方法。

那么,飞钳的着眼点在哪些方面呢?鬼谷子说:"见天时之盛衰,制地形之广狭,岨崄之难易,人民货财之多少,诸侯之交孰亲孰疏,孰爱孰憎。心意之虑怀。"(《鬼谷子·飞钳》)即说服对象的"天时""地利""人和",就是飞钳的着眼点,飞其有余而钳其不足,就可以"乃就说其所重,以飞钳之辞,钩其所好,以钳求之"，围绕重点制订游说方案。

飞钳者的自信气质

说服者气质上的自信很重要，为了得到这样的气质，我们必须去"养气"，具体的手段是周游名山大川、出国访学、拜见名人、主动获取各种荣誉等。这样的话，你的视野开阔了，见识高远了，自然就处于一种"怀才"的阶段，只等待机遇了。然而在这样一个"读图"时代，说服者首先也是要被说服对象"读图"的，也就是形象阅读。如果一个人衣着邋遢、行动懒散、反应缓慢、面有菜色、表达混乱、进退失据、丢三落四、缺少礼仪，那么他的形象首先就把他带到一个受人质疑的处境中，并且需要花很长时间和很多精力才能挽回。这样的人即便有才华，也很难在短暂的接触中说服别人接受自己，毕竟在人与人的交往中，首先是对形象的认同，然后才到情感，最后才是思想的交融。

宋代著名文学家三苏父子都是运用"飞钳之术"的高手，苏洵和苏轼许是在文学成就上高于苏辙，但在"飞钳之术"上，却都有所不及了。

十九岁的苏辙来到京城，他给掌管军权的高官韩琦写信，希望得到拜见的机会，这在当时叫作"干谒"。苏辙这封干谒信写得非常漂亮，以至于成为后世的范本。他说，我从小地方来，这一路看了很多名山大川，都赶不上京师的宫苑壮观。我也见了很多人，甚至已经拜见了伟大的欧阳修先生，但是还有更高的追求，那就是见一见您。然后就是对韩琦的一顿吹捧。

文人最喜欢别人的吹捧，只要这种吹捧的尺度在合理的限度内，比送什么礼物都强。但是要想求见成功，光说对方厉害还不行，接下来要做的事情就是说自己厉害，否则的话对方飘飘然了，你更接近不得。苏辙最后说自己以孟子和太史公为榜样，有远大的志向，因此暗示韩琦抽出时间见一见自己。

苏辙最为老辣的是他中年时写给刘敞的求见信。刘敞这个人在道德和能力方面都是很不错的，官也做得大，就是人有点傲，一般人他瞧不起。像这种对名、利、友情、人才都不在意的人，真的是很难见到，拿什么做见面礼呢？苏辙选择了"意见"。他先是按常规吹捧了刘敞一顿，说他道德如伯夷，能力如猛虎。然后说，可是伯夷太清高以至于太寂寥，猛虎太凶悍以至于人们逃得远远的，这样怎么能够长处人世呢？不如您老改一点吧，我也好有机会接近您。多漂亮的一封说服信！

飞钳者的种种素养

我们要锻炼说服力，就要从情绪感染能力的训练入手。拉近双方情感上的距离，也就有了说服的基础。孟子的论辩，气势汹汹，咄咄逼人，尽管经常把梁惠王和齐宣王等人诘难得无言以对，但并不能从情感上获取君王的认同，最终没有使这些君王真心地接纳他的建议。比如孟子回忆与梁惠王的一次谈话。梁惠王跟他讲自己继承了晋国的霸业，却四面受辱，战争不断失败，长子死在边境，自己很想为将士们洗雪耻辱。但孟子答以迂远的王道，要求施行仁政，让诸侯的子民主动投奔，实现国富民强。这固然是正道，但不能抚平梁惠王沉浸在国仇家恨中的浮躁情绪。从矫正霸道的意义上说，孟子是伟大的；从说服效果的角度上说，孟子是失败的。

当然，飞钳并不是简单的迎合。对于那些性格外向的人，自然可以用迎合和夸张的方式来实现合作，但是对那些低调内敛的人，却需要用反驳的语气，批评他对自己的低估，指责他在奋斗中的保守。

说服还要看对象。与智者谈话，就要以渊博为原则；与拙者谈话，要以强辩为原则；与善辩的人谈话，要以简要为原则；与高贵的人谈话，要以鼓吹气势为原则；与富人谈话，要以高雅潇洒为原则；与穷人谈话，要以利害为原则；与卑贱者谈话，要以谦恭为原则；与勇敢的人谈话，要以果敢为原则；与上进者谈话，要以锐意进取为原则。如果能够掌握这些原则，就很容易达到说服的目的。

说服要用对方法。一般来说，仁德的人不看重财货，不可以用物质引诱他们，却可以让他们提供财货；勇敢的人不能用危难去吓唬他们，却可以用他们解除危难；智慧的人有谋略、通事理，不可以假装诚信去欺骗他们，却可以向他们讲明道理，让他们建功立业。说服者首先要有旺盛的精神。毕竟，说服活动是一项消耗能量巨大、对人的智慧爆发力要求更高的事情，很难想象一个精力不足的人会总是处于说服别人的位置。来自说服对象的质疑和说服同道的竞争，要求说服者必须从说服前的准备中做起，这是一项长期艰苦的工作，会面临很多意想不到的曲折和挑战，一个没有足够精力的人是很难完成这样的任务的。精气神儿正是说服者的生理基础。这里蕴含着一个过程，那就是由精到气再到神，也就是以肾的能力为起点，以脑的活动为终点，全部作为嘴巴表达的身体依托。

鬼谷子特意提醒，在说服的过程中，要尽量避免以下五种情况：一是病态之言，指神气衰弱，说话没精神；二是幽怨之言，指伤心痛苦，没有主见；三是忧郁之言，指心情郁结，不能畅言；四是愤怒之言，指轻举妄动，不能控制自己的话；五是喜悦之言，指说话自由散漫，没有重点。这五种情况不仅无济于事，还会让事情往相反的方向发展。

反应
如何获取对方的真实信息

"反应"中有"反覆"

反应是刺探信息的一种方法。鬼谷子认为：别人说话是动态，是阳；自己沉默是静态，是阴。可以以静测动，阴必胜阳。运用这一技术，需要保持自己的一种虚空心境，不要让先有的理念左右你的判断。要认真听取对方的言辞，当对方提出不同意见时，用否定的态度来坚持自己的主张，进一步得出对方的回应。所谓"言有不合者，反而求之，其应必出"（《鬼谷子·反应》）。

苏秦游说秦惠王。当秦惠王对他的建议表达异议的时候，苏秦坚持说："臣固疑大王之不能用也！昔者神农伐补遂，黄帝伐涿鹿而禽蚩尤，尧伐骧兜，舜伐三苗，禹伐共工，汤伐有夏，文王伐崇，武王伐纣，齐桓任战而伯天下。由此观之，恶有不战者乎？"（《战国策·秦策一》）这就是反应，但是实际上又套用了反覆之法。"反"同"返"。"返覆"，就是用已有的历史经验去比附现在的情境，把从事物中体会到的经验用历史加以验证，用现实加以审核，这样可以保证自己的看法正确。

鬼谷子说："古之大化者，乃与无形俱生。反以观往，覆以验来；反以知古，覆以知今；反以知彼，覆以知己。动静虚实之理，不合于今，反古而求之。事有反而得覆者，圣人之意也，不可不察。"

（《鬼谷子·反应》）意思就是古时候事情和道理是自然融合在一起的，而现在已经分离，那么很多时候，我们要主张正确的道理，不能沉溺于现实的情境，必须返回到古朴的时代去考察，获得宝贵的历史经验，这样才能证明对未来的预判。凡是能够在历史中得到证明的主张，一定是合乎古圣先贤之意的正确意见。

苏秦运用的就是反覆之法，以说明"今欲并天下，凌万乘，诎敌国，制海内，子元元，臣诸侯，非兵不可"（《战国策·秦策一》）的任战主张。

只可惜，秦王在这里的"应"，是"说秦王之书十上，而说不行"，没搭理他。锦上添花总不如雪中送炭容易得到对方的珍惜。连横的策略失败，但苏秦最后以约纵取得了成功。这个历史经验值得我们深思，这也是一种反覆：对于求职者来说，雪上加霜地指出对方的处境，更容易取得奇效。

在游说韩王时，苏秦的反应之术得到了成功。苏秦希望东方六国结盟，共同抗秦。但韩国是小国，韩王的目标就是守住权力，不愿得罪强秦。苏秦说："韩国跟秦国联合，真让我害臊，没听说宁做鸡头不做凤尾吗？"这一句话就把韩王的火给勾起来了，当即接受了苏秦的主张。苏秦在这里就是有意地激怒了韩王，使韩王爱面子的性格暴露出来，从而听命于自己。

当然，说服往往不是一两个回合就能完成的。

在开始说服对方时，一定要保持客观和冷静，用沉默、提问、反语、类比等方式尽可能地引出对方的观点和信息，这样就可以立于不败之地。阴必胜阳，柔必胜刚，把自己的嘴巴管好，注意听对方的言辞，甚至可以用相反的观点来激发对方更多的解释。

说服过程的象征与类比

在对话的过程中,还可以用象征、类比等手法敷衍对话过程,从而隐藏自己,诱导对方更多的应答,并根据对方比附性的话进行分析,找出其内心的逻辑和秩序。如《鬼谷子》所言:"言有象,事有比","象者象其事,比者比其辞也"。就是用比喻和类比的方法,用通俗易懂的方式打一个比方来说明话语布局的境界。这就好比张开大网捕捉野兽,设在野兽聚居的地方等候机会,猎物一定会自投罗网。在各种话语陷阱中布置机关,一定会组织起一张令对方无路可逃的话语罗网。

说服可以从谈天说地开始,试探性地就一些客观材料交换观点。一起分析过去的时候,尽量顺应对方,为对方开解;讲到未来的时候,要估量到可能的变化,在一起应对变化的过程中结成联盟。在说服的过程中,不要一厢情愿地认为对方只相信关系亲密的身边人或者共事者。事实上,外来者也存在着同样的机会。说服者有几种可供选择的结交方式:一是用共同的道德准则,二是用秘密的关系网络,三是利用财富、情感或欲望。当然,具体的方式取决于对方的需要。要想说服对方,必须要做好周密的计划,稳健地进行,一旦你说的话触动了对方的内心,就有成功的可能了。

说服还要讲究时机。

墨子的大弟子禽滑厘问墨子说:"多言有没有好处?"墨子回答说:"蛤蟆话多,昼夜不停地鸣叫,叫得口干舌燥,可是大家都习以为常。但是报晓的公鸡就不同了,人们听到它叫便忙不迭地起床。"所以讲话不在多,而在于讲话的时机。

对于说服者而言,如果不能获得对方十分坚定的信任,则说服力也难以保持长久。这在鬼谷子那里,叫作"内揵",是《鬼谷子》

中关于进献计谋的方法。"内"就是"纳",使人采纳自己的计策;"揵"就是"坚",要设法让对方充分信任并坚持自己的计策。

战国的纵横家们曾经讲过这样一个故事:从前曾参在费地,费地有个与曾参同姓同名的人杀了人。有人告诉曾参的母亲,说曾参杀人了。曾参的母亲说:"我的儿子不会杀人。"她仍然照样织布。过了一会儿,一个人跑来说:"曾参杀人了。"曾参的母亲仍然织布。过了一会儿,又有人来说:"曾参杀人了。"曾参的母亲便惊恐万状,扔掉了梭子,翻过垣墙,逃跑了。就连曾参这样贤德的人,他的母亲都对他产生了疑惑和不信任。

还有"三人成虎"的故事,讲的也是这个道理。魏国的庞恭要陪太子到赵国去做人质,但是很担心在他走后有人向魏王进谗言。

为了让魏王坚定对自己的信任,庞恭对魏王说:"有一个人说街市上有老虎,您相信吗?"魏王说:"难以相信。"庞恭说:"有两个人说街市上有老虎,您相信吗?"魏王说:"我有些怀疑了。"庞恭又说:"有三个人说街市上有老虎,您相信吗?"魏王说:"我相信了。"庞恭说:"街市上明摆着没有老虎,但是三个人说有老虎,就像真有老虎了。如今赵国到大梁的距离,比我们到街市远得多,而议论我的人会远远超过三个。希望您能明察。"魏王说:"我自己知道的。"尽管魏王这样说,但等庞恭走后,谗言还是使他和魏王疏远了。

两个故事表达同一个道理:说服已经是非常艰难了,但更加艰难的就是令对方坚持对自己的信任,从而实现一个长期而周密的计划。

忤合
怎样运用激将法与回马枪

《鬼谷子·忤合》涉及一个很重大、很严肃的人生去就问题，即趋向于谁？背反于谁？第一步，区分出趋向与背反的差别；第二步，选择出趋向与背反的对象；第三步，趋向某一人主之后如何共事。

立足全局的忤合方略

第一步是理论上的问题。鬼谷子提醒人们，有志之士未出茅庐之前，一定要站在时局的制高点上总揽全局，而且一定要确立一个比较的心态，看出各个阶层、阵营的差别来，对未来的可能性做出各种设计。

第二步是理论与实践的中间环节。站在一个胸怀雄心壮志的谋臣策士的角度来说，选择哪个人主、哪个阵营和团队，是首先要考虑的问题。

所以，苏秦选择秦王，以连横战略说之，是没有错误的，只不过，历史给他的机遇不是连横，而是约纵。游说秦王失败后，苏秦回家经过反省和揣摩，转而出发去游说赵王、燕王和韩王——对于纵横家而言，朝秦暮楚是常见的，连横也好，约纵也罢，重要的是自己的功名。

这种无奈，在《鬼谷子·忤合》里被描述为："计谋不两忠，必有反忤。"计谋不可能忠诚两个人主，一定会选择一方而成为另一方的敌人，不可能三心二意。

第三步是具体实施。对局势了如指掌，阵营已经选定，那么就要以飞钳之术说服你选择的对象纵横天下了。鬼谷子说："故忤合之道，己必自度材能智睿，量长短远近孰不如。乃可以进，乃可以退，乃可以纵，乃可以横。"要站在对自己有清晰的认知的基础上，对各个势力集团进行分析，怎样联合与竞争，才能帮助人主达到壮大自身的目的。只要这个方案合理、可行，就算在这个风云变幻的社会上也能建功立业了。

《鬼谷子·忤合》认为对立和联合都有相应的策略，而且这两种状态是互相转化的。至于再细致的实践，鬼谷子赞赏先忤后合的方案。正如《淮南子》中所说："圣人先忤而后合，众人先合而后忤。"圣贤可能常是先进入他将背反的阵营，然后求得背反的成功。

伊尹是商汤妻子的陪嫁之臣，所谓"五就（商）汤，五就（夏）桀"这样在两个阵营中反复穿梭的情形虽然目前已不得其详，但据《竹书纪年》载，夏桀十七年到二十年，伊尹在夏国居住了三四年之久，应该是商汤的间谍，后正式归商，辅佐商汤灭掉夏桀。

而吕尚呢？最先也是服务商纣王。纣王无道，吕尚从而游说各路诸侯，直到老年，钓于渭水之滨而得遇出猎的周文王。周文王与吕尚交谈之后大喜，从此周文王、周武王父子尊吕尚为师，最终吕尚协助周武王灭掉商纣。

可见，忤合是所有游说活动的一个总前提。

《鬼谷子》话语艺术的小结

随着社会分工越来越细，生活节奏越来越快，如果想要在自己的专业领域以外有所担当，我们就必须提升以说服为目的的语言表达能力。

言语究竟需不需要修饰？人们通常反对花言巧语，认为这样的虚饰之辞对于说服并不利，孔子就反对这样的"佞言"。其实一切成功的说服语里都包含着一定的修饰，只不过那种盲目套用语言伎俩、修饰痕迹外露的语言并不会讨好人而已。

说服是一种语言艺术，为了使说服的理论明晰，运用修辞手段是必不可免的，但要注意的是必须注重实际的效果，不能只在乎修辞的过程。像孟子那样，话说得漂亮而又痛快，但总是惹人不高兴，说服的目的就不能实现了。除非说服者并不在乎目的，像孟子一样追求的只是正气的张扬。但是打比方的运用最好是在居高临下的说服中，以下说上时，比喻的运用容易触犯对方的自尊，让人感到智商受到了侮辱。

言辞的美化，一个基本的手段就是类比。《说苑·善说》中收录了下面这个故事：一位门客跟梁王说，惠子讲话喜欢打比方，假设不让他打比方，他就不会说话了。梁王把这话告诉了惠子。惠子说："现在如果有一个不知道'弹'是什么东西的人在这里，他问你：'弹的形状像什么？'如果回答说：'弹的形状就像弹。'那他明白吗？"梁王说："不明白。"惠子接着说："在这时就应该改变说法回答他：'弹的形状像把弓，却用竹子做它的弦。'那么他会明白吗？"梁王说："可以明白了。"惠子说："说话的人本来就是用人们已经知道的东西来说明人们所不知道的东西，从而使人们真正弄懂它。现在您却叫我不打比方，这就行不通了。"梁王说："你讲得好。"

言辞的设计，常表现为以铺排增强气势。我们看苏秦说服诸侯的书信和言辞中，开篇多是如此，他会从各个角度讲到对象国的政治、地理、历史、军事、经济及人口形势。这些材料多数就是前一阶段资料调查的结果，其目的一是进行语言上的催眠，二是拉近情感，三是表示自己下面要提出的主张是建立在充分调查基础之上的。这样的传统一直持续到今天的书面说服中。但由于领导者知识水平的提高和工作节奏的加快，在口头说服的时候，排比是较惹人讨厌的。

在经历了工业化革命和数字化革命后，现在的说服更加注重引用数据和实例的平实风格，积极修辞让位给消极修辞，尽量让语言简洁易懂，弱化它的文学性，强化它的说明性。

总是被人说服的命运是可悲的。在话语丛林中处处被动，人的信心和精力就会陷入一种恶性循环的内耗之中。其实改变的方法很简单，就是提升自己的思维能力，开口表达自己的看法，担负起追求真理的责任。说服是每个人都需要的基本生存能力。说服力强大的人，如果没有自大到故步自封，以至于忽视了学习力，大多都是在社会上被依赖、被欢迎甚至被敬仰的人。反之，那些说服力微弱的人，则大多被亲人和朋友们看作是无足轻重的人，甚至只会拖累别人。我们每一个人，尤其是年轻人，肯定不愿成为这样一种社会角色。

总而言之，《鬼谷子》是中国古代说服艺术的理论经典。它是一门技术，并不包含善恶的考量，希望更多善良的人也能提升自己的语言艺术，将更多更好的观点、产品和服务更有效地传播出去。

其他

轻重

管仲是如何让齐国实现称霸的

"轻重",即货物价格高低。托名管仲的管子学派著述中,有一组题为《轻重》的篇章,讲的是利用抑扬物价来操纵国家经济杠杆,其目的多在富国强兵和拖垮敌国。

富国强兵

管仲是春秋时期齐国的名相,有一次,他给齐桓公上了一堂经济学原理的课,名叫"策乘马",也就是统筹经济的好办法。这是假托古时候的虞国完成的设计。

虞国当权者给百姓们下达了一道通令:国家发给他们贷款,给他们二十五天左右的时间去春耕,且没有利息。到了秋季,年谷大熟,该还贷了,但是国家不要钱,要粮食。

为什么呢?因为这个时候粮食最便宜,价格下降了一半。官府要求百姓们立即用便宜的粮食折算成贷款归还,官府等于是用贱价收购了农民的粮食,大赚了一笔。

但是等百姓们手中的粮食交得差不多的时候,粮价就开始反弹了,因为粮食供不应求,于是国家顺势先把粮价提高二十倍,再跟百姓们征收军需物资,但是这个时候国家却不发行现钱了,老百姓们没办法交易,交不上军需物资。这时官府开始出面,通告老百姓可以去购买国库中的粮食。可是这时候的粮价是很贵的。老百姓没办法，只好用高价回购国库中的粮食去抵扣军需物资的购买款项。

就这样，虞国老百姓被剥削得什么也不剩了，而虞国也没有背负上苛捐杂税的罪名。

管仲之道是强国之道，管仲对赋税的理想设计就是暗地里增加赋税而又不影响国家形象。

春秋战国时期的各个诸侯国，军费支出非常庞大。当时的齐国为了购置牛、马的皮和筋等物来造弓箭，让齐国百姓背负颇重的赋税。齐国百姓怨声载道。为此，管子设计了一个四两拨千斤的措施。

他说可以下令在交通要道上抬高桥梁，挖低道路。

这可真是风马牛不相及的事情，道理在哪儿呢？

桥梁道路改造之后，本来夫妻二人推拉车子可以轻松日行百里的道路，现在因桥高路低，很难行走，特别是雨天，更是难走，只能借助牛马之力。

这时关联开始出现了。

齐国的牛和马因过路、过桥而大批累死，牛、马的皮和筋等多到没人要，国家制造弓箭不愁了，老百姓缴纳这部分赋税不成问题。

可是，牛、马短缺，价格大涨，经济危机转嫁到老百姓身上，他们只好外购牛、马。国库未动，而天下的牛、马如流水般归齐。

这两种政策，说明了同一个道理：当权者在不露声色地盘剥百姓。国家没涨税收，征收的也都是必要的贷款和军需，有什么问题吗？

自古至今，这样的事情一直存在。比如我们看度量衡的变化，尺、斤、升这些计量单位实际所代表的长度、重量、容积都在不断变大。这样，历朝历代统治者都在不动声色地增加着税收，只不过这些被生产力的发展掩盖了。

不过，管仲也有些政策，是损伤富商而帮助农民的。

管仲曾建议齐桓公下令：疏通集市外洼地积水使其流到闹市区。这可真叫倒行逆施了。但其实这又是一个局，效果很诗意：城市屠宰场和饭馆的废弃油水都流到闹市区了，引来了众多鸟类前来觅食，成了一道风景。于是人们黄昏到此饮酒观赏，形成了一种娱乐风尚。为此，富商们、贩卖者也无心买卖，忙着脱手货物，买者也急于买到货物。双方都想买卖赶紧结束，迅速离开货摊。大家都去捕鸟儿玩乐，青年人争先恐后地拿着弹弓往来水上，直到深夜。由于商人和市民们贱卖贵买，四郊贫民从中获利，富人穷了，穷人富了。

这实际上太理想化了，如同儿戏。

生产者一旦堕落，国家物资就会陷入滞留困境。为了促进生产，管仲的办法也很奇特。

齐国各地民众贫穷，衣服、鞋子都很破旧，齐桓公很着急，想让国内布帛的价格降下来。于是管仲请齐桓公下令把路旁树木的枝叶剪完。于是不到一年，各地民众衣履完好。

齐桓公问管子这是怎么回事，管仲说："路旁树木枝叶未剪时，各地赶集的民众，回来时在树下乘凉闲话，终日不归，此是一不归；青壮年相聚树下嬉笑打闹终日不归，此是二不归；父子兄弟也在树下谈天说地，终日不归，此是三不归。有此三不归，人们都在树下乘凉谈笑、不事生产，当然会贫穷，布帛产量少，也当然要贵。可是我们砍了他们乘凉的树木后，人们便不自觉地尽力田间。布帛生产量增加，价格也就便宜下来了，所以人们的衣服鞋子都是新的了。"

预防懒惰，原来可以用釜底抽薪的办法。

贸易战争

管子的理论,还涉及贸易战。

齐国与鲁、魏两国常发生冲突,齐桓公请教对付两国的办法。管仲回答说:"鲁、魏两国的百姓有个习惯,就是喜欢穿厚的丝织品,大王您也穿,而且令周围的人也穿,这样百姓也会跟风穿。"

消息传到鲁国、魏国,齐桓公又派人向鲁、魏两国商人重金求购这种厚的丝织物。在厚利的引诱下,甚至鲁、魏的国君也鼓励蚕桑而弃置农耕。

十三个月之后,齐国突然放弃穿这种厚丝织物,而且关闭边境贸易和外交。这下可把鲁国、魏国给耍了。他们的丝织物卖不掉,而粮食又不足。齐国却在这个时候降低粮价,又禁止出口。那其他两国的老百姓怎么办呢?只好偷越国境来到齐国。最后逼得鲁、魏两国国君不得不臣服于齐。

春秋时有莱国和莒国两个小国,都在山东,它们的生产以木柴和粮食并重。齐桓公要征服两国,就大铸钱币。铸造钱币是要用柴火的,所以齐国以高价购买两国的木柴。贪图高价木柴的两国,从而弃粮食生产专门从事木柴生产,原有的平衡被打破。小国经济往往有这种投机问题,这往往就是大国的陷阱,一旦经济上的依赖形成,麻烦就来了。

春耕时节到了,管子适时将原来铸钱之人停工,让他们回去务农,接下来停止购买两国的柴薪。两国的柴薪卖不出去,春耕被耽误了,最后粮价又奇高,而齐国到秋季粮价又奇低,两国民众大都投奔齐国去了。

上面讲的这些,大多是管子学派们内部钻研的"毕业设计",有些有历史背景,但并不都是历史记载。尽管如此,我们还是不得不赞叹他们商战的机智,或许高明的商人能够从中悟出一二。

五德
怎样认识邹衍的历史循环论

五德之说，是战国时期阴阳学派代表人物邹衍提出来的。

邹衍与孟子同在齐国稷下学宫，但是当时孟子是一个知名学者的待遇，而邹衍则被齐宣王奉为上宾。为什么呢？因为这个人学识十分渊博，非常擅长谈天说地。儒家知识分子一般认为贵族们应该对道理感兴趣，结果经常碰壁，而实际上贵族感兴趣的往往是一些博物和神秘的东西。因此，很多道理要在谈天中渗透，不能毫无趣味地传播。

邹衍就擅长"谈天衍"，这也是人们送他的雅号。天衍的具体内容包括时空两个维度，即"五德终始，天地广大"。"五德终始"，就是五德循环；"天地广大"，就是海内九州。

所谓九州之说，依据《尚书·禹贡》的说法，应为冀、兖、青、徐、扬、荆、豫、梁、雍等九州。这在邹衍看来，便是赤县神州。中国之外同赤县神州一起的共有九个，这就是所谓的大九州，每州之外有大海环绕，直到天涯海角，且物种不能相通。

五德终始说的成立

"五德终始"，就要从"德"说起。邹衍提倡以德治国。他曾经为此先后游说过齐、魏、赵、燕等国国君。在魏都大梁，梁惠王亲自到城郊迎接他；在赵国，平原君"侧身撤席"，对他恭恭敬敬；

在燕国,燕昭王也"奉尋郊迎",以重礼对待他,奉他为老师。同样倡导德治,为什么他能成功,孟子就失意呢?因为邹衍善于包装,用五德与九州的时空观念来包装。

这个规律,到后来也重演了。汉代初年的贾谊,年轻时急切地要求汉文帝改革朝政,加强中央集权,但他被下放了。后来被召回来,汉文帝请他谈鬼神之事,居然忘我地不断向前移动席子,便如唐代诗人李商隐说的:"可怜夜半虚前席,不问苍生问鬼神。"(《贾生》)可以想象贾谊的失望,但这就是统治者,很多时候他们更加迷信。汉武帝独尊儒术,其实推动者主要是儒家学者董仲舒。那么董仲舒是怎么影响到汉武帝的呢?他上"天人三策",用天人感应来说,把很多自然现象说成是上天依据德政给予天子和万民的奖赏与惩罚。但回过头来说,天子的地位也是上天给予并受到上天保护的。这一套理论,是儒家和阴阳家思想相结合产生的,很能击中统治者的内心,满足他们的要求。

"五德"指的是金、木、水、火、土五行,邹衍将其命名为五种德性,并将这五种德性附加在历史朝代上,用以解释朝代更迭循环的规律。终始,就是按金、木、水、火、土五行的循环运转来描述古往今来的世事变迁,尤其是王朝兴衰。邹衍认为,自开天辟地以来,社会就是在按照五德转移的次序进行循环,一个朝代以一德为主,每一德都盛衰有时。德胜,朝代兴旺;德衰,朝代灭亡。

谈到五行相互关系,就涉及生克逻辑。

按相克关系:木克土(好比树木生长要吸收土壤的养分)、金克木(好比斧子可以劈开木头)、火克金(好比熔炉可以冶炼铜铁)、水克火、土克水(好比河道堤坝),循环进行。

在王莽篡汉之前,历代五德交替顺序一般采用来自邹衍的五行

相克说：黄帝（土）→夏（木）→商（金）→周（火）→秦（水）→汉（土）

有相克就有相生：土生金，就好比沙里藏金；金生水，就好比金属熔化；水生木，就好比雨露滋润树木；木生火，柴草能燃烧；火生土，灰烬化为尘土。

王莽篡汉后，为了证明其政权的合法性，又采用了五行相生说，并修改汉代以前诸朝代的德性。历代五德交替顺序改为：黄帝（土）→夏（金）→商（水）→周（木）→汉（火）

一直到元代皆采用五行相生说，但里面因为掺杂了很多地方政权和临时政权，所以比较复杂，涉及给不给短暂的政权或者处于征服地位的地方政权承接五德的正统地位的问题。自元之后，又变为相克说：元（金）→明（火）→清（水）。实际上元代以后"五德终始说"已经不重要了，而终结这个焦点问题的是北宋的欧阳修。

五德终始之说的瓦解

自秦汉至宋、辽、金时代，"五德终始（亦称五运）说"这一基本理论框架一直是历代王朝阐释其政权合法性的依据。但宋代以后，沿袭千余年的"五德终始说"最终被儒家政治文化边缘化。

最早对"五运说"提出系统性质疑的是欧阳修，他以儒家尚德精神痛批五运之说的谬妄，引发了北宋后期章望之、苏轼以及南宋朱熹等人的讨论。当代有学者指出：欧阳修的《正统论》在理论上宣告了五德转移政治学说的终结。在"天人合一"思维的笼罩下，社会变迁始终被附着以天命色彩，但宇宙自然的周期本身就不可能与人世运转的节奏完全同步，这便是五运学说的症结所在。欧阳修在《五代史伶官传序》中说："盛衰之理，虽曰天命，岂非人事哉？"

置天命于一旁，专注于人事的考察和讨论，正是欧阳修、苏轼等人历史观的出发点。这极大地解放了后世知识分子的思想，是宋儒思想解放运动的一个重要组成部分。

欧阳修在正统论问题上以"绝统论"来解释一些分裂时期德运问题上的尴尬。他说正统的要求是居天下之正而又合天下于一，二者缺一不可，所以说，"正统有时而绝"，这就是绝统论。正统的政权在三国、南北朝、五代时期是不存在的。绝统说从根本上动摇了"五德终始"政治学说赖以成立的基础，将王朝的更迭由"奉天承运"的政治神话变成了"居天下之正"的政治伦理问题。在欧阳修的启发下，才有了朱子的"无统"之说：所谓三国、南北朝、五代皆无统之时。由前代的"正统论"到欧阳修的"绝统论"，再到朱熹的"无统论"，以至元代史学家的"多统论"（辽、金、宋都是正统），彻底解构了邹衍的五德终始的线性循环之说。

邹衍等人虽号称是阴阳家，但阴阳这对包含着对立法则的概念在这一学派的论述中并不显眼，他的思想主要还是九州和五德之说。五德之说也有个传承的说法，北宋有个精通易学的邵雍，他用皇帝王霸四种类型的领导者相继循环的理论来描述了前代王朝。

总之，五德之说虽然是刻意的、牵强的，但是在解释之中渗透的政治道德的考量和对国家统一的确认起过不可忽视的积极作用。

贵我

杨朱的人性学说有什么逻辑

"贵我",是杨朱提出来的主张。

道家学派,可以分为黄老派和庄列派,而杨朱的思想是庄列派的重要理论渊源。

杨朱没有专门的著述传世,他的思想主要存于《列子·杨朱篇》,核心思想是"贵我"。具体来说,就是"人人不损一毫,人人不利天下,天下治矣"。每个人都不付出毫毛般的损失,每个人都不去有利于天下,天下则太平!

什么逻辑呢?意思就是如果人人都能保护自己的利益不受侵犯,人人都不成为他人和他国的侵犯对象,那么天下就会太平。

从"贵我"到"兼爱"的理论拉伸

杨朱认为,人的本性在于享乐,生命又很短促,怎能不及时行乐呢?这是顺应自然,而富贵、礼乐都是虚伪的桎梏,必须要超脱出来。

这叫作重生,重视生命。重生才能贵己,也就是贵我。所以,人要为自己而奋斗。人不为己,天诛地灭。

奉献就意味着牺牲,把自己的生命当作天地之间的一个祭品。所以,要肯定自己的私心、私情、私欲,这是自然本性,不要纠结,不要羞耻。

自古以来的帝王将相,哪一个不是以自我为中心的?这并不妨碍有些人成为后世敬仰的明君。就拿秦始皇来说,柳宗元也说他是"以一人之私而成天下之公""公天下自秦始"。只不过这种所谓的自私,不应该是损害他人的,不应该是反社会、反人类的。而这恰恰就是杨朱理论拿捏的尺度。

人于天地万物是自私的,人在所有物种之中攫取营养、快感,这不是自私吗?不这样,人类就无法生存。其实放到人群之中也是这样,拨开一些虚伪的号召和假象,人们还是在为了自己的族群、家庭甚至自身奋斗。

杨朱的贵我思想是庄子逍遥思想的前提,这是自我解脱之道。从杨朱到庄子,他们讲的不是个人主义,也不是享乐主义,而是人本主义、自然主义,是从渔猎文明、农业文明中解脱出来的路径。

在庄子、孟子生活的战国中期,"天下之言不归杨,则归墨"(《孟子·滕文公下》),"逃墨必归于杨,逃杨必归于儒"(《孟子·尽心下》)。杨朱一派的影响力,足以与墨翟一派匹敌,淹没了儒道思想。墨翟一派的思想正好相反,主张"兼爱",完全的利他主义,放弃个人的情感、欲望和利益。两派打了个平手,但又一起在百家争鸣中湮没于社会。

杨朱和墨翟,贵我和兼爱,正是我们在人生观上应该充分拉伸的理论维度。不懂"兼爱""贵我"思想,就没有尺度和方向,会流于纵欲和侵夺。"贵我"要实现的,是一种平等均匀、自得其乐的社会图景;反过来说,不懂"贵我""兼爱",就没有根基。若是连自己丰满的本性都不尊重,普通人性需要的是什么都不知道,又如何博爱与施爱?所以墨家也很失败。个人人格很高尚,生活却很粗糙,把这种人生理念推广出去,天下的图景也很可怕,人们最终也不会接受,对此庄子已经做了深刻的批评。

而"贵我"的重要价值就是承认人性的快乐要求,尊重自利意识。

在这个儒法社会里,我们应该很清醒地明白"贵我""自利"的意义,并且明白这是人人都有的本性,这样才能坦然地走向社会。当你这样想的时候,你就与人群和社会实现了精神和解,再也没有那么多的愤慨和抱怨了。

除了理论上的解释功能,"贵我"思想还有实践的指导意义。我们不应该把"贵我"当作全部,而应该把它当作人性的起点,因为你不懂快乐和自私,你的奋斗和公义就一定是错误的,一定不在正确的方向上。

并耕

农家理论为什么没有唱响

"并耕",也就是君民并耕,这是先秦时期农家的核心政治思想。

农家奉神农氏为祖师,主张耕桑,重视衣食,关注到了民生的根本。春秋战国时期,任何一种社会阶层,总是要有一个理论上的代言人,正如墨家代言手工业者一样,农家代言的是农民阶层。

农家学派并没有专门的著述传下来,只是在《孟子》《荀子》《管子》《吕氏春秋》等书中保存了他们的学说和故事。

诸子百家之中,农家学派一直占有一席之地。它是入流的,甚至比小说家地位高,因为"九流十家"中有农家,而多出来的一家就是小说家。小说家不入流,讲的都是一些小道理而已。

农家也有两派,一派重视耕种,主张保护农时、不违天时;另一派则将耕种联系到政治。则农家学派有崇尚躬耕农田的行为主义和倡导"君民并耕""市价不二"的两个代表理论。

农家学派的代表人物是许行。许行是个有政治观点的人,他和孟子同时代。许行也有一些追随者,门徒数十人,都穿着粗布衣服,以织席贩履为业,跟《三国演义》中的刘备一样。不同的是,于刘备而言,这只是起步阶段的一份职业,而对于许行等人来说,这一职业却是他们的终极梦想。当然,他们的梦想也有高级阶段,那就是说服国君接受他们的理念,也和百姓们一起耕种。

许行和孟子同时来到了思想比较浪漫的滕文公这里,许行如愿以偿地得到了一块土地，实践着他的梦想；孟子也如愿以偿地得到了国君的支持，推行仁政。

这个时候，一个小人物引发了二人之间必然爆发的理论冲突。儒生陈相居然被许行的农家理论吸引，带着弟弟等人从宋国出发，投到许行的门下，衷心服膺于许行的学说，愿意成为他的弟子，还代表许行去和孟子辩论。

君民并耕

陈相向孟子转述许行的话："滕君的确是个贤明的君主，不过，他还没有掌握真正的治国之道。贤人治国应该和老百姓一道耕种而食，一道亲自做饭。现在滕国却有储藏粮食和存放财物的仓库，这是损害老百姓来奉养自己，怎么能够叫作贤明呢？"

孟子耐着性子说："许先生一定要自己种庄稼才吃饭吗？"这是孟子设的圈套。陈相只能坚定地回答说："对。"孟子再问："许先生一定要自己织布然后才穿衣吗？"陈相回答说："不，许先生只穿粗麻衣服。"这个问话陈相还能招架：织布的活儿许行干不来不要紧，不穿不就行了，咱就穿自己还搞得定的粗麻衣服，会打草鞋、编席子肯定也能弄出粗麻布。但孟子很善于话语游戏，转而问："许先生戴帽子吗？"陈相还是搞不懂孟子葫芦里卖的是什么药，回答说："戴。"孟子问："戴什么帽子呢？"陈相回答说："戴白帽子。"孟子问："他自己织的吗？"陈相回答说："不是，是用粮食换来的。"这正是孟子想要的答案：总有你耕田的人干不了的活儿吧。实际上，在论辩的一开始，孟子就已经找到症结所在，但他懂得如何一步一步地请君入瓮。孟子问："许先生为什么不自己织呢？"陈相回答说："因为怕误了农活。"这是强词夺理，但孟子不急于置敌于死地,而是另起一头接着问:"许先生用锅和甑做饭,用铁器耕种吗?"陈相回答说:"是的。"孟子问:"他自己做的吗?"陈相回答说:"不是,是用粮食换的。"又是用粮食换的,这已经不得不承认社会分工和商品交换了。于是孟子主动说:"农夫用粮食换取锅、甑和农具,不能说是损害了瓦匠、铁匠。那么,瓦匠和铁匠用锅、甑和农具换取粮食,难道就能够说是损害了农夫吗?而且,许先生为什么不自己烧窑冶铁做成锅、甑和各种农具,什么东西都放在家里随时取用呢?为什么要一件一件地去和各种工匠交换呢?为什么这样许先生不怕麻烦呢?"陈相只好承认说:"各种工匠的事情当然不是能同时一边耕种一边干得了的。"

但这还不是孟子最终的目的。孟子进一步说:"那么治理国家就偏偏可以一边耕种一边治理了吗?官吏有官吏的事,百姓有百姓的事。况且,每一个人所需要的生活资料都要靠各种工匠的产品才能备齐。如果都一定要自己亲手做成才能使用,那就是要率领天下的人疲于奔命。所以说,有的人靠脑力劳动,有的人进行体力劳动。脑力劳动者管理人,体力劳动者被人管理;被管理者养活别人,管理者靠别人养活。这是通行天下的原则。"这就是孟子论辩的终点:反对农家"君民并耕"这一核心主张。

所以,孟子是从社会分工的必要性讲到脑体分工的合理性,很多人认为这是为统治阶级服务的思想,但实际上我们不得不承认这种分工的意义,所以这里的主要问题不在制度,而在用人,只要管理阶层能有公平选拔优秀人才的机制就可以。

"市价不二"及其他

陈相又表达了许行的另一个主要观点:"如果按照许先生的思

想，就能做到市价不二（也就是物价统一），童叟无欺。"这是农家"重农抑商"思想的体现。孟子反驳说："物品的价格有差异，这是由物品的本身价值决定的，硬要它们平价等同，市场就会陷于混乱，无法交易。制作粗糙的鞋子和制作精细的鞋子若是卖同样的价钱，还会有人去制作精细的鞋子吗？按照许先生的思想，无异于带领大家去弄虚作假，哪里还能治理好国家！"

正是这场重要的历史论辩，终结了农家的声音和影响力。

我们现在来看，许行的农家思想其实是重视农业的古老思想的一个集成，也是对春秋战国乱世的关怀中提出的一种幼稚的解决方案。尽管不现实，但也包含着平等、大同等积极的思想因子，至于说君民并耕，至少对于统治者体会民生疾苦是有帮助的，后世帝王经常有这样象征性的务农的仪式，也是基于这个目的。

同异

惠施的"同异"讲的是什么

"同异",是名家学派的重要命题。

据《汉书·艺文志》载,名家可能是出自上古礼官,"礼"即礼仪。因为名位不同,礼数有别,所以礼官要研究名学。研究名学,从实践上来说,可以通过正名来复礼。然而,名家走的却是另外一条专门研究概念、逻辑、辨析的道路。

名实关系是名辩之学的核心线索,而概念的同异关系则又是要点。名家代表人物惠施主张"合同异",公孙龙主张"别同异"。

据《庄子》等书记载,惠施与庄子同时,是庄子的好朋友兼辩论对手,也是战国中期影响力很大的一位哲学家。

惠施去世后,庄子带着弟子们经过他的坟墓,伤心地讲了一则寓言。楚国郢都有个玩斧子玩得很好的人,可以让他的搭档在鼻尖抹上一个灰点,然后他抡起斧子虎虎生风,"唰"地一下在搭档面前砍下去,灰点掉了,搭档毫发无损而且面不改色。后来宋国的国君请他表演时,他说不行啦,我的技术还在,可惜那个与我配合的搭档已经死了!万两黄金容易得,知心一个也难求。在庄子看来,惠子正是那个在思想上与他配合辩论的最佳搭档。著名的"濠梁之辩"就发生在这两人之间。

《庄子·天下》中,记载了惠施的"历物十事",总结了惠施"合同异"的思想大旨。

第一，"至大无外，谓之大一；至小无内，谓之小一"。大的极致，称为"大一"；小的极致，称为"小一"。《庄子·逍遥游》中也有小大之辨。在惠施看来，存在着绝对的大和绝对的小，因为绝对的大小超出经验和认知之外，所以人无法认识。因此感官所把握的大和小，都是相对的大小。这一条说的是大小。

第二，"无厚，不可积也，其大千里"。厚度是一种累积，如果有厚度，厚度就应该可以不断向薄析分，薄厚也像小大一样，存在着极致，但这种极致要根源于有厚，哪怕再薄，也是有厚。如果"无厚"，就不可析分、不可累积。但是它作为一个平面、一个框架，可以大到千里，又进入了小大之辨了。这一条说的是厚薄。

第三，"天与地卑，山与泽平"。这与庄子的齐物思想一致，从至大的角度来看，天地、山泽的高下差别，也可以小到几乎能够忽略。我们乘坐飞机，肯定会感受到地表上的高山与湖泊之间的高度差别几乎不存在了，但是地球作为球体，背面还是一方天空。这一条说的是高低。

第四，"日方中方睨，物方生方死"。日当正午也是白日西斜的开始，万物的生长中也包含着衰亡，盛极必衰，月满则亏。这实际上就是阴阳太极思维的发挥，阴中有阳，阳中有阴，阴阳相互依存而又相互转化。正如苏轼《赤壁赋》中所说："自其变者观之，则天地曾不能以一瞬。"这一条说的是起止。

第五，"大同而与小同异，此之谓'小同异'；万物毕同毕异，此之谓'大同异'"。物种之间的同，叫"大同"；物种内部之间的同，叫"小同"。"大同"和"小同"不同。例如鸡与狗之间，是"大同"；可是两只鸡之间，是"小同"。从现代科技来说，万物都由微粒构成，这是同；然而组合的方式又千差万别，这是"异"。

即为"大同异"。不管是大同还是小同,从同的角度来说,都可以统一;从差异的角度来说,都可以区别。这就是"大同异"。这一条说的是同异。

第六,"南方无穷而有穷"。南方的南方还有南方,如果你在北京,可以说湖南在南方,然而湖南还有湖南的南方,这是没有止境的。即便你到了南极,你的指南针也不会直立起来,还会有个指向,在太阳系、宇宙的视野中,始终还有方向。这一条说的是南北。

第七,"今日适越而昔来"。今昔之间也是相对的,昔日是今天的昔日,今天是明天的昔日。我今天到的越国,也是明天的昨天来的。正如王羲之《兰亭集序》所说:"后之视今,亦犹今之视昔。"这一条说的是今昔。

第八,"连环可解也"。连环既可以相套,自然可以用相反的办法解开。这一条说的是正反。

第九,"我知天下之中央,燕之北、越之南是也"。所谓的"中央"、中心点,也是相对的,燕国之北、越国之南,肯定都是中原人心目中的边缘,然而从某种角度上来说,该地也有南、北、东、西无穷的四方,怎么就不能也说是"中央"呢?就儒、释、道的空间观念来说,儒家以京师为中心,以山林为边缘;道家以山林为中心,以京师为边缘;佛教则取消中心与边缘的差别。而惠施这里,则是说可以肯定任何一处为中心。这个理论,在苏轼身上也有体现,一如他在《定风波·南海归赠王定国侍人寓娘》中说:"此心安处是吾乡。"这一条说的是中心和边缘。

第十,"泛爱万物,天地一体也"。打破对万物之间差别的执拗观念,以相对主义消解绝对主义的冲突,在普遍联系中"泛爱万物",才是核心要点。基于在此前已经充分论证的"万物为一"的立场，人的感情自然不可能去偏执到某一事物上，比如消解了美丑，你就不会迷恋某个明星，这样，你的感情自然就可以弥散万物，自然得到泛爱万物的结果。这一条说的是对立与融合。

上述惠施的观点，等于说是庄子齐物思想的片面发挥。两个人在这一点的哲学立场上是一致的，那就是打破经验世界中的对立和差别，这样，庄子才能复归混沌和天真，惠子才能驰骋于一个抽象的语言世界。

在战国乱世，他们引领着人们过着一种"佛系"的生活，不为现实世界的一点点名利而舍身忘我地争夺，而是隐遁入一种修炼和思辨的境界中去，这也不乏积极的意义。"合同异"在今天这个物质化和信息化的时代，对于我们超脱时尚文化和技术文化的枷锁，还是深有帮助的，它利于瓦解一个人固定而又狭隘的视角，代之以超越的境界和豁达的态度。

坚白

公孙龙是如何进行诡辩的

"坚白","坚"即坚硬,"白"即白色。

坚白之说是辩论坚硬、白色和石头三个概念之间的关系的。发起这一辩论的是战国时期名家代表人物公孙龙。

公孙龙有二十余年的时间是在做赵国平原君赵胜的门客。平原君礼贤下士,号称门客三千,是战国时期有名的"四公子"之一。而公孙龙著名的论点是"白马非马"和"离坚白"。

白马非马

公孙龙说:"龙之所以为名者,乃以白马之论尔。"(《公孙龙子·迹府》)这是公孙龙的成名之论。

据《吕氏春秋》和《初学记》等书记载,公孙龙骑白马出关,被守关人拦下,据规定人可过关,马却不可过关,但是公孙龙以"白马"不是"马"的说法令守关的人无话可说,不得不放马过去。

公孙龙的传奇,多亏了这位守关人的配合。因为不管说法多巧妙,客观事实如此:白马也是马。所以这也只是个偶然事件。甚至桓谭《新论》里边说其实守关人根本没有放行(或者说在公孙龙另一次出关的时候其实没有被放行),这叫作"虚言难以夺实"。

白马,用现代汉语来分析,这是个偏正关系的词语,再具体一些就是偏正关系中的定中关系。但公孙龙把"白"和"马"分开了,将其看成是两件事儿，一是说这个东西的颜色，一是说这个东西的形体，然后"白""马"组合在一起，是一件事儿，马又是另一件事儿。后来，擅长逻辑的墨家后学解开了这个命题。他们说"马"是类名，"白马"是私名，类名包含私名，是包容关系。就好比说人是类名，公孙龙是私名，你不能说公孙龙不是人。

离坚白

坚白，实际上应该是"离坚白"。和"非"一样，"离"也表明了鲜明的绝对主义立场。它跟"白马非马"相比，在白色的基础上，这个辩论的概念多了一个属性，就是"坚"，而"马"则换成了"石头"，辩论的对象是一块白色坚硬的石头。

问：说白色、坚硬、石头是三件事，可以吗？

答：不可以！

问：那么，说是两回事，可以吗？

答：可以！

问：为什么呢？

答：因为白色和坚硬都是确定的，离开了这一方，另一方也还是存在。白石头是一回事儿，硬石头又是一回事儿。

问：那么如果白色和坚硬再算上石头，不是三个了吗？

答：不对！因为从视觉的角度上看，只有白和石，从触觉的角度看，只有坚和石。三者不会同时存在，白和坚都是单独与石结合的。因此没有三，只有二。

问：那么可以说白、坚与石同时藏在一体吗？

答：不行，白和坚确实是藏于石，但二者本身是相离的，所以坚、白、石不是一，还是二！

这就是"离坚白"。

为什么说这是诡辩呢？

因为说"坚""白""石"一分为三不存在，是因为"坚""白"与"石"不在一个概念层级上，"坚"是质地，"白"是颜色；而石头是名称，是主，其他两个是从属，是客，客还有各自的范畴分支。因此白石、坚石这两个孤立的东西，如果离开了互相的配合以及其他要素的综合，也就没办法存在。比如"白"，需要光来识别；"坚"，则需要敲击来判定。白、坚，其实就是一个东西。

那么，这个诡辩是完全没有意义的吗？

当然不是。

因为它至少对于那些将不同范畴概念进行混淆的现象来说，具有非常重要的理论意义。

比如：贪官不是清官，这肯定是对的，"贪""清"不同，但是在一个概念范畴中。说贪官即是污吏，这也没太大问题。"贪""污"很接近，分别与官吏结合还是同时与官吏相结合，没有太大的区别。

但如果我们说：贪官本是能臣。

这貌似也有点道理，贪污是需要掩人耳目的，不能干的人哪有余力去瞒天过海呢？而要做好一件事情，能力肯定是必备要素。

可是，如果我们真的把"贪污"与"能干"画上等号，这就是颠倒黑白了。"贪污"与"能干"也好，与不能干也罢，本质上是两回事，理论上来说是不能混为一谈的。

所以，贪官本是能臣，这在逻辑上是偷换了概念范畴，是一种文学化的表达，经不起逻辑的推敲。要么着眼在品质和官吏的组合上，要么着眼在能力和官吏的关系上，这样割裂开来说更准确。

在惠施、公孙龙的时代，语言论辩成了一种风行学界的小时尚。

辩者还提出"鸡三足""火不热""卵有毛""马有卵""犬可以为羊""郢有天下"等命题。什么叫作"鸡三足"呢？鸡有两只脚，加上作为抽象概念意义上的"鸡脚"，就有三足。什么叫作"火不热"呢？火是一种事物，冷、热只是一种命名，我们也可能把现在的冷命名为热，把热命名为冷，所以，说火热，是不确定的意义组合，也许出于偶然的因素；说火冷，表达的也是这个意思。其他一些辩题的原理大致如此。

名辩之学，对于促进我国古代逻辑的发展，辅助哲学思想的表达，有很大的推动意义，但是流于语言层面的巧辩，就失去辩论的意义了。不过，作为我国古代思想史上风行一时的潮流，还是给我们留下了一些有趣的话题。

余论

我国古代哲学思想，除儒家、墨家、道家、法家、兵家、纵横家之外，还有一些有一定影响的，比如阴阳家、农家、名家、杂家等。

杂家"兼儒墨，合名法"（余嘉锡《古书通例》），以博采各家之说见长，"于百家之道无不贯综"（《汉书·艺文志》及颜师古注）。杂家著作以秦丞相吕不韦《吕氏春秋》和西汉淮南王刘安招集门客所集《淮南子》为代表，对诸子百家兼收并包。

杂家的著作比较芜杂，处于收集整理的阶段，实际上还是以道家思想为主，并未在百家争鸣的基础上形成一家之言。杂家思想对于汉初政治产生过一定的影响，但就学术而言，并未在诸子之学的基础上有所推进。

结束语

从百家争鸣到百家合作

在浩渺的中华文明长河中，先秦诸子的智慧如同璀璨的繁星，照亮了我们的思想天空。他们在争鸣中展现出各自的独特魅力，也在对话中寻求共通的理念。如今，当我们走在现代化的道路上，回望那些古老的智慧，我们是应该将它们视为历史的陈迹，还是应该珍视其中所蕴含的深刻洞见？阅罢此书，我相信您的答案显然是后者。在这个快速发展的时代，我们需要的不仅仅是技术的革新，更需要思想的提升。先秦诸子的智慧正是我们所需要的思想武器，教会我们如何面对复杂的社会问题，如何提升个人的精神世界，如何塑造和谐的人际关系。然而，这些智慧并不是简单的教条，而是需要我们去探索、去理解、去实践的哲学。

儒家教会我们的是自尊、诚恳和顽强，让我们明白只有通过自我提升，才能达到人格的完善。道家教会我们如何去超越物质的束缚，追求心灵的自由。墨家强调兼爱和非攻，让我们明白爱的力量是无穷的，和平与合作才是人类发展的正道。法家注重实践和应变，让我们明白只有通过严格的规则和制度，才能维护社会的稳定和秩序。然而，这些智慧并不是一成不变的，而是需要我们不断地去理解、去反思、去创新。我们要将诸子的智慧融入我们的生活中，让它们成为我们前行的力量。我们要用诸子的智慧去解决现代社会的问题，让它们在新的时代中焕发出新的生命力。在这个多元化的社会中，我们要学会尊重每一个人的观点，让不同的思想在交流中碰撞出火花。我们要学会从不同的角度看问题，用不同的思维去思考，让我们的思想更加开阔和深邃。我们要学会在纷繁复杂的世界中找到自我，让我们的内心更加坚定和从容。

归结起来，诸子这群朋友通过我，想告诉大家的，有两个要点。第一，我们要把诸子的思想，贯通于我们人生的修行指南。从杨朱的"贵我",到荀子的"性恶",到韩非的"自利",再回到庄子的"逍遥",这是一条人生的路径,这条路自尊、诚恳、顽强、自由,使人相信,丑小鸭也会成为白天鹅。第二,我们要把诸子的精神,镶嵌进铸就理想的实践。从孟子的"性善",孔子的"仁爱",再到墨子的"兼爱",这又是一条路径,这条路阳光、温馨、高尚,相信只要人人都奉献一点爱,世界将变成美好的人间。我们不仅要高翔于云间,让最凶猛的鹰隼也望尘莫及,还要扎根于人世,让每一重关系都充满诗意。这就是诸子通过我的笔墨传达的信息,我们要在新时代创造性地将其转化为高能的智慧。

从百家争鸣到百家融合,这不仅是一个思想发展的历程,而且是一个精神熔铸的过程。在这个过程中,我们要珍视先秦诸子的智慧,让它们在我们的心中生根发芽,成为我们前行的动力。我们要将它们传承下去,让它们在未来的社会中发挥出更大的作用,为人类的发展贡献出更多的力量。先秦诸子的智慧是我们宝贵的精神财富,它们教会我们如何去认识世界、如何去理解人生、如何去塑造自我。让我们珍视先秦诸子的智慧,让它们在我们的心中永远闪耀,为我们的未来注入更多的正能量。